佛藏經講義

——第十六輯

平實導師　述著

ISBN 978-986-06961-8-9

佛法是具體可證的，三乘菩提也都是可以親證的義學，並非不可證的思想、玄學或哲學。而三乘菩提的實證，都要依第八識如來藏的實存及常住不壞性，才能成立；否則二乘無學聖者所證的無餘涅槃即不免成爲斷滅空，而大乘菩薩所證的佛菩提道即成爲不可實證之戲論。如來藏心常住於一切有情五蘊之中，光明顯耀而不曾有絲毫遮隱；但因無明遮障的緣故，所以無法證得；只要親隨眞善知識建立正知正見，並且習得參禪功夫以及努力修集福德以後，親證如來藏而發起實相般若勝妙智慧，是指日可待的事。古來中國禪宗祖師的勝妙智慧，全都藉由參禪證得第八識如來藏而發起；佛世迴心大乘的阿羅漢們能成爲實義菩薩，也都是緣於實證如來藏才能發起實相般若勝妙智慧。如今這種勝妙智慧的實證法門，已經重現於臺灣寶地，有大心的學佛人，當思自身是否願意空來人間一世而學無所成？或應奮起求證而成爲實義菩薩，頓超二乘無學及大乘凡夫之位？然後行所當爲，亦不行於所不當爲，則不唐生一世也。

——平實導師

如聖教所言，成佛之道以親證阿賴耶識心體（如來藏）爲因，《華嚴經》亦說**證得阿賴耶識者獲得本覺智**，則可證實：證得阿賴耶識者方是大乘宗門之開悟者，方是大乘佛菩提之眞見道者。經中、論中又說：證得阿賴耶識而轉依**識上所顯真實性、如如性**，能安忍而不退失者即是**證真如**，即是大乘賢聖，在二乘法解脫道中至少爲初果聖人。由此聖教，當知親證阿賴耶識而確認不疑時即是開悟眞見道也；除此以外，別無大乘宗門之眞見道。若別以他法作爲大乘見道者，或堅執**離念靈知**亦是實相心者（堅持意識覺知心離念時亦可作爲明心見道者），則成爲實相般若之見道內涵有多種，則成爲實相有多種，則違**實相絕待**之聖教也！故知宗門之悟唯有一種：親證第八識如來藏而轉依如來藏所顯眞如性，除此別無悟處。此理正眞，放諸往世、後世亦皆準，無人能否定之，則堅持離念靈知意識心是眞心者，其言誠屬妄語也。

——平實導師

目次

自序

《佛藏經》之所以名爲「佛藏」者，所說主旨即以諸佛之寶藏爲要義。諸佛之寶藏即是萬法之本源——如來藏，《楞嚴經》中說之爲「如來藏妙眞如心」，《入楞伽經》卷七〈佛性品〉則說：「大慧！阿梨耶識者名如來藏，而與無明七識共俱，如大海波常不斷絕，身俱生故；離無常過，離於我過，自性清淨。餘七識者心，意、意識等念念不住，是生滅法。」大略解釋其義如下：

【所謂阿梨耶識（通譯阿賴耶識）又名如來藏，含藏著無明種子與七轉識種子，並與所生之無明及七轉識同時同處，和合相共運行而成爲一個五陰有情。七轉識與無明相應而從如來藏中出生，每日運行不斷；意根每天一早促使意識等六心生起之後相續運作，與意識等六心和合似一，看似常住而不斷之心，其實是從如來藏中種子流注才出現的心，就是一般凡夫大師說的「清清楚楚明明白白」的心，早上睡醒再次出生以後，就與處處作主的意根和合運作看似一心。這七識心的種子及其相應的無明種子，每天同時從如來藏中流注出來，猶如大海波一般「常不斷絕」，因爲是與色身共俱而出生的緣故。如來藏離於無常的過失，是常住法，不曾剎那間斷過；無始而有，盡未來際永無中斷或壞滅之時。如來藏亦離三界我等無常過失，迥無我見我執或我所執；其自性是本來清淨而無染污，無始以來恆自清淨，不與貪等六根本煩惱及其餘隨煩惱相應。其餘七轉識都是心，即是意根、意識與眼等五識，即是面對六塵境界時清楚明白的前六識，以及處處作主的意根；這七識心與無明種子都是念念不住的，因爲是從如來藏中流注這七識心等種子於身中才有的，當色身出生以後，意根同時和合運作，意識等六識也就跟著現行而與色身同在一起，所以是與色身同時出生而存在的。而種子是剎那剎那生滅的，以此緣故說意根與意識等七個心是生滅法。若是證阿羅漢果而入無餘涅槃時，由於我見、我執、我所執的煩惱已經斷除的緣故，這七識心的種子便不再從如來藏流注出來，死時就不會有中陰身，不會再受生，便永遠消滅了，亦因此故是生滅法。】

在三種譯本的《楞伽經》中，都不說此如來藏心是第八識（第八識是通俗的說法），而是將此心與七轉識區分成二類，說如來藏一心是常住的，是出生「**意**」與「**意識等**」六識者，也說是出生色身者，不同於七識等心。所援引的上開經文，亦已明說如來藏「**離無常過，離於我過，自性清淨**」；從如來藏中出生的「**餘七識者心，意、意識等**」，都是「**念念不住，是生滅法**」。這已經很明確將如來藏的主要體性與七轉識的主要體性區分開來：一是能生，一是所生，能生與所生之間互相繫屬；能生者是常住的如來藏心，沒有三界我的無常過失，沒有我見我執等過失，自性是清淨的；所生的七識心，是念念生滅的，也是可滅的，有無常的過失，也有三界我的我見與我執等過失，是不清淨的，也是生滅法。

今此《佛藏經》中所說主旨即是說明此心如來藏的自性，名之為「**無名相法**」或「**無分別法**」，仍不說之為第八識，而是從各方面來說明此心；並且希望後世仍有業障而無法實證佛法的四眾弟子們，未來世中都能滅除業障而證得解脫及實相智慧。以此緣故，先從「**諸法實相**」的本質來說明如來藏，兼及實證此心者於實證前必須留意避免的過失，才能有實證的因緣；若墮邪見或誤導眾生，並有犯戒不淨等事者，將成就業障；於其業障未滅之前，縱使未來歷經無量無邊不可思議阿僧祇劫，奉侍供養隨學九十九億諸佛以後，仍無實證之可能。以此緣故，釋迦如來大發悲心，首先於〈諸法實相品〉廣釋實相心如來藏之各種自性，隨即教導學人如何了知惡知識與善知識之區別。善於選擇善知識者，於解脫及諸法實相之求證方有可能，是故以〈念佛品〉、〈念法品〉、〈念僧品〉中的法義教導，令學人以此為據，得以判知何人為善知識、何人為惡知識，從而得以修學正確的佛法，然後得證解脫果及證入諸法實相，發起本來自性清淨涅槃智，久修之後亦得兼及二乘涅槃之實證，再發十無盡願而起惑潤生乃得以入地。

若未愼擇善知識，誤隨惡知識者（惡知識表相上都很像善知識），不免追隨惡知識於無心之中所犯過失，則未來歷經無數阿僧祇劫奉侍九十九億佛之後，於解脫道及實相了義正法仍無順忍之可能，欲求佛法之見道即不可得，遑論入地。以此緣故，世尊隨後又說〈淨戒品〉、〈淨法品〉等法，教導四眾弟子們如何清淨所受戒與所修法。又為杜絕心疑不信者，隨即演說〈往古品〉，舉出過往無量無邊不可思議阿僧祇劫前　大莊嚴佛座下，苦岸比丘等四人為惡知識，執著邪見而誤導眾生，成為不淨說法者；以此緣故與諸眾生相率流轉生死，於人間及三惡道中往復流轉至今，反復經歷阿鼻地獄等尤重純苦及餓鬼、畜生、人間諸苦，終而復始、受苦無量之後，終於來到　釋迦如來座下精進修行，然而竟連順忍亦不可得，求證初果仍遙遙無期；至於求證諸法實相而入大乘見道，則無論矣！思之令人悲憐，設欲助其見道終無可能，對彼諸人助益無門，只能待其未來甚多阿僧祇劫受業滅罪之後始能助之。

如是警覺邪見者之後，世尊繼以〈淨見品〉、〈了戒品〉而作補救，期望以此二品能轉變諸人的邪見，勸勉諸人清淨往昔熏習所得的邪見，並了知清淨戒之所以施設的緣由而能清淨持戒，未來方有實證解脫果與佛菩提果的可能。如是教導之後，於〈囑累品〉中囑累阿難尊者等諸大弟子，當來之世以善方便攝受諸多弟子，得能清淨知見與戒行，滅除往昔所造謗法破戒所成之業障，而後方有實證之世到來。由此可見 世尊大慈大悲之心，藉著舍利弗尊者之因緣，在與舍利弗對答之時演說此實相法等，期望後世遺法弟子得能滅除業障而得證法。普察如今末法時代眾多遺法弟子，精進修行仍難遠離邪見與邪戒，求證解脫果及佛菩提果仍將難能可得，令人不覺悲切不已，是故將此經之講述錄音整理成書，流通天下，欲以利益佛門四眾。

佛子 **平實** 謹誌

於公元二〇一九年 夏初

第十六輯：

《佛藏經》卷中

〈淨法品〉第六（延續上一輯未完部分）

還有更笨的說法是，上帝揑造了亞當，又用亞當的肋骨變成夏娃，然後上帝分靈給他們；以後亞當、夏娃生的孩子也都一樣，都跟亞當、夏娃在一起，都繼承了他們夫妻的原罪！上帝又說，只要犯了罪就要下地獄，永不超生。但他們犯了罪下地獄，永不超生的是上帝分給他們的靈。對啊！是上帝分出來的靈，被上帝自己打下地獄永不超生。這樣的《聖經》也有人信，諸位不覺得奇怪嗎？所以我小時候聽到那傳教士一天到晚來找我外祖母，要她改信天主教時，我外祖母躺在竹製的涼椅上，他說他的，我外祖母唸自己的佛，就這樣持續很長一段日子。我在旁邊聽著，就當場跟他反駁：「你講錯了，應該怎麼樣才對。」結果挨罵：「你小孩子不懂事，別插話。」就讓他去講，她唸她的佛。

所以基督教的教義我從小就聽不下去，因爲道理眞的不通，從世間的理則學來講，《聖經》說的都是自相矛盾——以己之矛攻己之盾。可是天下就有很多愚癡人相信。現代很多愚癡人都生到大陸去了，因爲大陸現在官方統計有八千多萬人信基督教；但那是官方的數字，官方的數字向來不準確，所以實際上應該兩倍以上。不懂的人就信那種教義，有智慧的人都知道外道法不究竟、不得解脫，但一般信徒不懂；所以以前臺灣或大陸的大妄語者很多，也都是信徒一大堆。好比索達吉這個大妄語者也是信徒一大堆，他甚至還敢在現代修改佛經；好在現在資訊發達，很多人都有《大藏經》，至少也有電子版的《大藏經》，只要一比對馬上知道他亂改；因而古時密教人士亂改佛經的事，現在行不通了。

但這一些人卻依舊得勢，因爲初學佛的人絕大多數是迷信的人，正信的人很少。那些師父們也善於造勢，於是大家看到表相，哪裡人多就往哪裡去，哪裡名氣大就往哪裡去。可是如實說法的比丘，一則尚未親證，二則不敢狂妄欺騙大眾，於是不知就裡的群眾就往大妄語者那邊去了，或者往那些炫異惑眾的道場去親近。你們看，有人明心了都還會想去追求境界，現在是無影無蹤，十來年沒看到人了，也沒聽到消息；這種人貪圖境界，不是護持正法、不是荷擔 如來家業的可用之才。而且老實說，想要修學神通要有一定的理論和方法去修，那些臆想者憑著妄想也來寫書，告訴人家神通怎麼修學，那都是欺騙人的；其實就是爬格子賺稿費，但愚癡的人就會上當。

如來說的是：魔想要破壞佛法的心始終不曾停歇。所以如果比丘有二位、三位、五位、八位不等，後來不讀那一些凡夫大師寫的書了，自己直接去讀經典，天魔知道這樣的比丘漸漸會脫離他掌控的範圍，所以就會想方法使某一些比丘、或者使這些剛開始轉向讀佛經的比丘們去追求外道經、外道法；而這些比丘們不知就裡，看到那些外道的書覺得好，就廣爲推薦給師兄弟們。這就像我們會裡早期也出現過這個現象，早期有不少人，也可以說是許多人，其實是因爲我爲他們明講密意後，覺得他們智慧不是很好，但我都在他們悟後繼續加以增補，讓他們增上，原則上是不會有問題的。

但是當年有的人看表相而不懂實質，犯了兩個大錯誤：第一、這蕭平實沒有多少徒眾，沒什麼名氣，又示現在家相，他說的法眞對嗎？這是第一個問題：只看表相而且疑根尚未全斷。第二、好高騖遠，不肯腳踏實地一階一階往上爬，想的是能夠這麼地上一蹬，就可以跳到十樓去。所以蕭平實教導明心之後，又想著也許還有更好的法門，可以一悟就成佛了。因為那時蕭平實沒有幾本書，那時《正法眼藏—護法集》都還沒有出書，就只是《無相念佛》、《念佛三昧修學次第》、《禪—悟前與悟後》三本結緣書。他們開始有一個現象，每一次上課總是私下以牛皮紙袋遞來遞去；我不曉得他們為什麼交情那麼好，某甲給某乙這個紙袋，某乙又回報某丙一個紙袋，某丙又給某甲一個紙袋，大家遞個不停；後來才知道原來他們遞來遞去都是月溪法師的書，這倒不打緊，但是後來他們乾脆就在會裡否定正法，說月溪法師那個意識境界的法才對，私底下跟自在居士的人勾結起來，這就是正覺同修會第一次法難事件的緣由。

我說：「怎麼會有這種事情？佛佛道同，證悟的內涵只有一個，不會有兩種呀！如果同樣是證悟者，他們為什麼會來否定我們的法？」我心裡有所懷疑，就開始收集月溪法師的書，讀了以後才發覺說：「壞事了！原來他是籠罩大眾，他的境界只不過是離念靈知。」套一句俗話說，他的證量充其量只不過是個淺的未到地定的實證者，我見都沒有斷，明心就更甭提了，哪有什麼勝妙而值得修學的？但他們都被月溪死前寫的偈所籠罩，他死前寫的四句偈中有一句很嚇人：「**遍滿虛空大自在。**」於是他們被籠罩了，私底下都在想：「**你看！人家是遍滿虛空大自在，你蕭平實算什麼？**」

好了，到了今天很多人實證後大家來看看，如來藏可以是遍滿虛空？如果他的如來藏遍滿虛空，咱們今天不就活在他的如來藏中嗎？對吧？一定如此啊！因爲他的如來藏遍滿虛空。那十方諸佛也都在他的如來藏裡面了——都在他的離念靈知心裡面了。這道理可以通嗎？那他如果眞的遍滿虛空大自在，依他的意思應該也意味說他成佛了；如果成佛或者說他開悟了，所以是遍滿虛空大自在，那麼問題緊跟著來了，《心經》得改寫。《心經》不是講「**不增不減**」嗎？如果遍滿虛空大自在，那麼所有開悟者的眞如心都遍滿虛空大自在，那就是你儂我儂，全都要混在一起了。如果眞的可以這樣——一悟就遍滿虛空大自在，那密宗假藏傳佛教的觀想法倒講得通了：觀想自己是子光，觀想 阿彌陀佛是母光或觀想本尊的光明是母光，然後再觀想自己子光融入母光裡面，說這樣叫作成佛。打妄想若也可以成佛，那《心經》得要改寫了，這「不增不減」要改為「可增可減」。

這樣看來，諸佛應該就有大佛小佛之分；對呀！比較早成的古佛，不斷地有眾生融入祂的眞如心中，不就增多了嗎？那祂們的如來藏無垢識就越來越大了，新成的佛就應該只能變成小佛，因為可以增減、可以合併分割，既然可以合併也一定可以分割的，那麼諸佛就應該互相搶奪眾生了。依照他們這樣的說法，那宣化上人捨壽後應該就不必因為錯說第一義法而受苦報，為什麼他要受幾年的鬼神苦報？因為他生前說一萬隻螞蟻的眞如合併成為一個人的眞如，一千個人的眞如合併可以成為一條鯨魚的眞如；那豈不是這一千個人的眞如反而不如一條鯨魚？由於他示現為證悟者，講出這種邪見來，是在誤導眾生；所以即使持戒清淨還有神通，死後仍然要墮落鬼神道。一直到我們一位師姊用無相念佛的功夫迴向，他才算是離開鬼神道，因為這樣亂說第一義法是有重大因果的。

這樣看來，他們那些說法，就變成有情的眞如不是不增不減的，變成可增可減，那《心經》得要改寫了。但是他們的說法在邏輯上也講不通，因為所有有情的如來藏都是天上天下唯我獨尊，永遠都不可能合併，也就是說永遠都沒有辦法分割的，這樣才叫作「**不增不減**」、也是「**不生不滅**」，否則一切有情的因果業報全部都要錯亂了。如果可以互相合併，那被合併的眾生也就是被滅，就不是「**不生不滅**」了。而且合併以後要怎麼再分割出來？如果可以合併，同理就一定可以再分開，那是不是成佛以後還可以再分開成為許多有情去流轉生死？而諸佛也都要互相搶人了。

所以那句「**遍滿虛空大自在**」有很大問題存在，但當初那一些同修們沒有智慧，我看是不能不救了，只好開始破月溪法師說的法義，當初整理成書時，書名本來是《批月集》，後來改名成為《正法眼藏—護法集》，目的是為了救那一群人。那你們想想看，證悟明心了還會這樣被月溪法師的大名聲所誤導。他們想：「**人家至少還寫了一大部、這麼厚的《大乘絕對論》，你蕭平實算老幾？**」那書名真的很響亮——《大乘絕對論》。可是我翻開來一看，它根本是世俗妄想。月溪法師認為是由一個廣大無邊的大我來含攝所有的小我，他還講了一個經濟學名稱叫作「托辣斯」，就是聯合壟斷的意思；比如由一個很大的母公司掌控百千萬家的子公司，人類是由一個大我所出生而成為一個個小我，證悟時就懂得那個大我。但他有證得大我嗎？也沒有。

「托辣斯」是經濟學的名詞，好在我有讀過經濟學，還懂一點。但如果眞是他講的這樣，我說：「咱們都不用修行，讓別人修就好了，因爲反正最後都歸到母體大我去，最後就歸到那個總公司，我們努力修行白費力氣，不如讓別人努力修行，我們將來只要回到總公司去就好了。」但這樣還有因果嗎？所以那根本就是個邪說；但不懂的人就被迷惑，因爲他講的是《大乘絕對論》，這個名稱很響亮。可是我一看，根本不像這回事，所以我開始破他；破了月溪法師的邪說，我救了一些人；其實應該說是救了不少人，因爲當年臺灣從南到北、從東到西都有人在弘揚，而且所接引的人數是很可觀的，所以說他接引人很有成就——誤導眾生的成就。但是我們《正法眼藏—護法集》印出來流通之後，月溪的邪法開始銷聲匿跡了。所以說這一些人就是不懂，被外道經、外道法所說迷惑了——佛門中的外道。

但其實那些外道經有什麼了義法可言，不過就是世俗妄想，連世俗的邏輯都無法通過檢驗，只要是聰明人一看就懂。譬如《聖經》講上帝創造世界，科學家們讀了都覺得好笑；因爲世界的形成有某一些物理過程，而上帝講的剛好都七顚八倒，不符合世界形成的過程；然後《聖經》又說上帝創造世界以來已經六千年，但科學家隨便地上一顆石頭撿起來，以碳十四化驗的結果都是幾十億年前的物質，這個地球顯然不是上帝創造的，那就要請問牧師、神父們：「上帝創造了哪個世界？」原來他創造的是妄想世界，而這個世界不是他創造的。除非是剛從火山熔岩流下來凝固的，那就比較新；若是泥巴地裡挖起來的石頭，一定都是幾十億年前的物質。所以《聖經》裡的邏輯很亂，是二千年前的無智人所編寫的，只有無智的人才會相信。

他們也認爲十方宇宙之中就只有這個世界有人，但科學家們不相信，所以想盡辦法要尋找別的星球有沒有人；當然是有的，但是人類現在的壽命沒有辦法往返。據說有不明飛行物，通常叫作幽浮，從很遙遠的世界來到地球等說法，但到現在沒有一個證實爲眞，因爲從生物壽命的理論上來講，那是不可能的。除非能夠發明機器以光速進行，而且能避免被太空小石頭撞擊，然後其中的人可以冬眠，這一冬眠就是一萬年、十萬年，假使能這樣才有可能尋找到外星人；但咱們都看不見，咱們未來幾萬年的後身才有可能看得見；那你一神教徒如何證明《聖經》所說六千年前上帝創造這個世界的說法爲眞？

所以學佛應當要有智慧，不要迷信。反過來，有時迷信科學也會出問題，不只是外道經、外道法。例如達爾文主張進化論，我從小就懷疑，所以對一向流傳說人是恐龍演變成的，說是恐龍進化成為人類，我始終不信；有個問題很簡單，大家想一想就懂了：「恐龍是胎生還是卵生？人類是胎生還是卵生？不同類怎麼能進化演變為人類？」對吧？現在考古學家還有個新發現，他們考古時，是在地質學上新發現的，是找到一個岩石上的化石，那岩石上有個三趾龍的腳印，那腳印很大，但那個化石三趾龍的腳印上面還有一個人類的腳印；也就是恐龍的腳印上面有人類的腳印重複踩過去而留下來，後來成為岩石化石。當時可能是人類要去獵殺那隻三趾龍或是怎麼樣，我們不知道，總之就是那個化石上顯示三趾龍的腳印中還有人類的腳印。這可好了，不也打破了人是恐龍進化來的謊言？

這證明有一些科學其實並不科學，所以我們要有智慧去判斷。當人家介紹外道經、外道法給你時，諸位首先要作的第一件事情就是不要管它講得多麼勝妙，而是看它是否究竟。如果究竟，我們可以接受，甚至跟他們學都沒有關係，但如果不究竟，立刻就丟了！假使有人眞的有神通要教導，其實你也不用學，次第修到三地去，把三地的無生法忍、四禪八定、四無量心都修好了，那時想要成就五神通時都是立刻成辦，不像是現在因地得要事倍功半，更不是很多人事修上面花了幾萬倍的功夫和精神還得不到，而是立刻成辦。到那時很輕鬆就得了，何必現在辛苦而不得？

所以有智慧的人應該先去判斷那外道法、外道經到底究竟不究竟，該怎麼判斷？你就看他是不是與識陰相應，例如密宗假藏傳佛教的無上成佛之法，看他是不是意識相應？又例如現代所謂的禪宗證悟離念靈知，不就是意識境界嗎？而絕大多數人的離念靈知其實是識陰相應、六識具足。如果有誰敢說他的離念靈知不跟五塵相應，你可以檢驗他，看他辦不辦得到；縱使不跟五塵相應了，那最多也只是二禪的等至，還不是初果人，也不是明心開悟的人。何況真的來檢驗時，他們又作不到。所以外道法、外道經迷惑眾生的地方非常多，而眾生通常沒有智慧辨別；而我們修學正法後要有智慧去辨別，首先就是判斷他是不是識陰相應的境界。

接著再來判斷他如果不是識陰的境界，至少也是意識相應的境界。那都是不究竟法，最多只能保存一世，死後什麼都沒了，不是不生不滅法。所以外道經、外道法很容易迷惑大眾，而我們學正法的人要有智慧判斷才不會被迷惑。可是那一些比丘被魔所誘惑，本身又沒有見地，所以看了外道經法以後第一個直覺是：「很好！很好！」然後大家就跟進。因為修學佛法想要證初果時沒辦法，因為他們認為證果了卻沒有辦法離地三寸行走，或是耕地時蟲離四寸；那什麼時候才能證？說是要成阿羅漢才行，說阿羅漢一定會飛行；可是那也沒辦法，該怎麼辦？那就學這些外道法，看能否辦到？更何況外道法都冠上佛法的名號，在實證上又能投眾生所好，以假作真，於是密宗假藏傳佛教就興盛起來了。

所以「先自看者讚言善好」，是因為他們沒有見地；而這些人其實也是被惡魔所迷惑了，因為三乘菩提無一實證，想要求證也沒有因緣，只好這樣作了，所以被迷惑以後慧眼更無法出生。由於喜樂有境界法的結果，最後忘失了出家時的初衷，於是到後來「深貪利養」，為了想要得到更多信眾、更有名聲、更多利養，得要炫異惑眾，於是又讀更多的外道書籍，他就離開證悟的因緣越來越遙遠，法身慧命越不可能出生，而且漸漸凋亡。

如來說這一些人就好像五百個盲人被誑人所欺騙一樣，而這個誑人使他們全都墮落深坑而死。諸位看末法時代這一些追求外道法的比丘們，不正是如此嗎？所以他們的法身慧命都死掉了。我們正覺弘揚正法二十來年了，後來有人跟我說：「**這兩年有某一個法師也去大陸弘法，他也出了一些書，看來他是有證悟的。**」我說：「**怎麼有可能？**」因爲他原來推廣月溪法師的法，被我破了以後氣得不得了，後來他又去推廣密宗假藏傳佛教、推廣密宗的咒語，說是什麼「**安樂妙寶**」；這安樂妙寶搞不到三年，沒想到我出了《狂密與眞密》，又被我破了。我其實不是破他，只是隨順因緣去作，我根本就不知道他在搞密宗的安樂妙寶。是去年吧？聽人家傳說他有證悟，如今在大陸弘法；來向我報告的人又送一本書來給我，我說：「**我哪有時間看？**」就拜託編譯組長：「**你幫我瀏覽瀏覽看看，證實人家說的他眞有開悟了，看看是眞的假的。**」

但是我的說法是：「**他不可能。**」因爲以前他的事就不講，反正他一向搞外道法就是了，跟密宗假藏傳佛教有關就對了，那樣怎麼可能證悟呢？後來編譯組長也告訴我：「**他沒有悟啦！他那個只是似是而非之說。**」這例子是說，沒有慧眼就很容易被外道或佛門外道所欺騙，於是不斷追逐外道法，藉以謀取世間的名聞利養，最後就是法身慧命死掉；因為他已經造下謗佛、謗法的惡業了，怎麼還可能出生法身慧命呢？所以我認為不可能，後來也證明他根本就沒有悟，只是讀了許多悟者寫的書，吸收許多知見說出來想要人家以為他開悟罷了。那麼信受他書中所說的法，就像那五百盲人一樣被誑人所欺瞞而終於喪身捨命。

如來又說：「**舍利弗！諸生盲人，即是比丘，捨佛無上道，求外道經書；誑人是惡魔，深坑是邪道。**」那些生來眼盲的人，是指修學外道法的比丘們。以後如果遇到學外道法的比丘，就告訴他們說：「**唉！你喔！如來早就說過了。**」那他也會好奇：「**如來怎麼會說我？**」你就寫兩個字密封好了給他，交代他回到道場才能看。那兩個字寫大一點，叫「**生盲**」，下面小括弧加上幾個字：「**《佛藏經》講的。**」回去寺院以後他上電子佛典蒐尋就懂了，看這樣針砭能不能痛徹心扉而醒過來，死前若懂得懺悔就可以不入三惡道，未來世也許你們可以度他。世尊說這樣的比丘是「**生盲人**」，生來就眼盲，不可救——沒有辦法醫治。他們是捨棄了 佛所教導的菩薩道而去尋求外道的經書，喜樂裡面的有境界法和戲論。

那麼誑騙那五百盲人的人，那個誑人就譬喻惡魔，而那個譬喻中說的深坑就叫作邪道。因此說，墮落在深坑裡的人，就是指正在修學邪道的人們，他們是「**墮深坑**」中。「**墮深坑**」以後法身慧命要活轉過來，幾乎不可能；因爲那坑很深，你想要救他不能是垂絲千尺，而是要垂繩千尺；那你要把他救上來很費力氣，因爲繩子長達千尺時非常重，再要把他拉上來時可以叫作力有未逮，除非兩個、三個人一起來拉，否則你沒辦法拉他上來。所以諸位如果要救護那一些「**墮深坑**」的人而救不起來，假使眞的很有心，那你就要邀集四、五個人合力去救；今天你來救他，明天換別人來救他，後天再換第三個人，大家輪流去救才有辦法，但前提是他不覺得煩。如果他覺得說：「**你們五個人連番來跟我轟炸，我煩了。**」那你也救不了他，因爲那是「**深坑**」。

所以通常墮落邪道的人很難救，例如那些六識論的比丘尼們，在印順派的道場出家學到今天，那是無可救藥的，我勸大家放棄，等未來世再度她們，因爲她們十信位未滿足；去救那樣的一個人，你所費的力氣與精神，可以接引十個一貫道進入佛法中而且摒棄外道法，綽綽有餘，那你何苦放著十個可度之人，去度那一個不可度之人。這是我的認知。這說法好像我是認同一貫道的，可是一貫道的高層很怕我，因為法師們要度一貫道的道親都不可能，但我今生沒有穿僧衣，一貫道的道親們不怎麼排斥，他們很排斥僧衣但不排斥我；可是高層很怕我，知道我可以度他們的徒眾。他們都知道法師們度不了他們的徒眾，事實也如此；所以從一貫道過來的很多人，現在其中有的人都當上親教師，也有三位當上助教了，還有更多的一貫道道親捨棄一貫道來到正覺明心，當然也還有很多人仍在進階班。

我不排斥任何人，從一貫道來的也好，從基督教來的也好，將來假使那些六識論的比丘尼眞想過來也很好，我也不會排斥；但我認為她們很難度，因為她們中釋印順六識論的毒太深了。這話說的就遠了，但這是末法時代臺灣佛教的事實，因此外道遠比六識論的比丘尼們要好度多了，因為這些比丘尼們中印順的毒太深了，我們且留待未來世再看有沒有因緣度她們。總而言之，外道法是深坑，六識論的斷滅見本質則是佛門中的假佛法，更是幾倍的深坑；這個部分下一段經文中如來就會說到，先不談它。

如來接著又說：「舍利弗！如群盲人捨所得物，欲詣大施而墮深坑；我諸弟子亦復如是，捨粗衣食而逐大施，求好供養；以世利故失大智慧，而墮深坑阿鼻地獄。」「群盲」總共五百個人，因為眼盲看不清眞相所以被騙了；如果比丘捨棄了 佛陀的無上妙法而追求外道法，那就猶如「生盲」看不清眞相才會去追求外道法，就像「群盲」捨棄所得的本有物資，那些物資雖然微小，終究足以謀生，總比沒有好；而他們被誑人所騙，心裡想著有大施，譬喻比丘心裡想著外道有比佛法更好的法，所以他們捨棄了佛法追求外道法，就「墮深坑」，也就是墮落「邪道」。

所以 如來說：「我的諸弟子們，末法時代他們也就像這樣，捨棄了粗衣粗食而去追逐想像中的大施，追求好的供養，結果為了追求世間利的緣故失掉了大智慧，那就是墮落深坑，死後就下墜於阿鼻地獄。」這眞是很可憐的事！我們無論如何要想辦法救他們；縱使沒辦法全部救得，能救一半也好；救不了一半，救十分之一也好；救不了十分之一，救一個人也好；能救多少算多少，總是多多少少會有人得救。他們被救回來以後不能證悟、不能證初果也無所謂，至少不要下墮三惡道；我們有把握一定會有人能勃然醒悟、離開那六識論的外道法，或者遠離密宗假藏傳佛教的外道法，將來無妨世世繼續生為佛法中人。接下來我們來聆聽 如來又怎麼開示：

經文：【「復次舍利弗！不淨說法者不知如來隨宜意趣，自不善解而為他說，是人現世得五過失；餘人不知，唯得天眼比丘及諸天所知。何等為五？一、說法時心懷怖畏，恐人難我；二、內懷憂怖而外為他說；三、是凡夫，無有眞智；四、所說不淨，但有言辭；五、言無次第，處處抄撮，是故在眾心懷恐怖。如是凡夫無有智慧，心無決定；但以憍慢微小因緣，求於名聞；疑悔在心而為他說，是人長夜自受貪欲、瞋恚、愚癡毒箭。何以故？舍利弗！是人不能定知諸法而為他說，心不喜樂，或若違失。舍利弗！我知不淨說法有此過咎，不得正道。是事，一切比丘不知，諸天不知，唯我乃知。復有不淨說法比丘，不解如來隨宜所說，而為他人說諸經中無我、無人、無眾生、無壽命；而是人自以論辭說言：『有我、有人、有眾生、有壽命。』即為謗佛、謗法、謗僧。謗三寶罪，諸天世人所不能知，唯佛乃知。舍利弗！是人亦名不淨說法，我知其過，諸神通者及諸天眾皆不能知，唯佛乃知。」】

語譯：【世尊又開示說：「復次舍利弗！不清淨說法的人，不知如來所說是隨著各種便宜而有不同的意趣，他自己不善於理解而為別人演說，這樣的人現世就已經有五種過失了；其餘的人是不知道的，只有已得天眼的比丘以及諸天才能知道。有哪五種過失呢？第一、他說法時心中懷著恐怖畏懼，恐怕會有別人來質難於他；第二、心內懷著憂愁恐怖而外在卻顯示他能夠爲人說法；第三、本質是一個凡夫，沒有眞實的智慧；第四、所說的法不清淨，沒有眞實義而只有言辭；第五、所說的法沒有前後的次第，只是在經中處處去抄來湊在一起，由於這樣的緣故當他處在大眾之中說法時心中懷著恐怖。像這樣的凡夫沒有智慧，心中於法不得決定；只是由於憍慢和微小的因緣，來求於名聞；疑惑以及掉悔始終不離其心而爲別人來說法，這樣的人在無明的漫漫長夜之中親自領受貪欲毒箭、瞋恚毒箭、愚癡毒箭。爲什麼是這樣呢？舍利弗！這樣的人沒有辦法決定性地了知諸法而爲別人來演說，他心中其實並不喜樂，或者有時也覺得自己有所違失。舍利弗！我知道不淨說法的人有這一些過失以及過咎，他們不可能證得正道。這個事情，一切比丘們都不知道，諸天也不知道，只有我才知道。還有另一些不淨說法的比丘，同樣不能理解如來隨於機緣的方便權宜所說，而爲他人演說諸經中所說的無我、無人、無眾生、無壽命；而這樣的人自己以言論或者辭語來說：『有我、有人、有眾生、有壽命。』這樣就是謗佛、謗法、謗僧。而這個謗三寶的罪，諸天世人所不能知，唯有成佛以後才會知道這些罪的嚴重性。舍利弗！這樣的人也叫作不淨說法者，我知道他們的過失，那些有神通的人以及諸天眾都不知道，只有諸佛才會知道。】

講義：「不淨說法者」，他們爲什麼會成爲不淨說法的人？正因爲他們不知道 如來說法是觀察當時的環境、當時的背景、當時人的根器，所以有不同的說法，這其實是藉方便權宜而說的，所以說法時表面看來有所不同，這其實是 如來的方便善巧，但是不淨說法的人是不懂的。例如我們常常講的三乘菩提的次第，在初轉法輪二乘菩提時節，說一切諸法生滅不住，又說五陰十八界緣起性空，所以一切是生滅法；這是因爲 如來剛示現成佛時沒有佛法流傳於人間，一切人只懂得追尋解脫之道；但所有人對解脫之道並不瞭解，落在生滅性的五陰十八界中，還自以爲出離生死，就有很多人自稱是阿羅漢，所以 佛示現在人間時，人間自稱阿羅漢的外道多得不勝枚舉，但是這一些人全都落在生滅法中。爲了讓他們把生滅法的執著全部滅除，所以 佛陀在這個時節說一切法生滅無常，可以滅盡生滅性的諸法而入無餘涅槃，但無餘涅槃的證境是「**常住不變**」，不是斷滅空，這就是一種方便權宜的度眾善巧。

可是當很多人證得阿羅漢以後，那些尚未進入佛教的眾生們，並不瞭解阿羅漢所證的境界不是斷滅空，由於他們都不瞭解，如來只好繼續演說第二轉法輪的般若系列經典。世尊繼續演說般若妙法有兩個目的：第一就是度那一些阿羅漢成為實證佛菩提的菩薩，第二是讓眾生之中對於二乘菩提不能相應而恐怕墮入斷滅空的人，可以直接進入大乘法中，因此 如來演說般若諸經；就在第二轉法輪中，說二乘聖者所觀行的蘊處界以及六入等法，全部都是緣起性空，而緣起性空的背後有不空者，名為眞如。世尊又說「**眞如雖生諸法而眞如不生**」，說明一切法都依存於眞如，於是把一切生滅法回歸到第八識眞如時，攝歸於眞如，為眞如所有；而眞如本不生滅，所以一切法就不生滅而無生死，說這叫「**本來自性清淨涅槃**」。所以菩薩們仍然是解脫的，但不必滅盡蘊處界去入無餘涅槃，依此世世修道可以成佛。

這個第二轉法輪的般若諸經等勝妙法，也是觀察當時的環境時空背景和眾生的根器而作的方便權宜施設。因為佛門中不怕斷滅空、願意滅盡蘊處界的人已經證得阿羅漢了，至少已證得初果，但其餘尚未進入正法而不信受的人怎麼辦？他們誤會證初果以後走向阿羅漢的境界，將來入涅槃以後會是斷滅空，那該怎麼辦？如來就在說一切法空時，說明空中有一個不空的心叫作眞如；所以最後說一切法雖然生滅而眞如不生滅，那麼與二乘法不相應的大眾想，可以得解脫又不是斷滅空，於是大家投入大乘法中，原來的阿羅漢、三果、二果、初果人也投入大乘正法中；這也是 如來的便宜之計和方便權宜的善巧，得無生法忍的這個解脫叫作般若解脫，正是本來自性清淨涅槃。

等到大家證得眞如了，然後隨著 如來的說法次第前進，終於成就非安立諦三品心，證得了這三種智慧；又轉依眞如心的境界而不執著這三種智慧，然後發起增上意樂而進入初地。這時有情假緣智內遣了，智與眞如平等平等——轉依眞如而把這個智遣除；再把諸法假緣智也遣除了，眞如與智平等平等——依於眞如時無一切法也無智可得；再遣除第三個智——一切有情諸法假緣智，有這個智以後還要把這個智滅了，眞如與智平等平等。這時全面轉依眞如，「無智亦無得」的非安立諦三品心成就了，你如果本來是阿羅漢，現在只要發起十無盡願的增上意樂就是初地菩薩了。這時親見初地無生法忍智慧與初地眞如平等平等，你就是證得初地眞如。這時再來看，無一法可得，豈不是一切法空嗎？正是！是一切法空；可是這個一切法空其實是什麼呢？其實是一切諸法本來不生不滅、常住涅槃，就是本來自性清淨涅槃。

這前後三轉法輪的內涵與次第，都是 如來的權宜施設。實證的人從初轉法輪走到二轉法輪來，走得很順暢，可是那些凡夫大法師們沒有實證，僅憑著讀經的理解時卻覺得矛盾，因爲這是思議之所不能及的智慧與解脫境界。如來說的初轉法輪、二轉法輪的法好像矛盾，其實沒有矛盾；因爲初轉法輪是依蘊處界的生住異滅來講一切法緣起性空，所觀行的對象都是現象界中的蘊處界與煩惱等法。第二轉法輪是把生滅的蘊處界攝歸於本來不生不滅常住涅槃的第八識眞如，來說一切法本來涅槃，是把初轉法輪觀行的現象界諸法，攝歸諸法之所從來的實相法界眞如——不生不滅的第八識如來藏，這有什麼矛盾？完全沒有矛盾。所以對一個實證者來講，當你只要把那非安立諦的三品心修完了，你來看待大乘法、二乘法時完全沒有矛盾，只有深淺差別、廣狹之異。

所以對我們會內所有實證的菩薩來講，三轉法輪前後若合符節，完全沒有矛盾啊！可是達賴他們卻說有矛盾，陳履安還認同這個說法，所以印出了達賴演說邪見的書，共同成就謗佛、謗法、謗僧的大惡業。如果他們的說法正確，那麼從佛世到現在爲止，所有勝義菩薩所講的就全部都錯了，那他們不就是謗僧嗎？那麼 如來所說的三乘菩提諸法也就全部錯了，那不就成爲謗佛嗎？謗佛同時就謗了法，因爲他們等於指責說：如來說的那些法都不對，如來亂講。就等於這樣，所以就是謗佛。

因此說，如來前後三轉法輪的說法，確實是有 如來的「隨宜意趣」，沒有深厚證量的人對此是無所知的。那他自己不善於理解，完全不懂 如來爲何這樣前後施設，就爲別人來演說佛法，這樣的人不必等到死後再說他的過失，現世就存在著五項過失，而這一些過失，有天眼的人看得出來；因爲有天眼的人一看就知道他顯示的光色以及他的隨眾是什麼樣的隨眾，不是指他身後的人間隨眾，而是背後的非人隨眾是某一種類，一看就知道他有問題。諸天天眾也一看就知道，因爲他們都有生得的天眼，但一般人是不知道的。而這些過失，由於他們說法時心中不踏實，腳跟浮逼逼地站不穩，所以心中有許多的感受，那些有天眼的比丘以及諸天都看在眼裡。

這五個過失中，第一個「**說法時心懷怖畏，恐人難我**」。他說法時心中都是擔心受怕，一直擔心有人當場質難而害怕。不像我們早期講經說法上座後，是容許人家當場遞紙條來問的，我要當場回答，答完了才開始講經。我們是一直到《楞嚴經》講到「十習因」結束之前都這樣，是任何人都可以遞紙條來問的；那時曾經一答就答了半個鐘頭，講經的時間只剩下一個半小時。所以《楞嚴經》其實講很多年，卻只有十幾冊；《楞嚴經》在我的印象中，講得比《佛藏經》還久；《佛藏經》現在就已經夠整理成十幾冊了，若要依全部內容整理起來的話，《楞嚴經》講更久，卻只有十五冊而已；現在《佛藏經》已經不止十五冊了，卻還有很多還沒講解的。那是爲什麼？是因爲那些答覆問題的內容都沒有放進來，因爲跟《楞嚴經》的內涵不相干。

那時講經前對所提問題都是當場回答的，這表示什麼？表示心中沒有恐懼，不論誰要問什麼都可以來問，臨時提出來我就回答。我們去外面演說也接受這樣當場提問的，例如在高雄大巨蛋那一場演講，也容許會外的人當場提問；但抽出來大部分是我們自己人問的，所以我才要求葉教授說：「**自己人問的丟掉，再找找看有沒有外人問的。**」我們就是當眾回答，是現場問而我們現場回答；這是因爲自己有實證，所以有這個把握。但是「不淨說法者」不善解 如來的意趣，他們心中就懷著恐怖，心中有所畏懼，心裡想著說：「**會不會有人提出問題當場來質難於我？**」他想的是被人質難時自己無法回答，因爲他沒有實證，這是第一個過失。他有這種心境時，心中必然有一點恐怖；不說很恐怖，只要有一點點恐怖，諸天就看在眼裡，人間有天眼的比丘們也能看在眼裡。我們今天只能講到這裡，因爲時間到了。

《佛藏經》今天要從四十八頁第三行第二個過失繼續說起，這是說「**不淨說法**」的比丘心中懷著憂愁與恐怖，但表現在外的是他可以爲別人說法；而這種事實大眾是不知道的，因爲大眾只看表相，看他坐在法座上可以爲別人說法，而大家只在座下聽受他講的法；看來他好像是很有證量的模樣，但其實「**不淨說法**」的比丘心內總是懷著憂愁與恐怖。憂愁是說經上說的法自己要到何時才能親證？恐怖是因爲假使說法當中突然有一個人起來質疑時該怎麼辦？這是當時的恐怖。事後的恐怖則是說法之後、晚上睡覺前，他總是會想到自己有沒有虛妄說法；因爲虛妄說法是有過失的，所以他會憂愁將來要受什麼果報，恐怖將來會受什麼果報，這是第二種過失。

第三個過失是因爲他的本質是一個凡夫，沒有眞實的智慧，眞實的智慧是親證的人所說出來而顯現在外的事實；當他有所親證時他是從自心流露而爲大眾演說佛法，不是經由思惟然後以文字記錄再來唸稿，這就是說他的本質是凡夫，他沒有證量。沒有證量的人表示他沒有眞實的智慧，顯現在外的是有智慧，最多只是聞慧、思慧而已，修慧尚不得一絲毫，就不要說證量了，因爲他的思惟全都錯誤了，所以修行也就錯誤，因此就談不上修慧，所以他的本質就是個凡夫。

第四個過失是他所說的法不清淨，純粹就是言辭，所以諸位有時在書局買到佛學方面或佛法方面的書籍，讀起來好像很好的樣子，封面設計、內頁設計、紙張、印刷、裝訂都非常好；然而你從頭讀到尾，全部讀完時發覺就只是一堆佛法名相的文字，凡是講到你想要知道的法義時就不見他的說法。我記得這一世初學佛時，曾在士林文林路有一家書局，當時算是一家很大的書局，我看到很多的書；有一個書架上接連擺著二、三十冊的佛書，一看都是盧勝彥的；那時剛學佛，往世的所證都還沒有回來，是從一無所知開始學起，我好奇買了二本回來，看完時發覺凡是講到重要的地方就不見了，就已經結束了，沒有講出內涵來；他的書不論哪一章、哪一節都是如此，整本都讀完了，發覺我沒有從裡面得到我所要的正知見，什麼都沒有，只是一堆言辭。那時一本將近兩百塊錢，當時將近兩百塊錢算是很貴的書，我買了兩本讀後就丟入垃圾桶，因為沒有我要的東西。

後來我有因緣就在農禪寺學法，看來好像還有一點東西，至少比盧勝彥要好得多；但後來發覺實際上情形也是一模一樣，只是程度比較嚴重或者較不嚴重的差別而已，本質上還是沒有差異；例如講禪宗的開悟，究竟是悟個什麼，總是語焉不詳。當然，後來我知道聖嚴法師所謂的明心與見性都只是離念靈知、一念不生罷了。這就是說，讀了那些書以後所得都是世間的知見，與佛法無涉，講一句粗俗的話叫作扯不上佛法。佛法是不能扯的，但讓他們再怎麼扯就是扯不上！所以那些書局裡的佛書所說其實都是不清淨的，特別是盧勝彥的書，只是一堆的言辭，連四聖諦的基本知見你都讀不到，真的沒有辦法。所以他們的所說真的不清淨，如來說他們「但有言辭」，還真是一言中的，這是第四個過失。

第五個過失是「言無次第，處處抄撮」，他們所說的法是沒有次第的，凡是實證而爲人說法時一定有一個淺深次第；必然是由淺入深，然後由狹至廣，寫書也是一樣的道理。但是因爲沒有實證的人屬於「不淨說法」，他們都是沒有實證者，不像實證大乘菩提的人三乘菩提的內涵與次第了然於心，他是完全不懂的；這種情況可以說二十世紀到二十一世紀初的現在，海峽兩岸、南洋或全球都一樣言無次第，只是抄撮一些佛法的名相組織起來想像之後隨便講一講。即使臺灣以前被人家尊稱爲佛學泰斗的釋印順，號稱是導師，也是如此；他所說的每一個法看來好像是佛法，但其實也只是把經中的一些文字取來貫串起來，不幸的是他還貫串錯了，而且還註解錯了，所以他把阿羅漢法當作是佛法，其實那只是解脫道而不是佛菩提道；而且他所說的所謂佛法的羅漢法，又正好是錯誤的，連羅漢法都談不上，更別說是佛法。所以當我們把三乘菩提的內涵提出來時，他從來都不敢說個字兒，也不敢回應一個文字，更不要說文章。

　　但是誤會佛法，而且對佛法錯會，並且不瞭解佛法的次第，這樣的人在末法時代比比皆是，但是大家都不知道；直到我們把三乘菩提舉了出來講，也把佛法的內涵與道次第提出來講，他們才算稍微懂得；但也還在抗拒中，所以他們說法時是沒有次第性可言的，因爲連所說的法是不是佛法都還大有疑問。簡單地說，他們說的法根本不是佛法，如何能談到次第呢？所以像我們說法有內涵也有次第提出來時，人家看了就知道說：「原來佛法應該是這樣修學，至於實證是證得什麼。」就懂了，然後也知道悟後是要怎麼修行：「原來是要歷經五十二個階位才能成佛，這才是佛法。」

所以很多人在那一些「不淨說法者」的道場追隨了十幾年、二十幾年之後，偶然讀到正覺的書籍時，他們開始瞭解什麼是佛法，因此他們就直接說：「正覺的書眞正是工具書，你修學佛法要依靠這樣的書。」就好像你要做某一些產品必須要有一定的工具，沒有那些工具是做不出來的；工具書就是指導你怎麼樣使用那一些工具，或者說這一些書籍的內容本身就是個工具，你可以藉它來達到你想要的目標；因此他們說正覺有很多書都是學佛的工具書，這其實是一個最直接的肯定。那他們讀了我們的書就知道外面講的那些全都沒有次第，至於看來好像很有次第而自稱爲菩提道的《菩提道次第廣論》自稱是有次第的，但可惜它的次第是混亂的、顚倒的，而且與佛法無涉，從來不是佛法，又何曾有次第？還把外道法當作佛法。

至於密宗假藏傳佛教其他的《道次第廣論》，眞可以說是不入流，要叫作下三濫。我今天罵人，說宗喀巴是下三濫，寫的《密宗道次第廣論》，或是《菩提道次第廣論》後半部的止觀，都是在自殘殘他，不止把自己的法身慧命給殘害了，還流通到後世殘害很多學佛人的法身慧命，所以罵他下三濫算是客氣的，還沒有罵他邪魔外道，他是附佛外道中的「**不淨說法者**」。這就是說，「**不淨說法者**」所說的法都是「**處處抄撮**」，號稱是有次第的密宗二部《廣論》也沒有次第，久學密法廣爲涉獵密宗假藏傳佛教密續的老修行人，都知道宗喀巴其實是個文抄公；他只是把以前密宗假藏傳佛教的祖師們講的、寫的，集合起來整理然後弄成二部《道次第廣論》，其實他也沒有自己的見地，那些都是抄來的，只是善於整理罷了，所以他是個標準的文抄公。

諸位想想看，文抄公寫出來的東西是他自己的嗎？當然不是！如果在現代，他是要被人家提告侵害著作權的，所以那個人有沒有證量？從文抄公三個字，從大家對他公評的這三個字，就可以知道他也是「**處處抄撮**」的人；所以他所說的《道次第廣論》一樣是「**言無次第**」，亂編一氣。這樣的人，如來說他們「**是故在眾心懷恐怖**」；宗喀巴是運氣好，沒當面遇到咱家，遇到了算他倒楣，他就得要很恐怖了！所以說，這些「不淨說法者」有這樣的五種過失。

如來對這些「不淨說法」的比丘作了一個判定：「**如是凡夫無有智慧，心無決定；**」所以當人家說法時，他們聽了也許心裡想：「**這樣也不錯，也有道理。**」聽了另外一種說法時，他們又想：「**嗯！這也有道理。**」宗喀巴不就是這樣嗎？他是這個也有道理，那個也有道理，所以他把那些東西抄了集合起來，整理成爲兩部《廣論》，表示他心無決定。假使親證了而且心得決定，就叫作三昧，但他心中不得決定，總是懷疑，才會寫那兩部《廣論》。但他們卻因爲心中有「**憍慢**」想要出頭（就是好爲人師），就以這個「**憍慢微小因緣，求於名聞**」。從古至今有不少人藉著寫書來求名聞，佛門中曾有幾人是依於實證來寫書的呢？很難找得到這樣的人，所以你們看佛護、清辨、安慧、般若毱多，還有寂天、阿底峽、蓮花生、宗喀巴這一些人，還有龍清巴……等密宗的祖師們，全都是因爲「憍慢」這個「**微小因緣，求於名聞**」。眾生不知就裡，只看表相，因此就誤信他們的所說，甚至於還有高麗僧人寫了《釋摩訶衍論》，也是胡亂說法，竟然也被釋印順推崇，而且推崇到無以復加。至於安慧那個六識論的凡夫寫了部《大乘廣五蘊論》，把能生五蘊的阿賴耶識歸類在識蘊裡面，等於把媽媽跟女兒合併爲一體，然後說媽媽是女兒生的，這樣荒唐的邏輯釋印順也接受。那部《釋摩訶衍論》，諸位之中也許有人會這樣想：「**應該不會是僞論吧？它明明就收存在《大藏經》中啊！**」問題是日本人編《大正藏》時，是佛法中的不學無術之人所編的。

也許又有人想：「**那麼應該《龍藏》中也有吧？不然永明延壽禪師怎麼也引述那論裡的文字來講呢？**」這我就要罵永明延壽了：「**他的慧眼有業障，所以那部僞論他也沒看出來，還把它引述來講。**」（編案：講經當時有一位依附密宗的法師說了一句被佛教界引爲笑話的言語：「…因爲他的眼睛有業障……。」在電視節目和網路上被當作笑話引用。）直到二〇〇三年有人引述《釋摩訶衍論》的文字來破咱們，我不得不把那一部論給破了，因爲我眼睛沒有業障！對啊！永明延壽禪師假使再來，他也不能否認我的辨正。

凡夫無有智慧但可以籠罩人，眞的可以籠罩人！《楞伽經》不講了嗎？有個外道五通仙人以他自己崇奉的世論，上去忉利天跟釋提桓因辯論，不曉得那是哪一個小世界的釋提桓因，兩個人約定好了要辯論，外道說：「**我化**

身千頭龍，每輸一個題目你就斬我一首，千首斬盡我就死亡了；那你釋提桓因貴為天主，不要你的命，只要壞你的千輻輪寶車（車要讀作居），每輸一個題目我就毀壞你車輪一輻。」那千輻寶輪總共有一千根的支架，每輸一道題目就砍掉一根支架；結果釋提桓因全輸，千輻輪寶車被毀壞，他就沒有王位可坐，只好下墮人間。你們看那世論外道多厲害，釋提桓因也辯不贏他。

所以那一些凡夫外道連初果都沒有實證，就可以籠罩天下人了，到了末法時代廣大的學佛人何曾知道這一點呢？所以大家都只看表相，只要會營造聲勢，那就是個大師。以前有一些企業家要去見四大山頭的住持大和尚時，第一次通常要帶支票本來，如果只是來論法聊聊天兒，那大師是不會接見的。可是見咱家時根本不用支票本，連一張一百元的鈔票也不用，但為什麼大企業家們沒有蜂擁而來呢？因為太平凡實在。假使哪一天我卸下俗衣穿起僧衣，那局面可以搞得很大，但是就要累死諸位了，於佛法的久遠流傳無所助益，因為那是走入世間法中混了。咱們還是不搞那一些，還是在法上來令正法久住，這才是最重要的事。

他們都是因為「憍慢」作為「微小因緣」來求「名聞」，名聞的背後是什麼？（有人答話，聽不清楚）欸！正是廣大的利養。可是這一些人表面看起來非常風光，實際上「疑悔在心而爲他說」，他們說法時都很怕講錯了，所以說法前先一個字一個字寫好，對大眾說法時就是用唸的。那又不是錄影要訂時間、要抓好時間，他們還是照著唸；如果那個稿子丟了，就別講法了。所以那些大和尚每回出門要去演講時，都盯著侍者要再瞧一遍，要親眼瞧見他的講稿在那裡，否則他不出門的。不像我們拿著經典的原文就這樣講解，所以他們是「疑悔在心而爲他說」，如來說的都是事實。他們心裡總是疑著：「我這樣講對不對？我剛才講那一句又對不對？」然後也許剛剛講過一句話心中有一點後悔，說那一句話好像講得不恰當，又要修改。可是不能修改的，這一修改人家就說：「師父剛才講錯了。」因此只能「疑悔在心」。

會混到這個地步，何以自知呢？正是因爲「長夜自受貪欲、瞋恚、愚癡毒箭」。如果他們不求世間的五欲，不必「以憍慢微小因緣」來出世說法；他們是因爲愚癡才會想找機會造就自己的大名聲來求名聞，名聞之後就會有利養，但這種行爲的本身就是愚癡。再加上於法無有親證，被業障所遮障，因此他在法上永遠都沒有入處，這就是「愚癡毒箭」。那麼有時看到別人說法時，他認為別人講得不好，覺得自己可以講得比人家更好；然後徒眾互相比較傳話的結果，他聽到起瞋，心裡想：「連他都可以講，我為什麼不能講？」這瞋恚心一起、發憤去作，所以他也跟著出來講，這就是因為「瞋恚毒箭」所導致。

總而言之，「**不淨說法者**」是貪瞋癡三毒具足，否則為什麼明知道自己沒有親證還敢出來說法？如來解釋其中的道理說：「**何以故？舍利弗！是人不能定知諸法而為他說，心不喜樂，或若違失。**」像這樣的人，其實對於自己所說的法都沒有一個決定性的了知，永遠都似懂非懂；當他出來為別人說法時，他不會喜歡說法這件事，因為他說法時並沒有法樂。假使出來說法時，他心裡總是在等著說法的時間趕快過去，只要混過去就是他的了；顯示他為眾說法是不得不作的事，因為想要名聞就必須要出來公開說法；出來說法時有了名聞，利養就會跟著來，所以他的目的不在說法，而在說法背後所引生的利養。

我們說法時是法樂無窮，總是要有人提醒說：「時間到了、時間到了。」不然就會忘記時間。我們說法不是為錢，我說法二十幾年不曾拿過一分一毫錢財，但爲什麼卻說得這麼快樂？是因爲有法樂；這就是依於實證而說法，自心流露而說，所以沒有所謂說法不喜樂的事情。如果是爲了名聞以及隨後跟著來的利養而不得不說法，那他說法之前要寫很多的文字，那多累人？咱們不用，經本請上來就直接講了，很輕鬆；當你說法心有喜樂時，說法就是一件樂事，譬如儒家說「得天下英才而教育之」，要叫作什麼？「其樂何如」！是不是？對啊！覺得很快樂啊！所以有實證時說法是快樂的，不是在混時間；因爲很清楚瞭解到自己說了法以後可以利益到很多人，而不是誤導很多人，因此同樣是其樂何如。可是「不淨說法」的比丘們「心不喜樂」，除了「心不喜樂」以外，有時可能有很多違背佛法之處，會有很多的過失，這樣看來「不淨說法」是很不好的事情，這五種過失一個也逃不掉。

如來接著說：「**我知不淨說法有此過咎，不得正道。**」確實沒有實證就應該好好努力求證，而不是強出頭來求名聞、求利養；沒有實證而強出頭，縱使求得名聞與利養，這一世能享用多少畢竟有限，但來世可不是只有一世受報，那可是很多劫要去還的啊！有時我會想到一件事：假使沒有實證佛法而弄出一個大山頭，聚集了一、兩百億臺幣，甚至於每一年都勸募了八、九百億臺幣，美其名是度眾生，而探究其結果卻是要揹負幾百億臺幣的虧損福德不善業，那應該叫作惡業吧？還加上戕害眾生法身慧命的大惡業。有時想起來，如果那是我幹的事，我得要趕快還俗，每天去懺悔、盡量去還，否則來世怎麼辦？那是很嚴重的大事啊！

以凡夫之身聚集了佛教徒那麼多的錢財，弄出一大片的山頭來，結果沒有法回報給這些信徒，這些錢又不知用到哪裡去，來世果報我連想都不敢想；那結果是未來不止一世要還，不是當一世牛馬被人家役使或殺了吃了就還完，但他們都不去想這一點，我覺得很怪。各個看來都是聰明人，竟都沒有想到這一點，而我這個笨瓜都能想到這一點，這個對比太強烈。我一直想不通，為什麼他們敢這樣？這五個「過咎」之外就是未來世他們要如何償還眾生的這一些債，偶爾想到時腳底都發涼，可是他們都不想這一點。那麼如來還跟他們加上四個字：「**不得正道**。」像這樣的「**不淨說法者**」永遠都與正道不相應，這才眞是最嚴重的後果，表示他們未來將會是無數阿僧祇劫以後都還無法證悟佛法。

如來接著說：「**是事，一切比丘不知，諸天不知，唯我乃知。**」也就是說，「不淨說法者」有這一些「過咎」，他們永遠「不得正道」，而比丘們都是不知道其中的原因，諸天也都不知道。為什麼「不淨說法者」會有這樣的不好果報，諸天也不知道？因為菩薩法界中的一切因果，那是唯有 如來究竟了知。譬如說，為什麼虧損法事就是虧損如來，諸天也不知道？為什麼虧損如來或者虧損法事會成為極重的惡業？這又不是犯戒，為什麼會成為極重惡業，諸天也不知道？如來知道就告訴我們：只要虧損法事就是虧損如來，就是極重的惡業。三界中的最大惡業無過於此，可是只有 如來知道。

那麼另外還有「不淨說法」的比丘們，不懂得「如來隨宜所說」。如來說法是隨著眾生根器的不同，有時會有不同的說法。例如古時那些阿羅漢，他們成為阿羅漢之前久修不證，如來針對某個阿羅漢說：「你只要斷貪欲，就可以證阿羅漢果。」他就努力修不淨觀，斷了貪欲後果然成為阿羅漢。有的人，如來教導他修慈悲觀，只要把瞋恚斷除就可以成為阿羅漢；有的人要教他修學因緣觀、界差別觀，然後他們就可以成為阿羅漢，因為他們愚癡、我慢。那不懂的人看到表相就說：「你只要把貪欲斷了，就可以成為阿羅漢。」結果那個人斷貪欲而成就初禪以後，他就印證那個人是阿羅漢，結果依舊是個凡夫，徒然成就大妄語業，所以不能只看表相的。

「復有不淨說法比丘，不解如來隨宜所說，而為他人說諸經中無我、無人、無眾生、無壽命；而是人自以論辭說言：『有我、有人、有眾生、有壽命。』即為謗佛、謗法、謗僧。謗三寶罪，諸天世人所不能知，唯佛乃知。」

「如來隨宜所說」是觀察各人的不同情況，作了正確的對治，因為那些弟子們在別的層面都修好了，就這個地方無法突破，所以教導他從這個地方突破，就成為阿羅漢。但不是每一個人都只要在這裡突破就成為阿羅漢，可是那些「不淨說法」的凡夫比丘只看表相，不解「如來隨宜所說」，為別人解說諸經所說的無我、無人、無眾生、無壽命的經文時，他們卻以自己的設想、思惟、理解，用自己的言詞說出來時，卻是「有我、有人、有眾生、有壽命」。這如果不舉例說明，可能諸位不免誤會；但是我舉例說明時，又恐怕有人會起煩惱；但是要勸諸位，來到正覺講堂學習了，就把對過去學法道場的情執斬斷了吧，因為不值得留戀！

想一想自己為什麼要來正覺講堂？是因為過去親近的道場沒有法，或者因為過去親近的道場誤導了自己。講到這裡，我倒想要嘮叨某一些人，既然認定原來的道場無法可學所以進了正覺，卻又因爲聽到上課時親教師在論證法義正訛，正好說到他的師父，他就起煩惱想：「**又在說我的師父。**」我說這樣叫作愚癡。如果想要繼續維護他的師父，應該他的師父與他之間是亦師亦父吧？這才值得維護。如果亦師亦父，這師父應該對他好還是對他壞？應該對他好呀！對他好就應該照顧他，不戕害他的法身慧命。可是他師父專門教導他「**覺知心離念就是開悟**」，也爲他蓋上金剛寶印說他開悟了，害他跟著大妄語；也都教給他一些錯誤的知見，就把那些當作是見道所得的見地；他師父這樣作，其實是在殺害他的法身慧命；結果被他的師父殺害法身慧命以後，他還一天到晚要維護他的師父。就好比一位長輩一天到晚都說好話誘導他跌入深坑，現在有人救他出來，指稱誘導他的人作錯了，他反而卻罵這個救他的人，卻在維護那個害他繼續住在深坑的人，這有道理嗎？沒道理吧！可就是有這種人，我就說這樣的人叫作愚癡。

把這個前提講過了，我們就可以舉例來講。經中不是都說「**無我**」嗎？可是有一位大師說法時卻告訴大家要「**把握自我、要當自己**」。有沒有聽過大師這樣開示？（有人答話，聽不清楚。）是有的！可是他口中剛剛正在解說無我，接著就告訴大家要把握自己、要當自己，那不又是「有我」了嗎？明明解釋經文是「無我」的，卻是要把握自己，什麼都不要想，只要把握自己，說這樣就是「無我」。看來他是連我跟我所都分不清楚才會這樣講，所以要當自己。但爲什麼要當自己？自己本來已經由自己當了，還會有別人來當我自己的嗎？那爲什麼還要當自己？原來是因爲以前老被人家牽著鼻子走，所以現在要當自己；然而當自己不是就有我嗎？把握自我不就是有我嗎？那跟解釋經文的「無我」是相反的，這是確實的例子。

那還有「無人」，無人就應該依於實際理地如來藏的境界來講「無人」，因爲如來藏不分別一切人，不了知一切有情，不會與別人相對而說你我他；結果大師說：「要存好心、說好話、作好事。」請問大家：存好心是相對別人還是對自己？不會相對自己來存好心吧？一定是對別人來存好心。說好話，好話需要對自己說嗎？當然是對別人說的；那麼作好事，也是對別人作的。可是明明在講「無人」，結果他要求大眾作的、教導給大眾的都是「有人」，這也是同一個大山頭的大法師講的。可是他有時又教大家要「消融自我」，消融自我看來好像是無我，可是才消融不了多久，又教大家要「把握自我」，這個邏輯混亂到極點！身為大法師，為大眾說法應該前後如一，怎麼可以今天講的跟昨天講的道理不一樣？既然要消融自我，就應該把十八界五蘊都否定了吧？偏不！又要認定這個離念靈知是眞實我，也印證十二位出家弟子一念不生境界為明心又見性，那又返身變成有我了；只要有我就有人，有人也是有我。存好心、說好話、作好事也是對別人；既然那是對別人，還是有我啊！

接著講「無眾生」。有個比丘尼解釋起來到最後又變成有眾生，所以就會教導大家盡形壽都要行十善，最重要的就是布施，你只要努力布施讓我這個團體每年有八、九百億臺幣的收入，大家用這一些錢去旅遊也好，一部分布施給眾生也好，大家都要快快樂樂布施，心中一直都很歡喜就可以當初地菩薩；又說努力行善就可以成佛，不用斷我見也不用明心，不用眼見佛性，更不需要證得道種智，全都不用，只要行善就是初地菩薩，一直行善下去最後就成佛了，就可以當「宇宙大覺者」。諸位看看這是不是有眾生？就是盡形壽要努力行善，說行善就是佛法；那麼行善時是對誰行善？一定是對眾生，原來還是有我、有眾生。本來說的是「無眾生」的，結果到最後結論出來就是「有眾生」。

既然是這樣子，接著就是要照顧大家的健康；身體健康最重要了，如果身體不健康，一個個夭壽，誰來護持她們？本來可以活八十歲，結果四十歲就死了，不是叫作夭壽嗎？也就是中夭。所以要努力來作一件事情，提出一個很響亮的口號：「醫療菩提。」醫療也有菩提欸！眞奇特！但這不就是落入壽命了嗎？等到哪一天那位上人來了，來質疑我說：「你否定有醫療菩提？」我就說：「我不否定有醫療菩提，但我否定妳有醫療菩提。」她只要問我：「什麼是醫療菩提？」我就叫她把手伸出來，我就爲她把個脈，說：「原來妳不是宇宙大覺者。」那我就把她的病治好了，這才是醫療菩提。這裡面密意很深，內行看門道，外行只能看熱鬧。所以落到壽命中時，心想一定要活久一點，不然這一大片江山多可惜，當然要搞醫療菩提，就是想要活久一點，但卻是只有醫療而無菩提。那經中說的「無壽命」，來到她這裡就變成「有壽命」了。

所以這一些人看來都是在說佛法，但其實那都不是佛法，他們卻硬說那是佛法。可是有一個問題：佛法的意思表示那是佛所說的法，但他們說的

明明不是　佛所說的法，他們卻說那是佛法，那不就是謗佛嗎？假使有人把某些外道法說這是蕭平實講的，那我當然得要跟他理論，不可能默認的，否則豈不誤導了眾生？所以把外道法硬指爲佛法就是謗佛，同時也是謗法；但這樣子謗佛謗法爲什麼又會成爲謗僧？因爲他們的所說必定與一切勝義僧的所說相違背；假使人家比對出來有所不同而去質問，他們一定否定勝義僧的說法，堅持他自己說的才對，一定會謗僧。我們弘法這麼久，經歷太多了，謗勝義僧的人太多了。

那麼「不淨說法者」把「無我、無人、無眾生、無壽命」，說成了「有我、有人、有眾生、有壽命」的內涵，這就是「謗三寶罪」。可是有多少人知道這一些人是謗三寶的人呢？一向都沒有人知道，只有我們出來說明，卻還要被誹謗。甚至還有高雄一位蠻有名氣的法師，作了個錄音帶專門講誹謗僧寶的過失，那到底是衝著誰來的？有人送給我一卷，我一看就知道目的了，連拆封都沒拆封，因爲用膝蓋想也知道他在講什麼，表示他對「謗三寶罪」的意涵是不懂的。凡夫僧想要勝義僧不指正他，反過來想要指責勝義僧毀謗他，眞可笑。所以這種謗三寶的罪「諸天世人所不能知，唯佛乃知」。

確實只有佛地才能盡知「謗三寶罪」有多麼重，眾生是不瞭解的。他們想：「佛又不在我眼前，我罵了佛又有什麼？」

有的人想：「法是法，到底法是什麼也沒有人知道，我就說這個是法，你也可以說那個是法；我講我的，你講你的，別互相指認誰的錯誤。」但是大家都不知道亂說法就是謗法。無怪乎《佛藏經》從來沒有人流通，也沒有人要講解，正好讓我這個不知好歹的人來講；希望我講了以後，那一些誤導眾生的大師們漸漸地知道好歹，那我就不白講。爲什麼謗三寶的罪非常之重？因爲三寶是一切有情盡未來際的希望，可是凡夫眾生們都不知道。

所有的有情盡未來際的希望都在三寶，即使是螞蟻、貓、狗完全不懂法，也不懂三界六道的事，但牠們未來終將回到人間；即使繼續下墮三惡道，未來不斷地下墮回到人間的過程中，總有一世、總有一天他會想要解脫生死困苦，那他的希望只有三寶才能夠救他；乃至於究竟成佛，也是要三寶才能幫他。既然三寶是一切有情盡未來際的希望，那這樣的「不淨說法者」成就「謗三寶罪」，那個罪何其之重！但是愚癡的大法師們從來不知，仍舊以凡夫之身，愚昧於自己汲汲營營所成就的世間虛名，大膽地誹謗三寶，這重罪可以說一切罪中之重，但是他們絲毫不知，等到捨報知道時已經來不及了，因為那時口不能說、手不能寫、身不能動轉，一切都來不及了。

如來接著又宣示說：「舍利弗！是人亦名不淨說法，我知其過，諸神通者及諸天眾皆不能知，唯佛乃知。」所以「不淨說法者」的本質就是「謗三寶」，但是有誰知道呢？所以我們正覺以前剛弘法時，好多人都說：「你們正覺說你們的，我們說我們的，井水不犯河水，何必要批評人家？」從這件事情的本身來說，我並不是批評，而是作法義辨正，我從來沒有說他們身口意行的是非。那麼從說法義辨正這回事來講，我們的本質是救人而不是評論。「不淨說法」的過失起因，是因為他們誤導眾生，戕害了眾生的法身慧命；而外道法被他們硬說為佛法，就是侮辱 釋迦如來，這樣的人謗法謗僧之後，合併了侮辱 如來的重罪，那是三界中的重中之重，可是他們並不瞭解，講邪見邪法的書還是繼續寫、繼續印，抵制正法的事情還是繼續在作，何曾有人醒覺？

但我們有因緣、有能力時就應該加以針砭，使他們痛徹心扉之後醒覺過來說：「原來以前我們寫了那麼多書，都是在誹謗三寶。」冀望他們臨命終時懂得懺悔、保住人身，能不下墮三惡道，就是我們所期待的事，然而眞是不容易。而這一種過失只有 如來具足知道，聽聞 如來解說之後菩薩們終於知道過失的所在，可是到末法時代已經沒有人知道了，所以大家繼續誤導眾生，繼續「以憍慢微小因緣」寫書或者說法，廣泛誤導眾生造作抵制正法的惡業。當我們能夠作也有能力作，假使偷懶不作的話，將來捨壽時愧對 如來啊！如果不想這樣作，又何必出世當惡人？當老好人大家都歡迎。但是既然拈提了諸方，我們就要作到底；救人不能救一半，一定要救到底；能救幾個不墮三惡道，那我便救幾個。如果還有人眞的不受救，那時我們再撒手也行；但不要事先就認爲不可救、放手不管，這就是我們應該有的作爲。接著如來又開示說：

經文：【「舍利弗！我今爲汝譬喻解說：若人不知佛道義相，而爲他人不淨說法，此人成就幾不善事。舍利弗！於意云何？閻浮提眾生寧爲多不？」「甚多，世尊！」「舍利弗！若有惡人盡奪其命，是人得罪寧爲多不？」「甚多，世尊！」「如是癡人不知佛道，而爲他人不淨說法，罪多於此。何以故？是人不淨說法破無上佛道，亦謗過去未來今佛，何以故？舍利弗！若有過去諸佛，說一切法皆畢竟空，無我、無人、無眾生、無壽者、無命者；舍利弗！未來諸佛說一切法亦畢竟空，無我、無人、無眾生、無壽者、無命者；舍利弗！今現在十方恒沙世界諸佛說一切法亦畢竟空，無我、無人、無眾生、無壽者、無命者；舍利弗！是名諸佛無上之法，謂一切法無有體性，無所得空，本性寂滅，無生無滅；無有性相，自相皆空。如來但爲斷諸憶想分別故說，而諸佛菩提無有分別。舍利弗！何等爲分別？謂分別者，我見、人見、眾生見、壽見、命見、斷見、常見，凡夫成就是諸分別。若人無有如是分別，能悉了知一切法空，無我、無人、無眾生、無壽者、無命者。如是念時心得歡喜，聞第一義空不驚不畏，是人則知五陰虛妄無有眞實，知十二入十八界虛妄無有眞實；是人亦不分別涅槃，不念涅槃，不言我能念涅槃，以法得寂滅而不分別；是法所寂滅處亦不分別，亦復不得。舍利弗！是名順忍。」】

語譯：【如來又開示說：「舍利弗！我如今爲你譬喻解說：如果有人不知佛菩提道眞實義的法相，而爲了別人作了不淨說法，這個人成就了多少的不善事。舍利弗！你的意下如何呢？閻浮提的眾生難道不是很多嗎？」「非常多啊，世尊！」「舍利弗！如果有惡人對閻浮提的每一個眾生全部都奪取性命，那樣的人所得到的罪難道不是很多嗎？」「非常多啊，世尊！」如來又説：「像這樣的愚癡人不知佛法的法道，而爲別人不淨説法時，他的罪遠多於此。這是什麼緣故？這個人不淨説法破壞了無上的佛道，也誹謗過去、未來、如今的諸佛，爲什麼這樣説呢？舍利弗！如果有過去的諸佛，説一切法都畢竟空，沒有我、沒有人、沒有眾生、沒有壽者、也沒有命者；舍利弗！未來諸佛説一切法也畢竟空，沒有我、沒有人、沒有眾生、沒有壽者、沒有命者；舍利弗！如今現在十方恒河沙世界的諸佛也説一切法畢竟空，沒有我、沒有人、沒有眾生、沒有壽者、沒有命者；舍利弗！這就叫作諸佛的無上之法，這是説一切法沒有自體性，無所得空，本性是寂滅的，不生也不滅；沒有性相，一切法相都空。如來只是爲了斷除眾生的種種憶想分別而這樣説，然而諸佛菩提之中其實沒有分別。舍利弗！何等是分別呢？所謂分別，就是我見、人見、眾生見、壽見、命見、斷見、常見，凡夫成就這樣的種種分別。如果有人沒有這樣的分別，能全部了知一切法皆空，沒有我、沒有人、沒有眾生、沒有壽者、沒有命者。當他像這樣子念想時心中得到了歡喜，聽聞第一義空的眞實義心中不驚也不畏，這個人就知道五陰虛妄沒有眞實，也知道十二入、十八界都虛妄沒有眞實法；這個人也不去分別涅槃，不想念涅槃，也不說我能夠憶念涅槃，以這個法而得到寂滅所以他不作分別；而這個法所寂滅的地方他也不分別，也沒有這個不分別。舍利弗！這樣才叫作順忍。」】

講義：這段經文我有必要再作解釋嗎？對證悟明心的人來講，我再作解釋其實是多餘的，因爲他讀了已經懂得，我再解釋不就成爲多餘的嗎？但我想還是得解釋，因爲不是所有人都已明心；而已經證悟明心的人再度聽聞我解釋之後，應當也是隨喜。就像 觀世音菩薩、文殊師利菩薩這些倒駕慈航再來當菩薩的菩薩們，如來說法時他們當然都懂，但他們也是隨喜，我想這是一樣的道理，所以我還是解釋一下吧。

如來說：「如果不知道佛菩提道的內容，不知道佛菩提道的眞實義，也不知道佛菩提道那一些法相，而竟然出世爲別人不淨說法，他成就的不善事到底有多嚴重？」如來又講了一個譬喻，就問舍利弗：「南閻浮提的眾生是不是很多呢？」想想南閻浮提的眾生，不說南閻浮提，單說地球就好；也不說地球，單說你身上有多少眾生就好了，你能數得清嗎？數不清啦！如來說了：「假使有惡人把南閻浮提所有的眾生性命都給奪了、都給殺害，這樣的人獲得的罪是不是很多？」那當然是無法想像的大惡罪，整個南閻浮提的人們你要怎麼計算？也就是說一個小世界中的大約是四分之一眾生，那是多少人？單說地球上現在有六十幾億人……七十億人？好快！那麼如果螞蟻會有多少？無法想像喔？如果加上細菌，你是無法計算的。單是一個小小的地球已經是這樣，南閻浮提到底有多少眾生？這數目太多了；假使有人把這一些人殺害，罪是非常大的，所以舍利弗答覆說：「這個罪非常多的，世尊！」

如來卻說：「像這種不淨說法的愚癡人，他們不知道佛菩提道而竟然爲別人不淨說法，他們的罪比殺害全部閻浮提眾生的罪還要重。」如來這樣說一定有道理，所以接著就解釋說：「這些人不淨說法其實是破壞無上的佛道，」這破壞無上的佛道不只是破壞無上佛道而已，當他們硬把常見外道、斷見外道所說的法指稱爲佛所說的法，這時他們其實不是單謗一尊如來，而是誹謗過去一切已成之佛，也誹謗現在十方世界所有一切如來，那麼這個罪重不重啊？

事實上還不只如此，包括諸位都被誹謗在內，因爲諸位未來成佛時所說的法也是「無我、無人、無眾生、無壽者、無命者」，但他們所說的是「有我、有人、有眾生、有壽者、有命者」，卻說這就是佛法，那就是預先指責諸位未來佛，是預先誣賴諸位將來成佛後也會這樣說。可是諸位將來成佛時一定不會這樣說，那他們豈不是把諸位也誹謗在內？所以 如來說這樣的人不但是「破無上佛道」，而且是「亦謗過去未來今佛」，他們等於把所有十方三世一切佛都誹謗在內，這個罪當然是很重。因爲謗一 如來已經不得了，他們卻是謗十方三世一切佛。

明明那不是佛法，他們硬要強辯，硬要說那是佛法，說是 如來所講的，那就是謗佛。所以 如來說：「若有過去諸佛，說一切法皆畢竟空，無我、無人、無眾生、無壽者、無命者；未來諸佛也這樣說，現今十方一切恒河沙世界諸佛也同樣這樣說。」如來說的「未來一切諸佛也會說無我、無人、無眾生、無壽者、無命者」，我要問問諸位同意不同意？（大眾說：同意。）諸位都同意，但不淨說法者卻說諸位將來成佛也會說「有我、有人、有眾生、有壽者、有命者」，那不是預先誣賴了諸位嗎？那他說十方三世一切佛都這樣講，那就是謗一切如來，所以這個罪非常重。

而且「不淨說法者」是沒有實證而爲人說法，所以叫作「不淨說法」。因爲他們都不免落入五陰我之中，或者十二處十八界我、或者落入六入我之中，但他硬說這就是佛法，這樣也是「破無上佛道」。如來在《阿含經》中早就講過：「如來的法將來不會頓滅，而是被漸漸滅亡。」如來就講一個譬喻，說一條船上把石頭一直疊上去以後，頓時就沉沒了；但 如來的法船不會這樣沉沒，而是被不淨說法的人漸漸把它沉沒；是因爲不淨說法的數量太多了，必然漸漸淹蓋了 如來的正教，使得 如來的正法漸漸被淹沒掉。以前在天竺就是這樣，因爲虛妄說法的人太多，勝義菩薩的勢力越來越小，所以最後被逼而退到南方海角仍然沒辦法生存，只好往生到中國來。當年在天竺佛法就是這樣消滅的。

後來只剩下南方海洋邊的那一個島叫作斯里蘭卡，還有一點所謂的佛法（其實是羅漢法），但也傳不了幾代就沒了。同樣的，傳到南洋也沒有幾代就沒有實證的法了！菩薩們漸漸流轉到印度的南方，無法繼續弘法了，只好轉生到中國去。你們聽了覺得有一點玄，其實不！因爲你們之中有些人也是到了印度南方，然後才轉生到中國的，是這一世才來到臺灣。下一世能不能回到中國又把正法廣大弘揚起來？（大眾答：可以。）可以喔？可是我現在卻覺得尚在未定之天，很難！眞的困難重重，因爲魔的勢力太強大了。我們是不可被消滅的，我們就像一隻金剛製造的鑽子，無物不穿；但如果那些爛泥巴一大堆，你一直戳也沒用；我怕的是戳不完，因爲爛泥巴太多了，所以很不容易復興。那我們要如何去把它完成？這眞是任重而道遠，很辛苦的一件事情。

也正因爲辛苦，正因爲艱難，所以假使有朝一日成功了，這眞要叫作佛教史上驚天動地的一件大事。咱們來努力看看，也許可以挽回個一、二千年，我們到後世再繼續努力，正好趁著這樣困難的局面才能成就最偉大的功德。假使佛菩薩都幫你作好了，你去撿現成的，還有功德與福德可言嗎？所以雖然辛苦、雖然困窘，諸位不要喪氣，不要氣餒，務必保持著堅強的鬥志，努力去救護眾生、復興正教。

那麼話說回來，諸佛都說「**一切法皆畢竟空**」，「**畢竟空**」不是說全部都空無，「**畢竟空**」是說一切法追究到最後全部都屬於空性。而空性之所以名爲空性，是因爲祂空而有性；有什麼性呢？有本來性，有自性性，有清淨性，有涅槃性；祂的自性能生諸法，而不被一切法所繫縛；一切法畢竟都屬於這個空，所以「**一切法皆畢竟空**」。當你證得這個法時，依於這個法的境界而相對於所生的一切法時，沒有我可言，沒有別人可言，沒有眾生存在，也沒有壽與命根可說；凡是人、我、壽、命、眾生，全都是這「**畢竟空**」法之所生，是「**畢竟空**」法之所支持，然後住異最後而滅，又重新再出生，如是輪轉不已，這才是「**一切法亦畢竟空**」。

只有這種「**畢竟空**」之法，才能說是諸佛的無上之法。所以如來藏生一切法，而如來藏是眞如——眞實而如如。有很多學佛人嚮往於眞如，但不知道眞如要怎麼證，卻被假名大師所誤導說：「**我們離念靈知是眞實的，只要我們面對一切境界都如如不動，那就是眞如。**」以往大師們總是這樣講的，而現在不敢有大師這麼講了。假使現在還有大師敢這麼講，正是人人得而誅之，因爲居心叵測；只要你聽見了，當場給他一巴掌；他如果變起臉、罵了起來，你就說：「**你不是如如不動嗎？爲什麼罵我？起瞋了！**」如果他忍住沒有罵你，但是青筋暴漲，你就說：「**你不是如如嗎？爲什麼現在青筋暴漲？**」

他只好轉身就走，總不能繼續青筋暴漲吧？他心裡知道錯了。

他們這種世間法可以加以對治的所謂眞如，其實都不是眞如。眞如何以爲眞？何以爲如？只有如來藏第八識才有眞與如，以外無別法。這個如來藏，你只要證悟了，一定會認同祖師說的「**夜夜抱佛眠，朝朝還共起**」。還沒有悟的人往往會說：「**哪有？我晚上都空著手睡覺，哪有抱佛？**」等到悟了就知道，你一定會認同的。因爲你悟後可以現前觀察到祂的存在，可以體驗祂的存在，這叫作眞實。當你悟了之後搜尋一切法，努力構思設想，看有沒有哪一個法可以把這個眞如心毀壞、把如來藏心毀壞？最後的結果是沒有辦法，你找不到一個方法可以壞祂，所以祂眞實。正因爲如此，所以說之爲金剛心；而《金剛經》講的就是這個心，因爲性不可壞，這叫作眞實。證悟之後你還可以觀察：「**原來我五陰十八界都從祂而生，祂能生我五陰十八界；別的有情五陰十八界，也是由他們自己的如來藏出生的。**」就能現觀祂出生一切有情的五陰十八界，你現前觀察的結果是如此，證明祂是眞實，所以這也叫「眞」。

何謂爲「如」？當你找到了，便讚歎祂：「**唉呀！你眞是厲害，能生萬**

法。」結果祂根本不會歡喜，依然如如不動。你又罵祂：「我讚歎你，你爲什麼都不回應？你這是渾蛋加三級。」祂還是如如不動。如果有人謗祂下地獄以後，結果地獄五陰正在受苦，哀號不已，可是祂依舊如如不動；後來懂得懺悔，回到人間廣行善事，死後終於生欲界天：「哇！好快活欸！」祂還是如如不動，所以名之爲如。就這樣，只有如來藏才有眞與如，除此而外再也沒有眞如了；但那眞如的境界是「無我、無人、無眾生、無壽者、無命者」。今天只能講到這裡。

《佛藏經》上週講到四十九頁第八行，我們上週正講「是名諸佛無上之法」，還沒有講完，記得上週最後是講到眞如；也就是說，「般若」很多人掛在嘴上講的「般若甚深極甚深，難解極難解」，確實也是如此。對於凡夫來講，他們卻又認爲般若是很淺很淺的，因爲他們《大品般若》六百卷，只要半年就讀完了，認爲自己全都懂了，所以說般若是很淺的，並沒有什麼很難懂的地方；例如釋印順這一類人，或如陳履安就是半年讀完了，他自以爲全部都懂了，但其實完全不懂。

這意思是說，般若之所以甚深極甚深，是因爲「眞如難證極難證，難轉依極難轉依」，能具足通達般若又更是甚難，所以才說「般若甚深極甚深」。那些自以爲懂般若的人其實都是不懂的，因爲般若的主旨就在於眞如的實證以及轉依。那麼眞如的實證，到末法時代總是眾說紛紜，各各自成一家之言，但他們所說的眞如純是臆想猜測思惟而言說，並非實證。所以每一位大師講的眞如各有差別，但對於所有實證的禪師們而言，眞如永遠無二說。也就是說，眞如是出生萬法的心，但是祂在萬法運行之中不斷在背地裡支援萬法，可是祂從來如如不動。那麼我們上週講過眞如爲什麼是眞、爲什麼是如，除此「無分別法」以外，別無眞如可學、可修、可證、可觀、可轉依。

所以有很多人妄想說：「我要證眞如，眞如就是透明的、圓圓的。」也有人說：「眞如就是在我身體周圍亮亮的。」又例如釋印順最荒唐說：「蘊處界都會滅掉，滅掉以後這個滅相是不滅的，因爲滅相不滅就是緣起性空，非常非滅，所以叫作眞如。」就是把斷滅空當作眞如。他還眞會想像，能把斷滅空的緣生性空當作眞如，但不曉得眞在何處？又是如何的如？那是非常荒唐的說法。

其實眞如是第八識如來藏心，但是「眞如」這個法相有時是在講如來藏的眞實如如體性，所以《成唯識論》又說：「**眞如亦是識之實性。**」也就是說，當如來藏在蘊處界身上運作時，祂有一個運行的過程而讓你看到祂的眞實與如如的法相，眞如其實是第八識的眞實法性，所以叫作眞如。但祖師或者《般若經》中有時會把眞如兩個字拿來直接指稱如來藏心，所以有時又說：「**眞如雖生諸法而眞如不生。**」那些未悟謂悟而不懂的人，讀來讀去就弄混了；因爲經論中有時眞如是講第八識的眞如性，有時是以眞如來直接指稱第八識如來藏，沒有實證的人讀不懂，當然越讀越迷糊。因此大家都憑自己猜測想像思惟之後，各自主張什麼叫眞如。所以末法時代那些凡夫大師們，對於眞如各有一家之言，可是所有實證的菩薩對於眞如的說法永遠都沒有差別。

那麼這個眞如爲什麼是無上之法？眞如這個法實證之後，可以依著眞如的轉依，然後次第成就佛道；如果不是證眞如就不可能成就佛道，因爲修菩薩道時將會永遠都在外門打轉，沒有辦法進入內門實修。所以證眞如很重要，但證眞如時只是「**根本無分別智**」，證了眞如之後就是悟後起修；悟後起修所生起的所有更深妙智慧，那叫作「**別相智**」，也就是「**後得無分別智**」。

別相智遠比證眞如這個根本智更勝妙很多倍，但是別相智固然勝妙，卻是以證眞如這個根本無分別智作爲所依、作爲根本；如果不是依證眞如這個根本智作依憑，就不可能悟後起修，就不會有悟後修得的那些別相智；所以直到初地的入地心爲止，所有的別相智都是依第七住位所證悟的眞如根本無分別智作依憑，才有辦法悟後繼續修行而入地，否則說什麼悟後修行，全都是空口薄舌、伶牙俐嘴之說；因爲只有實證眞如的人，才能依於眞如的現觀而作種種悟後的修行。

這樣說有一點抽象，我們舉個例來講。譬如你想要瞭解一顆水果，這個水果聽說到處都有，但是大家都找不到，所以說爲舉世罕見。當你要爲人家說明這顆水果前，一定先要找到而有理解了才行。當你要深入體會這顆水果，首先要找到這顆水果；但是你剛找到水果時，也許不知道這顆水果的全部內涵是什麼，但你得先知道它是什麼。剛剛知道這一顆水果是什麼的人，對於那些已經常常在吃那水果的人而言，他的所知是很粗淺的；雖然所知還很粗淺，可是吃那水果很多年而知道得很清楚的人，卻是要從以前剛認識那一顆水果時開始，否則他還是沒有辦法瞭解後面所知道的那一些。所以後面對於那一顆水果的理解和體驗，都要依於他當初找到那一顆水果、知道那個水果是指哪一個水果，要以當時所知作根本、作依據，才能有後面的體驗等，這樣講就容易瞭解了。

所以證眞如雖然只是第七住位的事，但是證眞如卻是後面初地眞如、二地眞如乃至佛地眞如的依憑，全都是同樣這個眞如，以剛證眞如時這個智慧作依憑，才能夠有悟後修行的那些眞如智慧。所以根本無分別智是最粗淺的，但是後面的「後得無分別智」不管多麼勝妙，乃至到達佛地無比勝妙的智慧，也都是要依於第七住位的「根本無分別智」作根據，然後悟後起修才能漸次到達佛地。所以證眞如才是無上之法，才是「無上佛道」。雖然證眞如的階位才只是五十二個階位中的第十七個階位而已，也就是在十信位後的十住位中，才只第七住位而已，在五十二個階位中才只是第十七個階位。如果依菩薩道修行的時程來講，才只是第一大阿僧祇劫過完三十分之六，剛進入第七住位而已，那是非常粗淺的。但這眞如智，卻是無可比擬的、至高無上的智慧，因爲將來佛地眞如也是這個眞如，依於這個眞如的實證才能次第邁向佛地。

所以三賢位所修「非安立諦三品心」實證了以後，入地前要加行：加修「安立諦十六品心、九品心」後，只要增上意樂清淨了，立刻成爲初地心的菩薩。就這麼快，這樣才算過完第一大阿僧祇劫，而這個初地眞如就已經難可想像了。但是對於阿羅漢來講，第七住位菩薩所證的眞如就已經難可想像了，他們再怎麼猜測也不能理解眞如究竟是什麼境界，連三明六通大阿羅漢都無法猜測，就可見眞如是不是「無上佛道」了！那麼在眞如的境界之中沒有我、沒有人、沒有眾生、沒有壽者、沒有命者，在眞如的自住境界之中是一切法空——一切法都不存在，一切法到不了祂的境界中；而這個眞如卻是可證的，但凡夫眾生與不迴心阿羅漢的境界，全都到不了眞如的境界，所以才說祂是甚深難解微妙難知，因此說祂是「無上佛道」，眞是「無上之法」。所以 如來說：「舍利弗！是名諸佛無上之法。」這是誠實言。

然後接著解釋祂爲什麼是「無上之法」，「謂一切法無有體性，無所得空，本性寂滅，無生無滅；無有性相，自相皆空。」我們就來解釋這一些聖教。「一切法無有體性」，是說一切法沒有自己本住常住的體性，而不是沒有一切法的體性；譬如眼識有能見之性，耳識有能聞之性，鼻識有能嗅之性，乃至意識有能知之性，所以每一法都各有祂的自性；六識如此，六根如此，六塵也如此，諸法都各有自性，而不是諸法沒有自性，但是諸法都沒有本住之性——沒有自己可以常住之性，所以說「**一切法無有體性**」。也就是說，一切法都沒有自己本體，都是要依於眞如第八識心而有，所以說「**一切法無有體性**」。

那麼有時《大品般若》說「**一切法**」時是指什麼？當 如來或菩薩摩訶薩講一切法時，那時講的一切法就是指眞如心第八識，有時是這樣講的，所以只有證眞如的人才能眞的讀懂《般若經》在講什麼，以外都是猜測。所以「**一切法無有體性**」，當這個「**一切法**」是指眞如時，那就是函蓋諸法而指稱「**眞如沒有一切諸法的體性**」；當一切法是指稱一切諸法時，那就是說「**一切諸法都沒有本住之性**」——沒有常住之性，要這樣來理解。所以要看前面那一句和後面那一句，要看前面那一段與後面那一段到底是在講什麼，來確定這一句是在講什麼，不能單憑其中一句就亂作解釋。

我們再來說「**一切法無有體性**」到底是指什麼，這個「**一切法**」指的就是眞如自身，以眞如心來代表一切法，所以說「**一切法無有體性**」；因爲眞如沒有三界一切法的自性，祂的境界之中沒有任何一法存在。當你轉依了眞如時，從眞如的立場來看世間一切諸法，即使今天成爲名聞四海的大師，徒眾幾千萬，收了出家徒弟也有幾十萬人，遍佈全球都有寺院，這夠大了吧！這樣的大師舉世未見啊！可是從眞如來看他這個境界時，根本沒有任何境界存在，這一些全都不存在。所以不管他的五蘊得到了多少世間法，而他的眞如從來都無所得，從來無所得所以是空。當一切法是在指稱種種有生有滅諸法時，那就說一切有生有滅的諸法終歸無常，無常所以終究無所得，因此是無所得空。

那麼接著說「**本性寂滅**」，我們都得要從兩個層面來談，先從眞如的層面來談爲什麼是「**本性寂滅**」；因爲眞如的境界中無任何一法可得，眞如的境界沒有六根、沒有六塵、沒有六識，也更沒有任何世間出世間法。先不要談那麼多吧，單說六塵就好；眞如的境界中沒有六塵，諸位如果還沒有實證的話就想像一下，看沒有六塵時還會有任何的喧鬧嗎？如果沒有聲音時說那叫作寂靜，但是眼還看見色塵，看見色塵時也覺得很鬧；至於依此類推的香味觸法等，比照這個道理推想一下，叫作依此類推，那你就知道六塵都不存在時，那是多麼寂靜。

假使六識（我說的是假使），假使六識可以住在沒有六塵的境界中，你想像這樣是不是絕對的寂靜？對喔？當然，六識不可能存在沒有六塵的境界中，因為六識一定要依六塵才能生起，所以我剛剛說「假使」。我們這樣想像一下眞如的境界中是沒有六塵的，祂的境界中沒有六根也沒有六識，那麼大家來想像一下，那是不是眞正的寂滅？那祂這種寂滅的境界不是修行以後才如此，而是修行之前就已經如此；當你證得眞如以後，祂依舊是如此；所以這是祂的本性，不是修來的，因此就說眞如「本性寂滅」。

再從另一個層面來講，一切法生生滅滅不可能寂滅的，但一切法生滅而不斷在演變時你覺得這不寂靜；可是這一切法終歸壞滅，壞滅以後終歸還會再生現，就這樣不斷生住異滅無窮無盡；那麼無窮無盡的生住異滅過程中，這一切法都沒有自己的常住本性，始終是依於眞如而有，永遠都依靠背後的眞如在支持著，才可能不斷地生住異滅。就好像鏡子裡的影像不斷來來去去，不斷地變換，但都要依其中的影像境界而有；而鏡子本來就是寂滅的，鏡子裡面的影像固然很喧鬧，但鏡子本身卻是寂滅的，道理就像這樣。

所以當你找到眞如時，把一切法攝歸眞如來看，一切法雖然是生滅的，雖然是很喧鬧的，但一切法攝歸眞如時卻是「**本性寂滅**」。因爲一切法本來的自性就是歸屬於眞如，歸屬眞如時再怎麼生滅、再怎麼喧鬧，都還是依於眞如的寂滅而存在，所以一切法「**本性寂滅**」。

再來說「**一切法無生無滅**」，那些沒有證眞如的六識論大師、小師們都一樣，當他們讀了四大部阿含諸經中的兩千多部經典後，都說「**一切諸法緣生緣滅**」；等他們讀《般若經》時讀到「**一切法無生無滅**」，他們心中就會覺得有問題，所以口中就大聲嚷嚷說：「**大乘非佛說。**」其實他們心裡可能正在起一個念頭說：「**如來大概是年紀大了，所以顚倒了。**」他們有可能是這樣想的，只是不敢說出來而已，是怕人家罵他們說：「**你是個出家人，依靠如來吃飯，竟然還誹謗如來！**」所以他們不敢講出來。那他們會認爲大乘非佛說，其實是因爲他們不懂般若。

然而話說回來，對他們而言，般若不是甚深極甚深；因爲認知到般若甚深極甚深的人，還有實證的機會，只是覺得甚深極甚深而已，對他們而言般若只能猜測臆想，遙不可及；但對於六識論的大師小師們而言，他們都自認爲懂得般若了，根本不會再想實證的事，因此根本沒有實證的機會。所以對菩薩來講，眞如等一切法「本性寂滅」，這都是很自然的事，本來就如此。所以有人問：「眞如爲什麼如此？」菩薩一定回答說：「法爾如是。」這沒道理可講的，因爲實相法界本來就這樣的，要講什麼道理？如果不是本來就這樣，三界有情早就死光光了，還會有哪一個有情存在？這就是法爾如然！

那回頭來說：「一切法爲什麼無生無滅？」在《阿含經》中都說「一切法有生有滅」，爲什麼第二、第三轉法輪諸經中又變成說「無生無滅」？原來《阿含經》講的是有生之法，都是在講蘊處界與貪瞋癡等有爲諸法，所以蘊處界等一切諸法包括種種心所法，就叫作一切法；這一切法都是依緣而起、緣散則壞，所以一切法緣生緣滅，講的對象是緣生緣滅的有生諸法。但是到了般若講的是眞如，是無始本就存在的第八識如來藏，是本來自在而不曾有生的實相心，講的是法界的實相；但這第八識如來藏含攝了有生有滅的一切諸法，所以一切諸法講的就是眞如、就是如來藏；如來藏是眞實而如如的自性，這個自性本來如是，由於有如來藏的這個眞如法性，所以一切諸法才可以生住異滅輪續不斷。那麼一切諸法既然收歸無生無滅的如來藏時，就附屬於如來藏，而如來藏永遠無生無滅，所以一切法就「無生無滅」。

這還是要用鏡子來比喻，例如鏡子裡的影像不斷地生滅；鏡子譬喻眞如心第八識，影像譬喻五蘊等萬法；這鏡子裡的人上一世叫作張三，張三在鏡子裡來來去去，在那邊喜怒哀樂了一輩子，或七、八十年，或八、九十年，或者像印順一百零一年，都在鏡子裡喜怒哀樂一輩子；然後死了就是離開了，不在那鏡面顯現了；終止了十個月以後又有新的影像來到鏡面中，重新又出現了，但這一世叫作李四。李四同樣在這個鏡子裡喜怒哀樂一輩子，也許李四這一輩子當高加索人，據說可以活一百四十歲，喜怒哀樂一百四十年之後死了，鏡面上又看不見他了，但鏡子還是鏡子，如如不動「無生無滅」。然後也許李四沒有好好修行又誹謗正法，雖然只是隨緣誹謗，結果領受惡業生到非洲不毛之地去，也許這後世就成爲王五；王五也許只能活三十歲，喜怒哀樂三十年就是他的一世，就這樣。若是從鏡子來看時，張三、李四、王五全都只是鏡子裡的影像不斷在變換而已，這些影像何曾有生有滅？

猶如老趙州講的「胡來胡現漢來漢現」，那麼請問鏡子有沒有生滅？鏡子無生無滅啊！鏡子裡的張三、李四、王五，從表面的影像來看是有生有滅，但這張三、李四、王五收歸鏡子來看時，不就是「無生無滅」嗎？他的三世都只是鏡子的一部分。一面明鏡，你不可以說：「我只要買鏡子，不要買裡面的影像。」你去哪裡買到這樣的鏡子？世間沒有這樣的鏡子。明鏡就一定附帶影像，你不可以跟老闆要求說：「老闆，我要買鏡子但不要影像。」老闆一定罵你神經病，因爲影像他不送給你，但不送之中已經送給你了——你買的鏡子就一定附帶影像。同樣道理，每一個有情各自都有眞如，每一個眞如都各自附帶著一個影像，就是他那一世的影像，你不可能把影像剝離了那一面鏡子。

所以有情的任何一世五陰，都不可能剝離於他的眞如；離開了眞如就不可能有他的五陰，所以五陰一切諸法歸屬於他的明鏡眞如。當這些影像歸屬於明鏡—當五陰歸屬於眞如—時，眞如「無生無滅」，所以五陰等一切諸法也就「無生無滅」。這樣會有什麼問題？從來都沒有問題啊！結果他們六識論者落在現象界等蘊處界生滅法中，就肆意誹謗如來三轉法輪前後所說自相矛盾。那個達賴老糊塗就是這樣，而陳履安也跟著糊塗，就爲達賴出版這樣謗佛謗法的書；所以他們那一家出版社叫作「眾生」，命名眞恰當！我永遠都認同他的命名。所以我們的出版社不會叫作眾生，我們叫作「正智」，因爲我們所有書籍裡講的都是眞正的智慧。

也就是說，眞如心是無始的，無法去追溯祂何時出生，祂本來就在。當你追溯到過無量無邊不可計數的恆河沙數的阿僧祇劫之前，再追溯一遍、再追溯一遍，不斷追溯到十百萬遍以前都一樣，你永遠追溯不到祂是何時出生的。無生之法就無滅，假使是有生之法就必定會滅，只差時間早晚而已；時間快的話，就像蜉蝣朝生夕死，細菌可能更快生死；時間慢的話非想非非想天有情活八萬大劫，阿鼻地獄有情比八萬大劫更長壽，但是終歸會死。非想非非想天死了覺得不快樂，因爲他可能已下墮人間成爲毛毛蟲；那地獄有情無數大劫死了，他們都會覺得快樂——終於脫離地獄中的痛苦，下一世領受的痛苦就輕一點。

然而不管壽命多長都是有滅的，因爲他曾經在地獄或者曾經在非想非非想天出生了，有生則必有滅；只有本來無生的，祂才不會滅，那就只有一個如來藏本來無生。過往無量無數恆河沙數阿僧祇劫，這樣夠久了，但還不夠，再加上十百千萬倍，你要怎麼追溯也追溯不到祂的生起處，因爲祂是本來就在。所以悟後假使人家問你：「請問老人家貴庚？」因為也許你七十幾歲了，像我現在七十幾歲了，假使有人問我，我就告訴他：「不知道。」因為我依如來藏來說。他可能想：「你不是智慧很好嗎？為什麼連這個也不知道？」我還是告訴他：「不知道。」他就說：「你不是很會說法嗎？」我還是告訴他：「不知道。我什麼都不知道。」因為眞如的境界中什麼都不知道——離見聞覺知而不了知一切法，而且本來就無生，我要回答他幾歲？你如果問我說：「你這個五陰是幾歲？」那我回答得來，我說：「老朽今年七十三。」如果是問我「你幾歲」？我不知道你指的哪個我，能怎麼答，就當作是問我的眞如幾歲了。假使你所說的那個「你」是指我的眞如，那我就不知道了，確實不知道。連諸佛如來也不知道，所以無生之法永遠不滅，有生之法則必有滅。

那麼那些大師們各個宣稱開悟，等到正覺弘法之後，各個都把開悟收回去了。現在來談一談他們到底悟的是什麼，就是離念靈知。他們都還沒有未到地定的離念靈知，就別提初禪、二禪、四禪的離念靈知；他們都還只是在欲界人間五塵之中了了分明的離念靈知心，那樣的離念靈知是五陰出生之後才有，是有生之法，既然是有生之法則必有滅。證悟竟然是證得有生滅的法，那樣的證悟不要也罷！所以我們說那樣的證悟是錯了，也是成就大妄語業。

那我們所要證悟的是本來就無生的，是本來就自己已在而不曾有生的心，無生的就永遠無滅，這才是常，才能使人究竟成佛。那麼一切法都依於如來藏而有，而如來藏是眞實如如的；當一切法攝歸這個「**無生無滅**」的如來藏時，一切法就是「**無生無滅**」啊！而《大品般若》、《小品般若》、《金剛經》、《心經》講的，都是這個本來無生所以永遠無滅的第八識如來藏。既然是講這個第八識如來藏，所以依於如來藏的眞如法性來說「**一切法……無生無滅**」，這有什麼過失呢？一點過失都沒有。

所以要如實理解三轉法輪的同異之處，就必須要斷三縛結及證眞如，不證眞如是無法如實理解的。假使你證了眞如，《阿含經》所說你遲早會懂；假使沒有證眞如就算是阿羅漢，永遠也讀不懂《般若經》。所以相形之下證眞如而發起了實相般若，那是遠遠勝過三明六通大阿羅漢；雖然他們有五神通可以飛來飛去攝受眾生，但是來到你面前就開不了口，只要你證眞如就夠了。那你說這個眞如是不是諸佛「**無上之法**」？這眞如的現觀使你確定所有的一切法都附屬於眞如，而眞如「**無生無滅**」，所以「**一切法**」自然就附屬於眞如而「無生無滅」。

譬如一面明鏡你能夠說那些影像有生有滅嗎？當然「無生無滅」。但如果沒有看到明鏡而只看到明鏡裡的影像，可以說那些影像是生滅的，那就是阿含部諸經所說的二乘菩提；如果你看到了明鏡自體，把裡面的影像攝歸明鏡所有，這時你來說諸法自性時就是般若，般若諸經所說的諸法就是把影像攝歸明鏡眞如來說，所以一切諸法就變成「無生無滅」。但是從眞如自住境界來講時，「一切法無有體性，無所得空，」就可以不斷衍生而講到「一切法無生無滅」。

可是有的人也許又想：「那這樣好像是應該大家都要設法去證阿羅漢，死後就入無餘涅槃而使五陰歸於斷滅空，就只剩下如來藏獨存叫作無餘涅槃。」又不可以這樣，所以 如來又說：「無有性相，自相皆空。」也就是說，固然眞如的境界中是這樣的，但是眞如所生的諸法也是「無有性相」，也是「自相皆空」。眞如所生的諸法爲什麼「無有性相」？你只要讀過《阿含經》就瞭解，四大部阿含就是講這些道理，所以初轉法輪《阿含經》所講的就是一切法有生有滅，有生有滅的諸法能有什麼常住的自性？又能有什麼常住的法相？永遠都是生住異滅，那就沒有自己的眞實法相，因爲都是依他而有——全部都是依識而有。所以，四大部阿含諸經總有兩千多部，講的都是依他起性諸法。

依他起性諸法爲什麼說是依他起？譬如六識是如何生起的？六識一定要有六根作爲所依，然後還要有六塵作爲了別對象時才能生起；六識必須要依於六根觸六塵才能從本識如來藏中生起，所以是依他起。依他而起的法就是有生之法，有生之法未來必滅，沒有自體性——沒有常住的自性，所以如來說這叫作「**生無自性性**」。再來談六塵，六塵得要依六根才能生起，我們現在不是講外面的六塵，現在講的每一個有情自身十八界中的內六塵；這六塵要有六根才能生起，否則如來藏也不能生起六塵，那麼六塵也是有生之法，也是依他而起。

那麼六根呢？六根中的有色根——也就是眼耳鼻舌身五根，這五色根是不是依他起？是！因爲要依意根然後由如來藏中生起，也是依他起。那就只剩下一個意根不叫作依他起的法，因爲意根無始劫來就是已經存在的，卻是由如來藏流注意根的種子不斷生住異滅，以不斷流注種子的方式維持祂的恆而久遠。所以阿含諸經所講的就是六識、六塵、五色根依他起，是有生的法性。那《阿含經》中又講意根可滅，所以一切阿羅漢都是「我生已盡，梵行已立，所作已辦，不受後有」，不受後有就是連意根都消失了，十八界全部滅盡。《阿含經》主要就是在講十八界中除了意根以外，其他十七界都是依他起；依他起之法是有生之法，「生無自性性」，所以講依他起性。

講依他起性是要讓眾生瞭解：眾生所以爲的自我都是依他而起，不是眞實，不是眞常，不是眞我。以這個法作爲自我不是眞快樂，所以不是眞樂，這是《阿含經》所講的。那《般若經》則是從眞如來說意根的遍計所執性，遍計所執性從哪裡來？就在依他起性上面去作普遍的計度和執著，然後執著爲眞實有，所以擴大了世間法。譬如把依他起的諸法普遍計度爲實有，依於這些依他起的諸法而產生的種種名、種種相、種種身外諸法，全都普遍計度執爲己有；但歸結起來一切都只有相——六根六塵六識之相，以及世間法諸相、出世間法諸相，乃至般若諸法的法相。如果遍計執著這些法相時就不能得初地解脫，因爲這一些相都是從依他起性諸法產生普遍計度的執著，有了這個遍計執性才產生的；而這一些相既然是這樣產生的，所以這一些相都沒有自性，這就叫作「**相無自性性**」。

所以 如來說的般若講的是什麼？就是依於「**相無自性性**」來講眾生的遍計所執性。從哪裡觀察出來？從眾生依他起性諸法的一切行中。至於「**勝義無自性性**」就牽涉到阿含解脫道的「**勝義無自性性**」，也牽涉到般若種智的「**勝義無自性性**」，現在我們就不談它，不然就扯遠了，就談到這裡為止。那麼這樣的「**無自性**」其實是依「**無生無滅**」來講的，因為有「**無生無滅**」的眞如才會有「**生無自性性**」、「**相無自性性**」可言；也因為證得眞如而有現觀了，才會有眞如境界中的「**勝義無自性性**」可言。但沒有證知「**依他起性**」，也沒有證知「**遍計執性**」、「**圓成實性**」的人，根本沒有資格談「**三無性**」。「**三無性**」要依於你現觀「**依他起性**」、「**遍計執性**」、「**圓成實性**」之後，才能夠談這「**三無性**」。所以那些六識論的人，例如印順、例如宗喀巴他們，都沒有資格講「**三無性**」，因為他們連「**三自性**」都弄不懂，全都誤會了。

這樣講到這裡也許有人覺得：「**佛法那麼深啊？那怎麼辦啊？**」不必怎麼辦，你只要證眞如就行了，然後次第修學而作現觀，一切都能成辦。眞的啊！所以我們增上班前幾週剛好就講到「**三無性**」的內容，那麼大家聽到好歡喜：「啊！原來是這樣，以前都讀不懂這麼深的法。」經由證眞如，有眞如的現觀時，我來解說以後，大家一聽就懂了，心花朵朵開，好高興終於聽聞到這樣的法！可是這一切都根源於證眞如，都從證眞如開始。假使沒有證眞如，我再怎麼講，大家也是只能想像；但是你有證眞如時，我一面講你就一面隨聞入觀，就可以現觀：果然如是。

所以「一切諸法如」，如果是指眞如時說法就會不同。但我們還是從一切諸法的本身來說，也就是說依他起性諸法沒有常住的自性，所以沒有自己的性相，它的自性之所以能不斷現行運作，它之所以有自己的法相，譬如眼識有能見的法相，耳識能聞的法相……等，都是依眞如而有，它沒有自己的性相；因爲這一切的性相都是由眞如心流注出眼識的種子，流注出耳識的種子乃至意識種子，才有六識的性相，而這六識本身沒有性相，所以《楞嚴經》說六識「本如來藏妙眞如性」；乃至六塵六根亦復如是，都沒有自己的性相，都是依眞如而有。

既然都沒有自己恆存的眞實法性，那當然是「自相皆空」，所以你所見的那一些相，其實都不是眞的存在，只是暫時而有。就好像一面明鏡裡的影像，看起來有它的自性相，但是如果沒有明鏡，它就沒有自性相；因爲它的自性相都是明鏡給與的，所以它沒有性相——「自相皆空」。再從另一個層面來講，般若的勝妙就在這裡，證悟了般若而次第有了種智時，你就能從兩方面都來講一講。我們現在回到眞如來講「無有性相，自相皆空」，在眞如的境界之中無一法可得，既然無一法可得，那麼眞如的境界之中會有六根的自性嗎？會有六塵的自性嗎？乃至能有諸法的自性嗎？都沒有。既然沒有那些自性，那祂的境界中當然就沒有任何法相可言了，因爲任何一法都不存在，這就是眞如心自住的境界——就是如來藏的自住境界，那麼這樣當然要說「自相皆空」。

就好像我們以前講《金剛經》時曾經舉例說，有一部經典講到國王悟後想要供養 文殊菩薩價值百千的勝妙衣，結果 文殊菩薩不見了；又想要供養智幢菩薩，智幢菩薩就不見了；又想要供養其他許多菩薩時，那些菩薩也都不見了；不論他想要供養誰，後來全部都不見了，無法供養，只好回去供養他的王后，但一見之下王后也不見了；所有人都同樣一見之下就不見了，到最後只好自己穿了，因爲大家都不見了。當他只能決定自己穿時，他就是回到自己五蘊的境界了，那時文殊菩薩及一切菩薩包括他的王后、婢女等人，又全都出現了。這很像寓言吧？但你證悟了就懂，就懂經中講的這個公案，就能體驗了。

事實上沒有誰把佛菩薩們都變不見了，而是說他想要供養 如來或諸菩薩時，如來與諸菩薩的實際理地不受供養，而他見道後所見的一切菩薩們，全都是第八識妙眞如心而說爲不見了，他那時確認實際理地就是第八識而不受供養；所以供養 文殊菩薩時，眞實的 文殊菩薩只是第八識而不受供養，所見唯是第八識，以致 文殊菩薩不見了。文殊菩薩的不受供養是因爲眞如不受，眞如不受時哪有 文殊菩薩的存在？就只看見他的眞如心第八識。從菩薩的眞如來講，不可能接受供養；從 如來的眞如來講，如來也不可能接受供養；乃至於回到皇宮看見他的王后，也是看見她的眞如；看見婢女時也是她們的眞如心第八識，那就一切都是眞如，所以一切無所受；既然一切都無所受，供養了也等於沒供養，這便是剛剛講的「無所得空」。

從眞如來講，假使今天誰供養了我這一杯水，我喝了，有接受供養嗎？沒有啊！這時也許有人想：「原來供養您一點福德都沒有。」不！因爲供養等於沒供養，這樣的供養才有福德，而且是大福德，因爲你現前看見三輪體空了。這蕭老師接受供養而喝了這一杯茶，喝了以後蕭老師的眞如並沒有喝到茶，因爲眞如不受一切法；在眞如不受一切法之中，卻有眞如所生這個五蘊來領受這一杯茶，這樣子你現前看見了三輪體空。

怎麼說呢？你布施了這一杯茶給我時，從你的眞如來看，你沒有布施這一杯茶給我，是你的五蘊布施了這一杯茶給我。我接受了你這一杯茶，從我的眞如來看我沒有接受，我沒有領受到這一杯茶；所以我把這一杯茶喝光了，一滴不剩，也沒有領受到這一杯茶；所以施者、受施者都沒有，因爲都不存在。從眞如來看時沒有能施的人存在，也沒有受施的人存在，那麼接受布施的這回事也就不存在了。所以這位同修布施這一杯茶出來，從眞如來看並沒有布施這一回事，從我的眞如來看也沒有受施這回事，因此能施、所施以及布施這回事都不存在，這就是三輪體空。

當你供養我這一杯茶時，三輪體空的供養才是眞供養。所以我喝了這一杯茶以後說：「我沒有喝。」這樣才是眞的受供養。我如果告訴你說：「我眞的喝了這一杯茶，這一杯茶好香喔！」那我這個受供是假的，你就沒有多大的福德。所以你們如果哪一天拿來一顆李子供養給我，我吃了以後說：「我沒有吃到。」你應該感歎地說：「啊！這是眞供養，這福德無量無邊。」如果你供養了我一顆水梨好香好甜，我吃完了說：「沒味道。」你應該知道這才是眞供養，因爲有味道就是識蘊的事，那是落入意識境界去了，你那個供養的福德小。這樣就懂了喔？

所以從眞如來看時，一切法沒有性、沒有相，一切都空。眞如的境界中眞的一切法空，如果眞如境界中還有了靈知、還有了了分明，那都是識蘊我見在作怪啊！那就有性有相可以持續，那樣的所謂開悟就是大妄語業。所以從眞如來看時「一切法無有性相」，因爲「一切法」都屬於眞如，眞如的境界中無有一法可得，所以「一切法無有性相」。既然「一切法無有性相」，當然一切法「自相皆空」。佛法勝妙就在這裡，如果用思惟臆想得來的佛法，就得寫上一長篇，然後上座拿著稿子一字一字來唸，那多無趣。

實證的人不是這樣說法，除非哪一天我要錄影、要控制時間，我要講的內容得要控制在剛剛好的時間終止，那有可能得先寫好照著唸，那也是無可奈何，因爲電視錄影播出就是這樣計算分秒的。但我們不必受限，因爲我們沒有規定今天講課一定要講一段或講幾句，所以我把四字經文講兩個鐘頭也行，沒有關係。由於我們不受時間限制，就可以從自心流露出來解說。這表示什麼呢？這表示一定是現觀才能這樣講，如果不是證得「**自心現量**」時就不可能這樣說。

所以從眞如來看時「**自相皆空**」，因爲眞如的境界中沒有世間法、沒有出世間法，也沒有所謂的佛菩提世出世間法，所以《心經》才會告訴你「**無智亦無得**」。不懂的人說：「**奇怪！你們佛教徒既然修行了很久以後，最後說是『無智亦無得』，那你們修行幹嘛！**」不是的，他不懂佛法，經文是在講第八識眞實心的自住境界「**無智亦無得**」；但是你這個五蘊證得祂、現觀祂「**無智亦無得**」以後，你這五蘊就有智亦有得；有智亦有得之後再把智遺除了，全然歸依於你的心眞如時，又變成「**無智亦無得**」，此時五蘊所擁有的智與得，和眞如心平等平等，這樣才能完成那非安立諦的三品心，才是證得初地眞如，才是眞解脫；否則完全沒有辦法進入初地的智慧與眞解脫。那這樣子顯然「**一切法無有性相，一切法自相皆空**」，跟四阿含諸經所講的沒有絲毫的矛盾，只是因爲講解的對象、觀行之標的不同，表面上看來似乎有所不同。

接下來 世尊又開示說：「如來但為斷諸憶想分別故說，而諸佛菩提無有分別。」如來就純粹是為了讓眾生斷除種種不如理思惟猜測的想法，以及眾生單憑聽聞記憶而知、並非實證的想法，不讓眾生繼續妄作分別；如來只是為了斷眾生這種虛妄想，才演說「一切法皆畢竟空」乃至「自相皆空」；但一切法畢竟還是一切法，所以荷澤神會挨六祖的棒，又是為什麼？他剛開始還沒有悟時自以為悟，堅定不改，六祖故意拿棍子打他，問他：「痛是不痛？」荷澤神會故意忍著說：「亦痛亦不痛。」然而我要是挨了師父打時，我就說：「不痛！不痛！不痛！」他就知道我在講什麼了。這明明很痛，禪師打人都是用力打的，沒有高高舉起輕輕放下的，除非是賞棒，通常都是用力打；由於打得很痛，你當然要去按揉按揉一下，但你卻一面很努力按揉、一面告訴他：「不痛！不痛！」禪師就知道你真的不痛。雖然你痛到不得了，在那邊一直推揉，也退避三舍在那邊喊不痛，禪師這時也會知道你真的不痛，因為他知道你證得真如了；他知道你是依真如來告訴他說：「不痛！不痛！」

所以棍子打來時你也可以閃啊，也沒關係，不必一定要挨那一棒。你要有智慧，明知道他會打你這一棒，當他狠狠打過來，你就退開，口裡不斷地說：「不痛、不痛、不痛、不痛。」他也會知道你眞的不痛。也就是說，荷澤神會當初硬撐著說痛亦不痛，其實他是意識思惟所理解的，所以強忍著說痛亦不痛；但證悟的弟子會不斷的去……假使是肩膀挨打，就不斷在肩膀一直推揉說：「不痛、不痛、不痛。」明明表相看起來很痛的，不是嗎？是很痛啊！但口裡卻說「不痛、不痛、不痛」，可是他師父卻要認可他，這就是關節。所以禪宗的公案萬變不離宗，公案廣有多般，其實都是跟 世尊學來的。眾生不懂，總是用猜測思惟想像和記憶的所知，然後就去講什麼一切法空、一切法不空等，其實都與 如來傳的正法無關。那麼 如來爲什麼要這樣講？就是告訴大家一定要實證，用猜測思惟和聽聞後記憶得來的都沒有用。所以作學術研究是沒有用的，有哪一個人搞學術研究而能實證佛法的？所以他們講得口若懸河，一旦遇到了實證的人，從此口掛壁上、嘴似扁擔。

那麼 世尊說：「而諸佛菩提無有分別。」這就像以前我跟諸位講的，我們早期有一位總幹事姓鄭，他曾經跟著一位比丘尼修學，常常去那邊作義工；到了中午過堂時，他說那個比丘尼故意弄個碗裝著狗屎放在餐桌上，就說：「大家吃飯、吃飯，不要分別。」但問題是，離念靈知眞的可以不分別嗎？他笨，不會應對。要是我，我會問她說：「師父！如果您眞不分別的話，應該偶爾也會夾一夾狗屎吃吧，可是師父您從來都沒有夾到狗屎。」對啊！那不就是分別嗎？所以這些法師們都是睜眼說瞎話。但是那樣的睜眼說瞎話其來有自，因爲他們的師父這樣教下來，所以他們出來成立了一個道場，教導信眾時也就是這樣教的；他們總是想要把能分別的意識修成無分別，但意識了了分明、還在分別的當下，竟說自己已經證得不分別了，這就是末法時代的怪象。

所以只有我們正覺出來弘法時說：你要用能分別的心，去悟得另一個無分別的心，而能分別的跟無分別的是同時並存，同時在運行。當我們說出這個法以後，一直都沒有說別人不對，但他們卻硬要說我們不對，因爲我們說的理很清楚，學人讀了就懂，等於把他們悟錯的事實間接顯示出來了，所以他們不得不抵制我們，其中就包括那些搞學術研究的人一直想要抵制，但抵制不成功。搞學術研究的都很聰明，放話要寫書破正覺的法，但是寫了撕掉、寫了又撕掉，一直往字紙簍丟。不是放話說要寫書破我們嗎？如今都過去十幾年了也沒看見一篇文章，就別說一本書。因爲我們是實證的，我們不作研究，所說都是自心現量，是法界實相，怎有可能被破掉？所以「**諸佛菩提無有分別**」，是講諸佛菩提所證的那個內容是無有分別的，但是有分別的意識心無妨繼續有分別，所以證得那個無分別心以後，這個有分別的意識心的智慧比以前勝妙過很多倍。這樣才是佛法！

假使修行佛法是要使意識變成無分別的話，那應該天下最笨的人就是諸佛。對啊！因爲祂無分別最究竟，那就是最笨的人，應該見聞覺知時都不知道所見乃至所知是什麼；可是明明諸佛最有智慧，顯然不是大家想的那樣。因此有分別的要繼續有分別，並且還要比以前更能分別，而無分別的無妨繼續無分別，這樣才是佛法。如果修學佛法的本意是想要求智慧，結果越修越笨，那又何必學佛？不學也罷。因此「無分別」的意思不是叫我們要變笨而不會分別。其實不管他們怎麼樣亂修、怎麼樣盲修瞎練，他們意識心永遠都不可能無分別。

又比如以前很多大師常常講的：「**我了了分明而不分別。**」那叫作睜眼說瞎話！對吧？了了分明就是已經分別完成了，他們還說是無分別；可是就有一大群信眾信受，那些信受的人中有博士、有教授，還有當過部長、當過監察院長的，竟也信受這樣的鬼扯，眞的叫作末法！如果修學佛法是要變成笨笨的無分別，那不如不要修，乾脆去世間吃喝玩樂去，我都還比較贊成。修學佛法就是要證得無分別的眞如，然後來使自己意識生起智慧，分別的功能更勝妙，最後懂得怎麼樣究竟實相而成佛，這才是修學佛法的目的所在，不是要把自己變笨。所以，說「諸佛菩提無有分別」，不是講不分別諸法，而是講實證的標的是無分別的眞如心，依於這個無有分別的眞如心，可以使意識更能分別實相的內容，更能了知三乘菩提的異同，更能了知如何度化眾生，這才是「諸佛菩提無有分別」的眞實義。

那麼「諸佛菩提無有分別」還包括什麼？包括不分別世間法。了知一切世間法而不起貪厭等分別，不要一天到晚都在世間法上用心，所以如來就說：「舍利弗！何等爲分別？謂分別者，我見、人見、眾生見、壽見、命見、斷見、常見，凡夫成就是諸分別。」凡夫所說都是在這上面分別。你們可以去看手裡還留存著以前諸方大師寫的那些書，他們講來講去不都是在我見、人見上面分別的嗎？甚至也有臨濟宗的一代傳人，那位大法師解說了公案，最後作個結論說：「所以他們悟了以後，從此過著快樂幸福的日子。」這不正是我見、人見……等嗎？公案可以講成這個樣子，對一個實證的人來講眞是不可想像，但就是已經出現了。這種事情不說也罷，反正這一些人都是在用心分別，所分別的內容無非是我見、人見、眾生見乃至斷見、常見。

這就是凡夫所成就的各種的分別，但諸佛賢聖度化眾生時也會爲眾生分別，可是分別的內容是解脫道與佛菩提道，也分別三乘菩提的異與同——三乘菩提有異有同，這是證悟的賢聖之所以利樂眾生之處；而這樣的分別是依於無分別智而來，假使不是因爲有無分別智，就不可能有這樣的分別。不要懷疑，因爲我就是一個現成的例子，我這一世沒有受學於任何大師。也許有人說：「您怎麼沒有？您以前不是去法鼓山跟過聖嚴法師嗎？」可問題是，他教我的法義全都是錯誤的，我是摒棄他所教的所有法義，自己把往世的修證找回來，才能如此出世弘法的。所以我弘法所說的一切諸法—三乘菩提的一切智慧—不從他來，也就不從任何人得來的，那是往世所帶來的。但我們能分別三乘菩提之異同，卻是由證得無分別智而開始的，這一切都是從禪宗的證悟——從證眞如開始。

所以我當年剛開始講最淺的禪，大家聽不懂，我就改講無相念佛，訓練大家作功夫，然後大家終於聽懂我在說什麼功夫，後來再轉為看話頭，然後參禪而一個一個證悟；這時繼續可以領受更深的法，我就講更深的法，正覺同修會就這樣開展出來。所以我們正覺所出版的書，函蓋面是整體的佛法，而不是只有一個律宗、一個禪宗，或者一個淨土宗，而是整體性的佛法。但這一切都從證得無分別的眞如而開始的，乃至成佛究竟位也是如此，所以 如來說的是誠實語：「諸佛菩提無有分別。」

但並不是說你修學佛法的這個意識覺知心要變成無分別，而是你要去證得那個無分別的第八識眞如，使你對三乘菩提開始次第深入廣泛的了知，有了更多的三乘菩提之異同的分別智慧，然後你的智慧更深廣而可以利樂更多的有緣人。那凡夫都是在有分別的法上用心，從來都是這樣，並且還錯把永遠無法不分別的分別心當作無分別法，所以 如來指出這個盲點。可惜的是末法時代的凡夫大師們依舊聽不懂，我只好把 如來的意旨加以闡釋宣揚，讓佛法淺近易懂，希望能提升學佛人普遍的知見水平。

接著 如來又說：「若人無有如是分別，能悉了知一切法空，無我、無人、無眾生、無壽者、無命者。」確實如此！如果修行人能夠離開「我見、人見、眾生見、壽見、命見、斷見、常見」等分別，就能很深入而且全面了知「一切法空」。可是問題來了，要證得這樣沒有分別的智慧境界，是必須證眞如才辦得到，即使是三明六通大阿羅漢也辦不到。三明六通大阿羅漢，都沒有我見、眾生見、人見……等，因爲他們已經可以出三界，早就斷了我見、我執、我所執了；他們的現觀是一切有情緣生緣滅，可以出三界了，所以說他們沒有這一些邪見；但實際上他們之所以出三界是因什麼而能出三界？先別講到如來藏，他們不是因如來藏而出三界，因爲他們並沒有親證如來藏。他們是因爲有蘊處界可斷才能出三界，從來沒有人敢這麼說吧？但今天我就這麼講。

這就像十幾年前我去桃園演講時說阿羅漢沒有證無餘涅槃，只有菩薩們證得，整理成書流通以後佛教界罵翻了。當年佛教界的佛學水平很差，應該說是佛法知見的水平很差，所以就罵：「**這蕭平實竟然敢誹謗阿羅漢。**」可是今天佛教界再來看看我當年講的對不對，竟也無法推翻。其實說阿羅漢沒有證無餘涅槃，這不是這一世才講，我在一千多年前的天竺時就講過了，還寫在論中，絕對不是現在才講的；我是後來有因緣讀到了，才知道以前早講過了，因爲這是現觀。但是其他實證的大善知識們爲什麼不講？因爲怕眾生聽了誤會。

那我現在回頭來講：阿羅漢是因爲有蘊處界才能出離三界，爲什麼呢？他們就是觀察自己的蘊處界和眾生的蘊處界，全都是有生之法；所以他們爲了斷除三界生死的種種苦，把我所執以及我執都斷盡，死後「不受後有」才能出三界，所以他們是相對於蘊處界而出三界的，不是因爲證眞如而出三界。假使他們不是觀察蘊處界的虛妄、無常、苦，不會出三界的。當然，前提還是因爲出三界後不是斷滅空，他們都信受世尊所說涅槃中的本際確實存在，不是施設的「建立說」。

可是回過頭來說菩薩，正因爲證眞如而出三界，因爲假使不是眞如就沒有蘊處界，如何能出三界？所以看起來好像矛盾的言語，其實不矛盾，因爲眞實理本來如是。那菩薩能出三界爲什麼不入無餘涅槃？從初地的入地心開始，每一世都可以入無餘涅槃的，但爲什麼諸菩薩都不入無餘涅槃？因爲現前生死之中已經是無餘涅槃了。假使你把自己的蘊處界撇在一旁不看，單看如來藏自身，那不就是無餘涅槃的境界嗎？所以我們以前講過：阿羅漢死後所入的無餘涅槃境界，菩薩在現前就看見了，但是故意不入無餘涅槃，是為了自度度他。你們所有證悟明心的人都可以如是現觀：「既然無餘涅槃本來就存在著，為什麼我一定要把蘊處界滅掉去入無餘涅槃？這樣不能成佛何益於自己？不能繼續世世利樂有情何益於有情？而無餘涅槃既然是如來藏的境界，這個境界本來就存在，不修已有，又何必入無餘涅槃。」

增上班的同修們都能如我所說這樣現觀，當然諸地菩薩因此永遠不入無餘涅槃，被十無盡願所持，繼續廣行十大願而無窮盡。那有人也許想：「那這樣不是一世又一世要領受生死苦惱嗎？」是啊！生死苦惱是那鏡子裡的影像在生死苦惱，鏡子本身沒有生死苦惱；而鏡中有生死苦惱的五蘊是虛妄無常的，那又何必畏懼或離開生死苦惱。所以就這樣遊戲人間：被眾生糟蹋，就被糟蹋著遊戲人間；被眾生奉承，就奉承著遊戲人間，就這樣啊！所以遊戲人間有種種玩法，菩薩不以為意；因此眾生咒罵也是這樣行道，眾生讚歎也是這樣行道，這就是我現在的心境。

外面那一些人現在好像比較不罵我了，現在只有大陸那些佛教法師們在罵，因爲他們感受到我對他們名聞利養的威脅。但我沒有威脅他們，而是他們自己感受到我的威脅；因爲他們知道正覺的法一到西邊去，這一過去正式在那邊開張了，他們就倒楣了——名聞利養全部都完了。他們都知道這一點，但我們不威脅他們，可是實質上他們感受到威脅，所以他們要封殺我們正覺過去大陸弘法。

但是臺灣現在學佛人、包括密宗假藏傳佛教，好像不太罵我們了，因爲他們知道罵不到我，不是因爲我有實證而罵不到我，他們好像聽人家講過：「你不論怎麼罵蕭平實，他都不會生氣，所以不用再罵他。」好像是這樣子。可是大陸佛教界今年開始大罵特罵，因爲正覺在大陸開始有名氣了，開始有人在讀正覺的書，讀了以後就會發覺他們都沒有悟，那他們想：「糟了！咱們未來的名聞利養怎麼辦？」他們是想這個，所以現在開始大罵特罵，那我就知道：「原來正覺在大陸很有名了。」就是這個意味。

假使你沒什麼力氣，人家都不會怕你；可是你有力氣了——這法的威力無比，他們害怕，所以就要大力的攻訐我們，那我就知道：「原來大陸現在有很多人知道正覺這個法了。」大陸那些大師小師們感覺受到威脅了，所以他們才會這樣作，這表示什麼？表示他們都落在「我見、人見、眾生見」乃至「斷見、常見」中。而我們沒有這些分別，所以他們大罵時，我覺得也沒什麼，因爲我覺得這是天經地義的。你們不要想：「你這個人好奇怪，被罵也是天經地義啊？」我說：「對啊！菩薩被罵是天經地義的，除非你是個凡夫菩薩。」凡夫菩薩的落處跟他們一樣，被罵時當然就要跟他們理論：「我的悟處跟你們一樣，你們爲什麼要罵我？」那你若是跟他們不一樣，挨罵就是理所當然；理所當然你就接受，接受了就是忍，這叫作眾生忍。忍辱行修得好不好，就看這裡。

假使人家一罵，誰從網路上列印下來給你看，你就好生氣：「網路上怎麼罵我？怎麼罵我？」那對不起，你就是「我見、人見」。我根本都不去看網路怎麼罵我的，因爲我根本沒有時間去看。八、九年前我剛學會上網，有一天好奇就上網搜尋「蕭平實」，才知道，原來蕭平實的條目有那麼多。我還發覺有人利用「蕭平實的相片」等字作招牌，點閱率很高，但他只是用這個題目作廣告標題，吸引學佛人大量點入，網裡連蕭平實的評論都沒有，就別說相片了，只有那幾個字引人點擊進去讀他的廣告，裡面一堆的廣告。如果有人點進去，正好看到需要物品就買了，他就這樣賺錢。所以他的標題就是「蕭平實的相片」，眞想不到這個題目也可以拿來賺錢。

所以當你實證了以後，沒有人見、我見時，出世弘法的內涵一定與人不同，人家看見你這樣弘法就會罵，但你會發覺罵法有很多種，有時覺得很有趣：也有這種罵法。也覺得新鮮有趣，但你不會生氣。你不會生氣，是因爲你依如來藏來看時，那不過是一些聲音、不過是文字，而如來藏境界中沒有這些東西，這個就是法忍。無生忍是對無生之法得忍，才叫作無生忍；你得眾生忍時就是你接受眾生這個態度，就是眾生忍。能忍於眾生的辱罵，也是修行的一種，講粗俗一點也可以叫作成就，其實就是忍辱行修得好。你如果純粹從蘊處界來修忍辱行，通常修不好的；要依眞如來修忍辱行，這忍辱行才修得好。所以眞如的境界中沒有這一些法，連我都不存在，連人都不存在，沒有眾生乃至沒有斷與常，這樣現觀時就不需要作那一些分別，被人無理辱罵時就不會生氣。但你要離開這些分別，前提就是要證眞如，若沒有證眞如就沒辦法離開這一些分別，生氣就難免了。

如果有人已離這一些分別，表示他能全部了知「一切法空」。前面我講過「一切法空」的兩個意涵，一個就是「一切諸法無常故空、緣生故空」，這種「一切法空」是從被生的「一切法」自身的生滅性來講；另外一個層面是「一切法都是空」，空是指什麼？是如來藏第八識心；「一切法」都是如來藏，所以「一切法空」。意思就是說：你必須要證得眞如，才能全部了知「一切法空」；不論哪一個法，都用眞如來看它，都是空性如來藏所生。

二乘菩提相應的層面就是不論哪一個法，你從那個法的本身來看，它一定是緣生性空。假使有哪一天你遇到個活佛，甚至於他們的法王，不論黑帽子王、黃帽子王……都好，就告訴他：「其實我比你更懂密宗假藏傳佛教。」他一定不服氣質問：「你懂頗瓦法嗎？」也就是遷識法；他會問你一大堆喇嘛教的東西，但不管是中脈、明點、寶瓶氣……等，你都說：「懂啊！」他說：「那我們來講講看。」你可以一句話就把他打死，你說：「你們修得這一切法都是緣生性空，都歸屬於空性如來藏中的一個小部分而已，沒什麼。」一句話就把他打死了，你眞的可以這樣。那他可以說：「你不懂嘛！不行這樣批評啊！」還要跟你講寶瓶氣怎麼修，宣稱他修到什麼境界了，你就說：「那些境界都是緣生性空，那些境界如果沒有眞如出生了你這個五蘊，你根本都不可能成就，那我到底懂不懂你這個法？我比你更懂，你都還不懂這個部分。」他也只好閉嘴。

所以「能悉了知一切法空」，只要你證眞如就可以現觀密宗修的一切法都是從蘊處界輾轉而生，而你能夠現觀蘊處界就是從如來藏中次第而生的。你既然可以這樣現觀，對於一切法就像《華嚴經》講的「三界唯心，萬法唯識」，你就都可以現觀了，這樣，你對於「一切法空」當然全部都能了知，這時你的智慧境界當然是「無我、無人、無眾生、無壽者、無命者」，當然更沒有「斷見」與「常見」。

如來又說：「如是念時心得歡喜，聞第一義空不驚不畏，是人則知五陰虛妄無有眞實，知十二入十八界虛妄無有眞實；」先談到這裡。當學佛人證得眞如之後，有了這樣的正念存在，每當想起這個實證的事情，憶念起這樣的境界時，「心得歡喜」。我想你們諸位拿到我的金剛寶印時，走在路上如果看見那些出家人，可能就會想：「我終於拿到金剛寶印，可是他們出家一輩子都還在世間法上用功，還不懂要在眞如無上法用心。」心中一定是歡喜的。假使見了喇嘛，可能自己歡喜、卻爲對方搖搖頭，這也是正常的。所以你實證了這個眞如，離開了我見、眾生見、人見乃至斷見、常見時，已經沒有這些虛妄的分別，沒有這些虛妄想，這時一定「心得歡喜」！今天講到這裡。

《佛藏經》上週講到四十九頁倒數第四行，已經說完了。這是說，有我見、人見等分別的人，他們是沒有斷我見，落在意識的層面，因此說他們會對六塵境界起種種不同的反應和造作，但不管那一些反應和造作多麼的不同，其實歸納起來還是一樣，總之就是追求六塵中的境界。如果所悟不墮於識陰境界也不墮於意根的境界，那就沒有我見、人見等，這樣就超出於三界六塵境界之外，無妨他的五陰十八界仍然繼續存在，仍然繼續有十二入，但他的心是依於三界外的眞如境界而安住的。當他了知自己這個境界與諸凡夫大師是多麼不同，所以有時想到這件事情時，知道自己完全不墮於凡夫大師們的境界中，心中非常歡喜。

這就像諸位悟了以後，有時路上走著看見那些喇嘛，有時看見那些法師們，他們還沒辦法證悟，連如來藏都不懂，連眞如都沒聽過；那麼有時你自己沒有覺察到自己已經搖了頭、爲他們覺得惋惜；但是下一念是爲自己慶幸：「還好我進了正覺，現在找到了如來藏，我親證眞如了。」這叫作「心得歡喜。」你們別以為我講這一些話有一點胡扯胡謅，我告訴你們，這絕對不是胡扯、也不是胡謅，因為眞的是這樣。

但我們出來弘法之前，海峽兩岸所有的大法師們，沒有人在講什麼眞如的事情，從來沒有人講；不是那些大師們不想講，而是他們連聽都沒聽過，但你們一聽到眞如就滿心歡喜：「這是我要學的法呀！」可是他們沒聽過，所以正覺開始弘法之後他們首次聽到時覺得很納悶；甚至有時有的大師會否定說：「證悟就是悟得離念靈知啊！要證什麼眞如？」他還要跟你狡辯。所以眞正的了義正法不但信受難、實證難，有時連聽聞都難啊！看看佛教界幾百年來誰在弘揚眞如之法？你找不到，一直到咱們正覺出現於臺灣才開始有人弘揚眞如。

但即使我們弘揚十幾年之後，正覺還有個眼見佛性妙法，仍然有許多大師都不信。當他們質疑說：「佛性無形無色，怎麼可能眼見？」而我們不得不提出《大般涅槃經》來證明說，聖教上確實有這樣的開示，但他們心中也還是不信。所以了義的正法難可得聞，這是事實；至於聽聞之後信與不信那是後話，單是聽聞都不容易的。而你們現在反觀自己竟然可以實證、不只是聽聞，那你想到這件事情時當然「心得歡喜」。所以說，佛弟子們只要這樣實證了以後，全都「心得歡喜」。

接著說：「聞第一義空不驚不畏，」好多人聽聞善知識解說「第一義空」時心中驚畏。有些世俗人看人家每天課誦《金剛經》，他們也請來讀一讀，讀到最後他們想：「什麼都是空，那我不要學佛了。」他覺得有還是比較好，不想要空無。其實是他們誤會空的意涵，《金剛經》講的不是緣起性空，而是說有一個能生諸法、能顯現緣起性空正理的空性心如來藏，祂真實存在，而祂的境界解脫於一切生滅法；是在講那一個空，不是講諸法斷滅後的空、無常後的空。當你聽聞到第一義所說的空，知道是這個意涵，而不是那些世俗凡夫以及凡夫大師們所瞭解的緣起性空的道理，所以你們「聞第一義空不驚不畏」。

當你以自己所證的「第一義空」來對照五陰時，發覺五陰的每一陰全部都是有生之法，有生則必有滅，所以一切人生而必死，差別只是早死晚死而已；有的人活一百多歲死了，有的人活九十歲、八十歲、七十歲死了，有的人四十歲、三十歲乃至於死在母腹中變成死胎，也都曾經活過，是在母親的子宮裡活過；但最後還是死，只是他死得太快，跟一般人不一樣，所以人家說夭折，或者說他是死胎。但在佛法中，胎兒還是叫作人；在人間的法律上，胎兒不叫作人，叫作胎兒。所以法律有一個規定很明確：人的權利義務，始於出生終於死亡。這是法律規定的，因此所謂的人，在法律上是說他已經出生了，才能叫作人；所以嬰兒雖然是嬰兒，同樣也叫作人，受法律保護。但胎兒不叫作人，他還沒有成為人具足的權利義務，但以前法律也一體保護他，墮胎就有罪。剛出生的嬰兒雖然一無所有，只擁有自己的身體，法律也保護他，因為他將會成為大人。

那麼推究人之所以為人，都是因為有五陰；人們在世間中爾虞我詐，詐者例如政治人物東征西討，歷史上最行的人是成吉思汗，權力那麼大，但是無有不死者；而他這樣努力辛苦一世，擁有那麼大的版圖、那麼大的國界，也都只是為了自己的五陰；假使不是他有那個五陰，也不能擁有橫跨歐亞兩大洲那麼大的國家。那麼商場互相競爭或者互相吞併等，也是為了成就主導者一己的人間事業；那他的這個人間事業不論多麼大，也就是由他那個五陰來擁有。

又譬如說，人張開眼睛之前就是爲了五陰，因爲要有那一張床睡覺，就要有房屋安身，顯然更是爲了五陰，無一不是爲了五陰。只有菩薩不是爲五陰，菩薩取得五陰的目的是爲了成就佛道、利樂眾生；但其餘的人跟菩薩不同，菩薩取得五陰是作爲自度度他的工具，其餘的人是以五陰作爲主宰，凡事都以五陰爲主，這樣來思量、來作事。所以世俗人認爲五陰眞實，都因爲五陰太眞實，所以爲了五陰的所有，他們努力奮鬥一生；而菩薩取得五陰是作爲工具，想要藉五陰來成就佛菩提道，來利樂更多的三界有情，所以菩薩作事不以五陰爲主，這完全不同。

那麼菩薩爲什麼如此？因爲菩薩是以眞如爲主，五蘊爲副；現觀「第一義空」無所得、畢竟空之中具足一切妙法，函蓋三界中的一切法。菩薩由於能從第一義空來比對五陰是多麼虛妄，但聲聞人雖然斷了我見以後證得初果，假使他有一天迴心大乘當了菩薩證悟眞如，再來觀照五陰時，那又是另一種見解了，他的見地又不同了，看見五蘊更加的虛妄。所以如果了知眾生分別的內涵又證眞如之後，聽聞「第一義空」不但是「不驚不畏」，而且心中歡喜，就是親證「無所得」的實相境界。由於眾生完全無知於眞如，而他已經實證並且可以現觀，所以「心得歡喜」。

這樣的人當然會知道五陰虛妄無有眞實。五陰只是一個總相，主要就是色陰與識陰的存在，而這兩陰存在的當下，有心所法在運用時就能覺受、能了知以及能運作，所以有身口意行的存在而能夠反觀自我。因此，執著五陰這個自我，這只是一種總相上的一個執著；但是把這執著細分下來，眾生之所以執著五陰，不外乎是五陰能夠擁有十二入的功德、擁有十八界的功德；也就是說五陰在時就會有十二入的功用、十八界的功用，因此執著爲眞實我，於是造作種種的業，上焉者行善求生天界享受種種五欲，下焉者造作惡業下墮三惡道，求離苦而不可得，全都是因爲五陰。

而五陰的執著，究其根本則是從十二入、十八界來，假使沒有十二入，那麼眾生就會大驚小怪，從早到晚惶惶然不可終日。爲什麼呢？譬如眼入，假使眼入沒有了外眼入，那麼眾生就會很緊張，趕快找人陪著他上醫院，因爲他沒有外色入了。所以年紀大了些，比如七十幾歲、八十幾歲時要去醫院找眼科醫師，要去動手術把白內障給除掉，因爲他的外入被影響了；這個外色入的障礙除掉了以後，眼睛上面的紗布拆掉，先看一下，果然能清晰看見了，於是他滿心歡喜一再向醫師道謝，這是說外色入。那麼內色入呢？也許有人想：「欸！色入就色入，哪裡有外色入、內色入？」可是我說了，不但色入有內外，聲入、香入、味入、觸入乃至法入都各有內外：浮塵根的所入是外入，勝義根的所入是內入。

假使有人車禍了，雖然戴著安全帽，但畢竟摩托車騎那麼快，撞上了車輛或什麼，腦震盪的結果，勝義根中的眼根毀壞了，那麼他這一世就沒有內色入了；他的眼浮塵根還是好的，都沒有損傷，就只是勝義根的眼根部分損傷，所以無可救治，從此以後成爲眼盲者。浮塵根壞了還可以移植，勝義根壞了不能移植，那他終其一生就沒有內色入了。所以他的眼球張開外色入還能進來，但是如來藏無法變現內色入給他看，他就永遠都看不見，因爲勝義根沒有辦法作器官移植，只有浮塵根才能作器官移植。

此時我想起來眾生開的眾生出版社，出版了達賴外道一本書，討論頭的移植手術。我聽到有人讀了講出來時，就說他們根本就弄顚倒了，頭的移植結果將會是身體的移植，不會是頭的移植，假使移植可以成功。所以外國醫師和達賴等眾生是顚倒到無以復加，說有人如果頭壞了，就換一個頭來；但我告訴你們，換一個頭來成功了，將會變成另外一個人，那個身體將會歸那個頭所有而走到別人家去住下來。但達賴就這麼講，說可以移植別人的頭來這個身體，成爲這個身體所有的頭。學佛人愚癡到這個地步，當他爲家人的身體移植頭時其實是在移植身體，是正在把他家人的身體送給別人；當移植成功以後，身體將隨著頭部去住到別人家裡，是失去這個家人。虧那個陳履安還是學理工的博士，怎麼來到佛法中就變愚癡了？還爲達賴出版那種邪見的書。這就是說，勝義根沒辦法移植的，而且此世的記憶也就在勝義根中與如來藏連結，所以移植別人的頭來給他兒子、來給他老爸時，結果醒來以後身體健康了，他兒子或老爸所得新的頭卻說：「欸！**這不是我家。我要去我原來的家，我本來就住在那裡。**」他就走了，結果是身體歸別人所有，不是新移植的頭歸你所有。

所以身體與頭有主有從，他們連主從都分不清楚，竟然說可以作頭的移植。那些世間的醫學家無知也就夠了，你達賴是學佛人也跟著他們愚昧，而且還把它記錄下來整理成書出版流通，貽笑天下！世間再也找不到這麼愚癡的人了。可是話說回來，如果不是我把這個道理講出來，我相信諸位之中也有很多人會信他們的說法；所以你們其中有些人應該有讀過他那本書，之前諸位應該也沒有覺得奇怪的地方吧？對啊！所以應該說凡夫等人都一樣笨對吧？也就是說，這是歸屬於道種智的智慧所分辨的，一般醫師或凡夫大師們是不能理解的；你解釋了他們也聽不懂，還會懷疑你的解釋。

那麼這裡 世尊說「十二入」，就顯示有內六入、外六入。不單是大乘經講十二入，《阿含經》中就已經講「內六入、外六入」了。那麼這樣看來，六塵顯然是有內外之分，所以《阿含經》中 如來告訴我們「內六入」與「外六入」，並且說內、外六入全都虛妄不實。當內色入壞了，有人是後天的意外損壞，失去了內色入，因爲眼的勝義根壞了；縱使眼根的浮塵根是完好的，醫生卻是救不了。但如果他的內色入是好的，也就是眼根的勝義根是好的，只是浮塵根有問題，那醫生就可以幫他作器官移植。例如有人問題是出在水晶體上，有的人是視網膜的問題，這些問題都可以靠器官移植來解決；移植好了，復原以後他就重見光明。如果是眼的勝義根生來就有問題，那麼醫生也是無法爲他治療的，因爲勝義根無法移植。也許將來一萬年、五萬年以後，勝義根可以作局部的移植，但不可能牽扯到關於記憶那個部分，就只能是五勝義根的小小的局部；是有那個可能，我們不能否定，但全部勝義根整體的移植是不可能的，因爲整體的移植會變成身體的移植，而不是勝義根的移植，這個道理大家要先瞭解。

我現在說的這些話、這個道理，一萬年後如果諸位還在人間，你們去看看是不是如此？我跟你們保證一定是如此。因爲色身的主與從是不可改變的，所以內六入是必然存在的，就由勝義根與浮塵根的功能差別而可以證實內六入與外六入同時存在，因此就有「十二入」的存在。假使單單一個色入出了問題，就趕快要去找醫生，花再多錢都願意；如果全部十二入都沒有了，那他就是一個死人。不要懷疑這句話，一定是個死人。植物人一樣有「十二入」，他只是無法反應、無法表示意思，不是沒有六入。所以當人們這「十二入」中的一入出了問題，就心急如焚想方設法都要解決這問題，這表示「十二入」是眾生所看重的。

眾生之所以看重五陰，也正因爲有這「十二入」，十二入是五陰擁有的功能；若沒有五陰，這功能就不可能依附而存在；如果再把它擴充來講，就是十八界（加上六個識）。眼的浮塵根有外色入，眼的勝義根有內色入；耳的浮塵根有外聲入，耳的勝義根有內聲入，乃至意根有外法入、內法入，意識藉意根的內法入而能了別諸法。藉著五浮塵根有外法入，藉著五勝義根有內法入，所以六根六識都各有不同的功用。這六識都是成天到晚在了別六塵，意根就緊緊抓著這六識而剎那剎那作主，一直作主到死亡爲止，改在中陰身的境界中來作主。所以六根各有其作用，而六塵有外六塵與內六塵之分，所以就造成內六入與外六入的差別；但這其中都由六識心來作了別，所以總共有十八種不同的功能差別，便叫作十八界；界就是功能差別。

人之所以執著，就是因爲有這些功能差別；這些功能差別一旦毀壞或者不正常，就會心急如焚，成日裡跑醫院想要把它解決。菩薩若有這些問題時一樣要解決，差別只是菩薩知道這是生滅法，自始至終虛妄、無有眞實，但爲什麼也要像眾生一樣去處理它？因爲如果不把它處理好，五陰十八界這個工具就無法使用，不能自利也不能利益一切有情，所以還是一樣要處理，但是「知十二入十八界虛妄無有眞實」。

「是人亦不分別涅槃，不念涅槃，不言我能念涅槃，以法得寂滅而不分別；」當你證得眞如以後，轉依了眞如，你就不再分別涅槃，也不再憶念涅槃，也不說我能夠憶念涅槃，因為你所證得的法是寂滅的、不分別的。這個法很深，假使誰今天是第一次來正覺講堂聽經，一定聽得很苦；不是耳根苦，是心很苦，因為聽不懂。學佛以來一、二十年了，從來就沒聽過人家講這一些法，第一次就聽這麼深的法義當然不懂，心中一定很難過，不知道怎麼辦。大概會覺得說：「**看來我還沒有資格來正覺學法。**」但是我卻要說：「**有沒有資格是你自己認定的，只要堅持聽上三個月，漸漸就懂了。**」那時候自己就會說：「**嗯！我可能有資格學眞如妙法。**」繼續再聽上半年時就會說：「**我一定有資格在正覺學法。**」聽到兩年半，禪淨班也畢業了就說：「**我應該也有資格開悟。**」

法固然很深，但只要熏習久了，知見夠了，功夫也練起來了，法的實證是遲早的事；因為法不在外面，就在自己身上。自己都擁有的法，怎麼可以說沒有資格實證？這樣聽了就懂了，所以有沒有資格，這要自己認定。聽久了以後漸漸就會懂，雖然還沒有辦法現觀，至少懂佛菩提了，知道學佛的首要是斷我見、證眞如，如果這兩點不能作到而說他證得佛法了，那都是戲論。

接下來說，為什麼證得「**第一義空**」的人「**不分別涅槃**」？我有時想，會外那一些所謂的學佛人，他們大概會想：「這蕭平實大概每天都念著涅槃、想著涅槃，都在了別涅槃。」可是他們不知道的是，我一天到晚只是忙活，都不想涅槃、都不分別涅槃。他們對這一點，一定覺得很是意料之外，很驚訝。因爲這道理很簡單，你證得如來藏以後住在無餘涅槃中，而無餘涅槃中是你本有的境界，那是無境界的境界，是本來就解脫的解脫境界；你憶念祂時祂是涅槃，你不憶念祂時祂也是涅槃；祂始終都是涅槃，無始劫以來就是涅槃，無量劫之後也是涅槃，那你憶念祂、分別祂時，祂在；不憶念祂、不分別祂時，祂也在；那你何苦來哉一天到晚抓著這個涅槃？該往前進就往前進，這就行了！

譬如有句話說：「渡河須用筏，到岸不用舟。」有聽過嗎？你想要渡河時一定要用船筏，可是到了彼岸以後，那條船你就用不著了，把它放在江邊得了，難道你到岸以後還要把那條船揹在背上？都用不著了。同樣的道理，渡河是說你要度到無生無死的彼岸去，這時得要有方法，方法是在這過程中你要用的工具；那你到達那個無生死的彼岸之後，船筏就用不著了。如果有人找你要那個筏，就送給他，道理是一樣的。所以當你證得如來藏以後，現觀涅槃就是如來藏，涅槃從來不外於如來藏；因為證得如來藏之後現觀祂的境界，可以理解到、可以證明阿羅漢們入無餘涅槃以後其實就是獨留如來藏，而如來藏永遠不生不滅，永遠沒有生死，所以叫作無餘涅槃。可是你這個無餘涅槃現前就看見了，不需要像阿羅漢那樣把五陰十八界滅了才成為無餘涅槃；而這個涅槃本來就存在，所以阿羅漢的涅槃非修得、非不修得。

當你看到了這事實，就發覺原來從無始劫以來，一世又一世的五陰都生活在如來藏這個涅槃境界中；所以菩薩們有時會說：「**涅槃即生死，生死即涅槃。**」有的寺院山門，通常都會有一個大門，兩旁各開一個小門；他們在兩邊的小門上方就寫著「生死」、「涅槃」成為一對。當你看見這樣的山門，就說這家寺院的住持是有修行的，證悟雖然不一定能，但一定是有在修行的人，否則不會去寫生死涅槃四字。事實上，等你證眞如之後再來現觀時就是這樣；既然如此，那又何必一天到晚在那邊分別涅槃？當你證眞如之後，有一段過程是要去分別涅槃的，智慧才會快速增長；但分別、觀察完成了，這個眞見道的過程完成以後就不用再去分別了；只要依止這個涅槃，該作的去作，該修的去修就對了，涅槃不會因為你不分別祂就不涅槃，也不會因為你時常分別祂就更加涅槃。

這話當然是有語病的，因爲涅槃就是涅槃，怎麼會更加涅槃？像這樣把涅槃拿來當動詞用，我大概是第一人。這就是說，涅槃證得之後，你鉅細靡遺把祂現觀完成，以後你就不用再去憶念祂，都不用掛念祂；祂不會跑掉，祂不會失去，永生永世都跟著你，一直到盡未來際都跟著你，所以不用再分別了，也不用再憶念祂。

那麼 世尊說：「**證眞如的菩薩也不會說我能念涅槃。**」爲什麼呢？因爲涅槃不是你能念。也許有人現在心裡面出現一個大問號：「**明明我這意識證得眞如之後，能分別涅槃、能現觀涅槃，我也能念涅槃，爲什麼又說我不能念？**」可是我要問你：「**如果不是如來藏這個涅槃，你還能念嗎？**」你還能念嗎？不能！你都依止如來藏、都轉依眞如了，還能念涅槃喔？所以在現象上來說，說有一個你證得涅槃、能念涅槃，實際上「**念涅槃**」卻是如來藏念涅槃，而如來藏不念涅槃。如果你沒有證得眞如，聽來聽去一定越聽越迷糊：「**這蕭老師是在繞口令吧？講這話聽起來好像七顚八倒。**」

可是我說的是法界中的事實，因爲你之所以能念涅槃，是因爲不會念涅槃的如來藏；能念的你證得涅槃了所以能念涅槃，但能念涅槃的你是因爲有不念涅槃的如來藏來支持著你，你才能夠念涅槃；當你念涅槃時你的如來藏不念涅槃，當你眞的可以現觀涅槃、不念涅槃時，你依止於如來藏的涅槃性，就不應該還能夠念涅槃。那到底是能念還是不能念？所以 如來說：「不言我能念涅槃，」這是如實語。如果眞要爲眾生分別，就說「非能念、非不能念」，這樣才是眞的念涅槃，所以眞念涅槃時「不念涅槃」。

那麼 如來最後點出這個原因說：「以法得寂滅而不分別；」法是什麼呢？就是如來藏，亦名眞如，所以《大般若經》說「眞如雖生諸法而眞如不生」，這時眞如二字是用來指稱第八識如來藏——如來藏時時刻刻顯示出眞如法性，即以眞如名之，而不是在指稱如來藏所顯示出來的眞實如如的法性。看諸位聽得津津有味，這應該是我的人生中最快樂的時光；因爲這麼深的法，去到會外我要說給誰聽啊？生公說法頑石點頭，他沒有辦法說給誰聽，只好去說給石頭聽，所以他比我可憐，比起他來，我眞的很幸福。好多人聽得津津有味，我覺得太幸福了！眞是知音無數會聚一堂，其樂何如？

法就是眞如，法就是如來藏，如來藏在每一個有情自身中，不在身外，不要向外去求法；法既然人人都有，那麼證得這個法，就應當人人有分，只爭遲早，所以不應該妄自菲薄。那麼證法固然需要有很多條件，事實上每一個有情遲早都必定會證法，只是因爲條件不夠的緣故暫時證不得法；將來努力修學而條件足夠了，證法也就勢所必然。

那麼法就是如來藏，如來藏是寂滅的，因爲如來藏雖然出生了十八界的六塵給你，可祂卻是從來都不了別六塵，祂的境界中是寂滅的。試著想想看世間有沒有眞正寂滅的境界？沒有啦！乃至去到無色界都還有法塵，怎麼會是究竟的寂滅？只有如來藏自己的境界中是究竟的寂滅；祂就像一面鏡子把外六入攝受進來，然後變現出內六塵給你而有內六入，可是祂不去了別六入的內容，所以祂的境界中沒有對六塵的了別，這才是究竟寂滅的境界。因此如果有人跟你說他打坐坐到非常的寂靜，你就告訴他：「你這個境界太鬧。」他一定很不服氣，要質疑你：「那你的境界就很寂靜嗎？」你就告訴他：「我的境界中連六塵都沒有。你還有定境法塵，我是連法塵都沒有，並且我現在正在跟你說話時就沒有六塵了。」他聽了傻眼，不知道怎麼跟你對話。

這就是說，生滅法與不生滅法同時同處，你證得不生滅法以後，無妨生滅法繼續生滅；這也是寂滅法與叢鬧之法同時同處，你證得寂滅法之後，無妨寂滅法與叢鬧法同時存在，不相妨礙。這樣，禪宗祖師說的那些話，你可以拿來自己身上用：「百花叢中過，片葉不沾身。」眞的可以！你盡管弄得渾身是泥塵，但你的涅槃依舊是頭腳分明從無染污，你就讚歎說：「好一頭水牛！」是好水牛！到這個地步，你眞的可以知道法是寂滅的。

那你證得本來自性清淨涅槃而有了「第一義空」的現觀，所以你依止於這個法，而這個法是寂滅的。這個法也是從無始以來就不分別：不分別世間法也不分別出世間法，更不分別世出世間法，什麼都不分別。而你依於不分別的這個法，可以廣爲分別，不但像世間人一樣可以分別世間法，還可以分別出世間法與世出世間法，所以《金剛三昧經》告訴我們說，你可以在無分別中而廣分別（註），正是這個道理。可笑的是那一些凡夫大師們讀不懂大乘經，就說：「大乘經說的道理自相矛盾，那一定是後人編造的，不是佛說，所以自相顚倒。」在他們的想法中很簡單：「無分別就無分別，怎麼又能夠廣爲分別呢？」（註：「菩提之性則無分別，無分別智分別無窮。」）

其實不然，如來藏另有祂的識別性，只是祂的識別性不在六塵中，所以在六塵中祂是不分別的，但六塵外祂卻能廣作分別；而他們不懂，所以不相信大乘經典。也合該他們不懂，因爲他們慢心過重；大乘法只有無慢的人才能相應，慢心重的人一讀大乘經就認爲不合理，就認定不是佛說。難道佛陀只能演說四阿含等緣生性空的道理，而不能演說實相的境界？大乘經典的法義，依照世間法來看確實處處不合理，可是如果從實相法界來看時卻處處合理。因此 如來說「**以法得寂滅而不分別**」，這是誠實語。你既然轉依了眞如，而眞如無所分別，因此你就「**不分別涅槃**，**不念涅槃**」，也不說「**我能念涅槃**」，因爲你以眞如爲眞實我時，那就是法無我的境界，無我誰念涅槃？有沒想到這個道理？無我誰念涅槃？沒有我就沒有人能念，當然不念涅槃。能念涅槃的五蘊的你，卻是無我的如來藏所含攝的；而你已經轉依了如來藏，所以你就不應該「**能念涅槃**」，也就「**不言我能念涅槃**」。而不分別涅槃、不念涅槃之中，又無妨有你繼續可以分別涅槃、念涅槃，正因爲這樣，所以我今天可以爲諸位「**分別涅槃**」。

你們看，這佛法還眞難理會，確實甚難理會。可是當你們證得如來藏而現觀祂的眞如法性以後，我說的這一些你們都可以隨聞入觀，我一面講，你們就一面一一印證。而你們只有不斷印證的分兒，沒有任何懷疑可以提出來說，這才是眞正的佛法。否則說的一大藏教，全都是說食數寶，都是別人家的；都是佛菩薩的，不是自己的。你只要證得眞如，就可以隨聞入觀，有些層面你還沒有觀察到，還沒有思惟到，我講了出來你就現觀，然後這智慧境界就變成你的，這才是眞正的佛法。所以 如來說「以法得寂滅而不分別」，這是如實語，一點都不虛妄，絕對不是後人所造，後人沒有那個智慧來創造這樣的經典。

如來又說：「是法所寂滅處亦不分別，亦復不得。」天台宗不懂這個道理，他們就講：遮了以後再遣，遣了之後再來雙遮雙遣。這又不是在搞文字研究，要遮什麼？要遣什麼？這是實證以及轉依的事，不是遮遣的事。說遮遣，無妨把它作爲科判而拿來教育別人，但那不是佛法，因爲有遮有遣都是意識層面的事。就譬如一個人教你說：「你想要努力賺錢，我教你怎麼賺，那你這一世一定可以賺個一百億元；一百億元賺到了以後，你要把它丟掉；丟掉以後再把這個丟掉也丟掉。」就好像有人告訴你這樣的道理，那你受不受？不受！有智之人都不接受。

如來說的不是要你把它丟掉，而是要你往更究竟解脫的層次上進。就是說，在無明的籠罩下，你要去打破無明生起智慧，生起了智慧以後不要去執著那個智慧，所以轉依眞如而有那個智慧，現見寂滅的空性之後，你再來觀察空性如來藏，現觀空性對於智慧不執著、也不了知，祂也沒有這個智慧，所以你依於那個寂滅的空性而住，就是安住於實相的境界中；實相的境界中沒有智慧可說，而不是教你要把這個智慧遮起來，根本不必遮。那麼這個智慧當然就不用遣，有這智慧就不用牽掛著。並不是叫你要把智慧丟掉，你幹嘛要遮它遣它？遮它、遣它是要幹什麼？都沒有必要，所以天台的判教是大有問題的。很多人不知道而一天到晚推崇智顗大師，卻不知道他只是個凡夫，後來轉生到後身成爲天台德韶時，才在清涼文益禪師座下開悟；他如果還記得前世是天台智顗，一定會自己臉紅，趕快把《摩訶止觀》等論全都燒掉。

這就是說當你證得寂滅了，可以現觀寂滅，你就知道涅槃是絕對寂滅的；這樣的涅槃、這樣的寂滅境界，當你證得了，繼續深觀以後你會發覺在那個寂滅境界裡，如來藏並不了別自己的寂滅境界；你知道那個寂滅，那是你的事，祂自己不了別自己是寂滅的，所以「是法所寂滅處亦不分別」。如果祂知道自己的境界是寂滅的，那祂就不寂滅了。

你證得如來藏以後，現觀看看是不是如此？（有人答話，聽不清楚。）是啊！所以你觀察到祂是寂滅的，但祂在自己的寂滅境界中，並不分別自己是否寂滅；而那個不分別自己的境界是否寂滅的事也不存在，在如來藏的境界中也不存在這件事。其實這個道理在《心經》裡都已經講過了，只是沒有從不同的層面來說它，所以 世尊說：「是法所寂滅處亦不分別，亦復不得。」這個寂滅之中不分別的事情，在這個寂滅處之中也不存在；實證的人一定要能這樣現觀，如果不能這樣現觀，那他所謂的開悟是有問題的。如果這樣實證之後，竟然還在繼續貪著世間法，繼續在三寶身上侵佔三寶的財物，表示他沒有眞的證悟；他所謂的悟最多就是解悟而已，因爲沒有轉依成功。

因此說，那個人不能隨順於這個涅槃寂滅處，表示他對於涅槃寂滅處不能得忍；不隨順於這個境界，不能得忍，就是不得「順忍」。如來說，得法的比丘是依於剛才所說的寂滅境界而住，所以他得順忍；隨順於這個本來寂滅、本來無生的法，能夠這樣安忍就叫作「順忍」。佛法中爲什麼說那麼多的忍？忍就是接受；你眞的接受了，那麼你就是得忍，得忍者才能轉依成功，不得忍者轉依就不能成功。所以你們看，二乘菩提中有二乘法的無生忍；大乘法中也有大乘法的無生忍，而且還加上無生法忍，全都是忍。不忍就表示你無法接受它，就沒有解脫與智慧。

所以 如來有時說某一些事相上的事情，並沒有談到法，竟然說完之後有好多菩薩得無生法忍，也有好多人得無生忍，也有好多人發起正等正覺之心，這是爲什麼？是因爲他們以前就能夠現觀，但是轉依不成功而沒有「順忍」。當 如來把得到順忍以後所將擁有的境界顯現出來給大家看時，大家心得決定，於是轉依就成功；當大家轉依成功時，該得無生法忍的人就得無生法忍，該得無生忍的人就得無生忍，該發起無上正等正覺之心的人就發起無上正等正覺之心，就是這個道理。

可是好多人不懂 如來某一段經文，看來經文中也沒講什麼，爲什麼這樣就使很多人可以得無生法忍？就想：「這眞是胡說八道，一定是後人亂寫的。」哪裡是後人亂寫的？那是事實啊！只是他們不曾經歷過那個境界所以不知道而已。所以當老實人永遠都有好處，因爲一定不會造口業；對正法造口業，那是非常嚴重的果報，會成爲未來世求道時的業障。很多人都不知道而隨意造口業，我從來不敢隨意造口業；我如果造了口業，一定是善業。所以我說《大藏經》中什麼「大聖歡喜雙身修法」，我一看經名就說這一定是外道法。當年還沒有破參時，我先看到密教部那些經名目錄時，就知道這是外道法。雖然我當時還沒有證據，也還沒有見地可以指認它爲什麼是外道法，但是我就是知道那是外道法；可是我不說出來，一直到我可以確定把理由說出來時，才說那是外道法，因爲我們老實，沒有證據時縱使心裡懷疑，還是別講。可是一旦被我講了，它就翻身不得，它就死定了。這就是說你怎麼樣得忍，這才是重點。

有的人很喜歡打探密意，會外也有道場派人祕密來學，想要打探密意。但縱使他們眞的探聽到密意了，那也不算開悟，因爲他們沒有得忍——不可能隨順而得忍；沒有得忍就不能叫作開悟，聽到了密意又有什麼用？所以順忍這個順字，顯示你有沒有完全隨順於這個法而能夠得忍，決定不變。假使哪一天心中又懷疑了說：「可能不是這樣。」那就表示他不得順忍，既非順忍，他就是退轉了。所以他仍然知道眞如是什麼，但他已經算是退轉了，法應該這樣認定。

所以凡是退轉的人，我就把他們的金剛寶印收回來，他們以前就抱怨：「我們開悟也是你印證的啊！爲什麼今天可以說我們沒有開悟？」「因爲你退轉了嘛！我當然要說你沒開悟。」道理很簡單。印證的是我，不是你，所以我說你沒悟就沒悟；後來不也證明他們就是沒悟，才會寫出那些亂七八糟的東西來，被我們出書評論。所以忍被很多學佛人所忽略，但是忍很重要。知道時不是實證，要能夠心得決定，隨順而安忍，那才叫作實證。所以不是探聽到密意就算開悟，探聽到密意時那還是別人的；對他而言，那個密意只是一個常識或知識，不是實證。

所以禪師有說過證悟之後的兩句話：「還是舊時人，不是舊行履。」因爲你轉依了你所證的眞如以後，身口意行就改變了，你的所作所爲跟悟前不一樣。所以如果悟前很貪人家的錢財，悟後一樣繼續貪人家的錢財，那表示他沒有悟的功德，表示他也沒隨順於眞如法。既然他對眞如法不能得忍，就是沒有證悟，知道了密意也沒有用，依舊是凡夫。這一點誰都無法否認，因爲他無忍；所以忍這個道理要懂，不要說哪一天證悟以後心中打了好幾個

question mark，頭上也有一堆的 question mark，這樣還能叫作證悟喔？

悟為什麼叫作三昧？證悟就是證得金剛三昧，當你證得這個金剛心如來藏，心不退轉時就叫作親證金剛三昧，《金剛三昧經》就是講這個。那為什麼叫三昧？當你證得如來藏之後，又沒有每天從早到晚入定，為什麼叫三昧？是因為心得決定，有了定心所的功德受用，所以叫作金剛三昧。那麼心得決定時必然轉依成功，那就有「順忍」，可以讓人家從他的身口意行上面觀察到。所以忍非常重要，今天藉這個機會把忍強調一下，希望未來佛教界可以把知見水平再度提升，那麼大家就不用再四處去打探密意。得要眞參實修然後轉依成功，才叫作得忍；否則要是悟後沒有轉依成功，我就當眾宣布，把他的金剛寶印再收回來，否定他的開悟，這個很合理啊！因為他無忍，無忍就不是開悟。那般若的密意對他而言只是一個知識而已。關於這個得忍的智慧境界，如來又繼續開示說：

經文：【「是人於是順忍第一義中亦不得自相，舍利弗！何等是順忍相？所謂無相是順忍相。舍利弗！於意云何？若人於此順忍尚不得相，是人若得

我相、人相、眾生相、壽相命相者，無有是處。若人成就如是智慧，應受供養，是名佛子，是名入不住定。舍利弗！是名佛法第一義門，謂無憶想分別、無此無彼。而是癡人在大眾中說於邪見，自以憶想分別教人：『此是佛法，此是聖道。』如是癡人則為誹謗過去未來現在諸佛；如是癡人名惡知識，不名善知識。舍利弗！怨雖奪命，但失一身；如是癡人不淨說法，千萬億劫為諸眾生作大衰惱。是人癡冥，覆佛菩提本心，貪著還復熾盛，相續不斷；以貪著故往來五道，無善逕路，生死不斷。是故舍利弗！不淨說法者得罪極多，亦為眾生作惡知識，亦謗過去未來今佛。

語譯：【世尊又開示說：「這一位比丘於順忍的第一義之中也不可能得到自相，舍利弗！什麼樣是順忍之相呢？也就是我所說的無相就是順忍之相。舍利弗！你的意下如何呢？如果有人在這個順忍之中尚且不得任何自相，而這個人如果還會得到我相、人相、眾生相、壽相命相的話，是沒有這個道理的。如果有人成就這樣的智慧，他應當接受供養，這個人就叫作佛的兒子，這樣就叫作進入不住定。舍利弗！這就叫作佛法的第一義門，也就是說沒有憶想沒有分別、沒有此也沒有彼。而這樣的愚癡人在大眾中說出了種種的邪

見，自己以心中所憶念所猜想的來分別、來教導別人說：『這個就是佛法，這個就是聖道。』像這樣的愚癡人就是誹謗過去未來現在三世諸佛；像這樣的癡人名為惡知識，不能稱之為善知識。舍利弗！**怨恨之人雖然奪取了別人的命，被奪取的人只失去一個色身而失去了一世；但是像這樣的愚癡人不清淨的說法，千萬億劫都是為諸眾生作了很大的衰惱。**這樣的人愚癡而闇冥，**遮覆了佛菩提本心，他的貪著反而比以前越來越熾盛，並且相續不斷；由於貪著的緣故所以往來五道之中，都沒有善路和直接的路，生死不能斷絕。由這樣的緣故，舍利弗啊！不清淨說法的人得罪非常之多，也是作為眾生的惡知識，他們也是誹謗過去未來現在一切諸佛。」】**

講義：得順忍的人在第一義中也不得自相。換句話說，得順忍之後他依於如來藏本心而住，而如來藏的境界中沒有六塵，沒有分別，沒有我、沒有人、沒有眾生、沒有壽命，沒有斷見、沒有常見，一切法都無，當他這樣時哪裡還有自相？當他以法為歸時，法的境界中沒有任何一法可得，所以自己也不存在、別人也不存在，才能說是無我亦無人，否則他就是不得順忍，因此得順忍時一定沒有自相。那麼如來解釋說，什麼樣是順忍之相？得順忍的人跟凡夫總要有所不同吧？總不可能得順忍的人跟凡夫一樣，所以說「所謂無相是順忍相」——無相才是順忍之相。如果一天到晚在那邊分別人我，那就是有相；有人我就有一切相，有相就不得順忍。

如來又問：「舍利弗！你的意下如何呢？如果有人於這個順忍之中尚且不得自相，那這個人還會有我相、人相、眾生相、壽相命相，根本就不可能有這個道理啊！」當你看見法時，依止於法，連自相都不存在了，怎麼可能還會有別人的相存在呢？別人的相之所以存在，是因為有自己的相存在，相對而言才有我相、人相，否則就不會有我相、人相，這是相對的。而法不分別，不分別就沒有相對之相，就沒有自相，當然不會有我相、人相，我相、人相都不存在，那麼眾生相、壽相命相也就跟著都不存在。所以如果已經得順忍而「不得自相」時，竟然還會有我相、人相、眾生相、壽相命相，表示那個人根本就是說謊，他並沒有得順忍，他沒有證無生法，連初果向都無，所以都落在有生法之中。

但是這樣的人世間少有！你可別說：「哪裡少有？我們同修會現在不是有四百多個人嗎？」好！那我請問你：「現在全球多少人口？」七十億？現

在不是五十億、六十億，是七十億人喔！那麼四百個人散入七十億裡面去，我想你要找到一個也難，當然是很稀有！這樣的人所成就的智慧可不只是阿羅漢的智慧，阿羅漢的智慧是無法了別、無法猜測、無法想像這種智慧的，所以這樣的人功德無量無邊世所稀有。也許你想說：「我眞的證悟了，但我有什麼功德？看來看去都沒有，您怎麼說功德無量無邊？」那我可要問你了：「功德是有形之法或是無形之法？」既然是無形，爲什麼會有量？既然是無形，怎麼會有邊？喔？懂了？眞的無量無邊！

可是這個無量無邊，你卻不可以聽我這麼一說，就想：「那就是沒有嘛！」可是我告訴你，你有這個無量也無邊的功德之後，你想要世間法就可以有。假使今天我想要世間法，很簡單，拋家棄子，我就穿起袈裟來，我要什麼樣的大山頭沒有！一定有的，但我不想要，就繼續這樣無量也無邊不很好嗎？即使現在這樣，我都覺得家大業大了。從來沒想過今生要弄一個家業這麼大，但現在也認了，因爲這是如來的家業，不是我的。如來的家業不能說太大，那就認了，要不然，當咱們都不想要缽袋子時（因爲缽袋子很沉重，揹在背上、繫在腰上都很重，是因爲不得不然），因爲眼看著正法沒落，又沒有人可以吩咐，那麼該怎麼辦？難道要放著　如來的家業讓它壞滅嗎？那就只好一肩挑起來。好在現在有很多老師幫我挑，還有你們幫我挑起來，眞的很棒！

這就是說，落在世間法時才會有很多的相，當你不住在世間法時就沒有相可說了！雖然說「第一義空經」善知識解說時好像有相，其實所說的是無相法，因爲「第一義空」是空性，雖然不是空無，但祂無相；而無相之中無妨有無量無邊的功德與福德在其中，所以你證悟之後，我說你功德與福德無量無邊，那不是無、不是沒有，若想要實現那個功德與福德，也是可以實現的，但實現了以後帶不走，就只能擁有這麼一世。若是這一世成爲諸方供養的大師，不論要多少供養，都會有人一直送來，但未來世行道的福德損減了一部分，那又何必呢？弘法或利樂眾生所需要的夠了也就好了，到目前爲止我們都不欠不缺，所以我們不需要很大的山頭。假使哪一天我買了一、二公頃或三、四公頃地，我覺得已經夠大了，不要一、二百公頃，我把正覺寺可以蓋起來，夠我使用就好了，弄上一、二百公頃要幹嘛？意思就是說功德、福德是因爲你有順忍才有；當你有順忍時心中是沒有我相的，那就不可能有

「人相、眾生相、壽相命相」等；當你如是不住於這些世間法中，那你就是以法為歸。

來到人間是為了利樂眾生，而不是自己要營造一大片所謂的佛法王國，這樣才叫作得順忍，這樣才可以說你的功德是無量亦無邊。而這個無量亦無邊之中你是可以實現很多的福德、很多功德的，但不用去實現；你利樂有情需要多少你用多少就好，超過的等於在毀損自己未來世的福德，這樣成佛就很慢。所以證悟之後也不必去弄多麼大的一個道場，你就衡量弘法的需要，依照那個需要去作就好，不需要超過，不必和人家比什麼第一，那是愚癡人！第一只有一世，下一世他不叫張三，再來時改名叫李四，他也不能夠說：「這一大片產業是我上一世當某某大法師時掙來的。」講了也沒有人信他，何苦來哉？

這就是說，得順忍時是很稀有的人，這個人可以稱為佛的兒子。當然佛子有狹義的定義，也有廣義的定義，在這裡就是廣義的定義，你們只要證悟了，心得決定，都是佛的兒子；長髮飄逸甚至弄個髮箍鑽石鑲起來也沒關係，依舊是佛子，不一定要理光頭；甚至妳還佩戴著手飾，瓔珞垂胸還點了胭脂畫了眉，依舊是佛的兒子，因爲妳的本質是丈夫；妳證得身中的大丈夫了，當妳轉依大丈夫時自己就是大丈夫，這就是佛子。佛子何等尊貴？世尊說：「若有人成就這種不可思議的智慧，應受供養，即是佛子，」所以你證悟之後雖然不受供養，但如果哪一天有某個大師知道你證悟了，想要來供養你，你就端坐受他供養；儘管端坐，沒有問題，那是因爲你憐憫他，要讓他在你身上種大福田；如果覺得這個人得法的因緣還早、還早，那你轉身就走，不用受他供養。

所以供養不是爲自己，受供養是爲對方。很多人想：受供養是爲自己好。才受供養，但菩薩的看法不是這樣，所以菩薩通常不受供養；如果菩薩有時甚至開口說：「你不是有種菜嗎？明天送一把菜來給我。」那是特地照顧他。但我有沒有叫誰送一把菜來？也就是說，我好像曾經吩咐過誰，我向他要了一顆，我明著說：「你就供養我這個。」是水果還是什麼東西我都忘了，是因爲要讓他來世有大福德，因爲他的心性好，但福德不夠，這是爲對方。其實吃了那一顆水果會長一塊肉嗎？可能會啦！一點點，拿來爲眾生作一會兒事情就不見了，但是他來世福德就很大，這是爲對方而不是爲自己。

因爲咱們不是買不起，我們也不追求世間的任何欲樂，但卻要他知道。他沒什麼錢，我卻故意要他買某個食物或是水果來供養，是故意要他這樣作，那是爲他的來世福德設想。但是也難得其人，這個機會大概也很少，有過那麼一次，大概以後不會再有了。也就是說，當你爲了某一個人，因爲他往世修集的福德不夠，但他是個根器，心性也夠好，這一世緣熟了，那你希望他未來世行道時廣有資糧，你就以證悟者的身分爲了利樂他，告訴他說：「今天午餐讓你供養。」但不能要求到某個大餐廳去，就是一個盒餐就夠了。盒餐大概都是幾十塊錢臺幣，大不了百來塊錢；一般的素食館要買到一個盒餐五百塊臺幣還不容易，就這麼一次供養，那他未來世有福德而容易行道，這是你爲他好。但不是每天如此，比如某甲明天來供養，某乙後天來，某丙大後天來；不是這樣的，那是偶一爲之，因爲你得順忍而轉依成功了，就沒有任何貪欲可說了，是純粹爲了眾生。那麼證悟的佛子有這樣的智慧時，世尊說「應受供養」，因爲如來說「是名佛子」。

如來又說這樣的人叫作「入不住定」，也就是進入無所住的定中。通常的定都是有所住的，那叫作世間定；世間定都是有入有出，所以一念不生入於定境是有入，有入之後總是要有出的。如果定力不是很好，兩三個鐘頭出定；好一點的也許傍晚出定，如果更好的也許三天出定；但不管多麼好，三個月、三年總得要出定吧？那都是世間定。但是當你證悟眞如之後，你依於這個眞如而得順忍，心得決定再也不猶豫了，永遠都認定這個眞如作爲你的最後所歸，成爲你的自歸依，永遠不再改變時就是定；你住於這樣的定是無所住的，所以叫作無住定，或者叫作不住定；這是不住之定、無住之定。

所以往常我也告訴諸位，說定修得最好的人，不是那一些證得四禪八定的人，因爲他們那個定都是有入有出；所以不管什麼人說他證得什麼定，來到我面前時我都說：「你那個定沒什麼，太差了。」我往常都跟諸位講過，因爲他們的定有入有出。所以他的定很好而開口炫耀時，你開口就問他：「你入定幾年？」他聽了臉都黑了，對不對？他一定會反問：「那你入定幾年？」你就說：「我在這個定中無始以來到現在不曾出定。」對啊！正是如此啊！那他一定要問：「那你是什麼定？」你就說：「無住定，又名金剛三昧。」因爲你這定永不可壞，那他聽了如果是個根器，就會有興趣了，你度他來正覺，未來世他會再作你的徒弟，這也是攝受佛土。

這個叫作「入不住定」，所以天下最大的定叫作「金剛三昧」，也叫作「不住定」。那麼這個「不住定」，我想諸位在外面都沒聽過，而我們已經講了很多年，所以我常說諸位證得這個定叫作「大龍之定」。大龍是哪一條龍？是如來藏。不管是多麼厲害的龍，也是這個如來藏所生；天龍之類，即使是化生龍，也是龍子龍孫，因爲都是如來藏大龍之子，所以這金剛三昧又叫作大龍之定——那伽大定。今天講到這裡。請問諸位學佛快樂不快樂？（大眾答：快樂！）可是我記得初學佛那幾年，我姪子說：「我看小叔學佛學得好痛苦。」所以你們是很幸福的。這幸福好像建立在我的痛苦上呢，所以「無師智」到底好不好？還很難說喔？因爲無師自通就是要自己摸索，過程很痛苦；當然摸索出來以後是很快樂，可是摸索的過程很苦。若是跟隨著人家修學，一步一步實證上去，等於人家都已經爲你披荊斬棘，路都開好了，那你走起來就很順暢。所以你們比我幸福，但這不是抱怨喔！

《佛藏經》上週講到五十頁第四行「是名入不住定」，這個「入不住定」就只有一種，無二亦無三，也就是「金剛三昧」，只有證得金剛心如來藏而且心得決定，有「金剛三昧」這種定，才叫作「入不住定」。什麼時候入呢？

證悟之後心得決定，不再猶豫懷疑，這時就叫作入定。入於這定中無所住，就這樣住在這個心得決定的境界中，所以叫作「入不住定」。除此以外一切定都是有入有出。

講到這裡 如來作一個小結論說：「**舍利弗！是名佛法第一義門，謂無憶想分別、無此無彼。**」這個「不住定」既然無所住，當然是沒有憶想也沒有分別的。憶與想是兩件事情，「憶」就是會想起來以前的事情是如何的經歷；「想」是了知以及思惟，這就是想。憶與想都是意識心的事情，從來都是三界中事。以前有一位主持禪七聞名而走過五大洲的大法師說：「**學禪會使人很有智慧，當打坐時，有時會突然想起十年前誰欠了你十萬元。**」眞不曉得他的禪七怎麼主持的，這也能叫作智慧啊？

已經忘了十年，後來突然想起來，這就是「憶」；這個憶，在百法明門裡說它叫作「念心所」；也就是五別境心所法欲、勝解、念、定、慧中的念心所，把它跟五遍行混在一起運作才會有念心所。這五個別境心所法每一個法都是在六塵的境界中運作的，全都在了別六塵境界，所以叫作別境；既然是了別境界的心所法，表示它都是在六塵境界中運作的，六塵是三界內的境界，那就是三界中的法。三界外沒有六塵，所以別境心所法欲、勝解、念、定、慧這五個，都是了別境界的心所法，當然都是六識相應的境界。如來藏「無分別法」不跟這五個別境心所法相應。所以「念」心所就是會使意識住在六塵中回想起以前曾經歷過的事情，然後又想起來那個過程、那個內涵是什麼，這就是念，「憶想」的「憶」也就是五別境中的念心所。

那麼打坐心很寧靜，突然想起十年前人家欠他錢，時間久了忘記追討，現在想起來了，這是能想起事情的心，雖然是靜坐修定後離念了，但畢竟還是意識的境界，這個意識的境界怎麼會跟禪宗的禪悟標的有關呢？怎麼會是跟佛法智慧有關呢？這位專主持禪七的大法師連這個也會弄錯，眞的很奇怪。打從我們出世弘法之後，這一類大法師什麼都不懂的事實才顯示出來，所以我們講了那麼多的法，而他們讀了我們的書才開始進步。所以那位大法師甚至還發行一本小冊子，現在可能已經回收了，但我手裡還有一本，他說：「所知障就是因爲所知太多而障礙了，對佛法知道得太多就會被障礙。」所以他閉關六年不讀經典，專讀日本人鈴木大拙講禪的書，原來是這個道理，但這眞是大笑話。

那麼「憶」與「想」是兩件事情，「憶」就是以前經歷過的事情突然間念頭動了起來，又記起以前經歷過什麼事情；這個憶也就是念心所，它很重要，如果沒這個憶，你沒辦法在人間生存。譬如今天晚上睡覺，明天早上起來時：「這是什麼人的家？你們是誰？」看見了母親要問：「妳是誰？」如果是女生看見了爸爸：「哇！」嗚嗚哀哀大叫：「你不要侵犯我，走開！走開！」趕快趕人，要呼救了是不是？因爲沒有念心所，醒來時全都忘光親屬關係。睡一覺後就不記得那是什麼人了，因此念心所很重要。如果沒有念心所，你也沒有辦法學佛法，今天晚上一睡覺，明天全都沒有了。所以說，這個念心所會使人憶起往昔經歷過的某一些事情，而這是別境心所法之一；別境心所法中，意根只能跟其中一個相應，就是最後的慧心所，而且只能和它的一點點成分、極少分相應，其他的心所法都不相應。但如來藏與五別境心所完全不相應。有憶就表示落在意識的境界中。

接著說「想」，誰又能想呢？想東想西，妄想打個不停，又是誰能想？（有許多人輕聲答話。）顯然大家都知道，就是意識。只有意識才能想，眼識無法想，耳、鼻、舌、身識都無法想，因爲這五個識屬於色入，就是色聲香味觸等五入現量的境界，語言文字之想則往往是比量的事情。那麼能夠想也是意識的境界，能憶也是意識的境界，這都不是金剛心如來藏的實相境界。

還有一個「分別」，分別也是意識的境界，如果是五俱意識，那就是六識的境界，不離識陰。以前有許多大師都說：「我了了分明而不分別。」自從我們講經說法以來，有時會拿出來作例證，同時破斥這個說法；所以現在大家知道：了了分明就已經是分別完成了。如今他們不敢再說「了了分明而不分別」了。知的當下就已經是領受完成、分別完成了，所以《阿含經》中如來說「想亦是知」；但這個想與想事情的想字，意思不同。所以五蘊中的想蘊就是了知，了知時就已經分別完成了；如果沒有分別完成，你就只好答「不知」。例如媽媽呼喚小女兒說：「阿花！妳去雜貨店買一瓶醬油回來。」要什麼牌子的，順便跟她吩咐；吩咐完了就問她說：「知麼？」那小女兒說：「知了！」知就表示已經瞭解了，瞭解就是分別完成了，怎麼可以說「了了分明而不分別」呢？

所以說，「分別」有粗有細，那大法師們竟然都不懂，以爲沒有語言文字時就是不分別。問題是當他們一念不生時，人家在旁邊嘀嘀咕咕說他的不是；都還沒有惡聲惡氣，輕聲地嘀咕，他就已經不高興了；這表示他了了分明或者沒有語言文字時，其實還是在分別，這個已是意識的境界了。所以「憶想分別」都是意識的境界。

還有「無此無彼」，既然能憶、能想、能分別，就有此與彼之差別，一定分彼此的。假使沒有語言文字就叫作開悟，那好極了！諸位出生以來都曾經當過聖人，因為你們剛出生半年、一年時都沒有語言文字，都還不會說話，連學說話的過程都還沒有開始，全都離語言離念，那不是聖人嗎？因為都沒有分別啊！那好極了，阿貓阿狗也是聖貓聖狗了。依大法師們的認定，牠們就是聖貓聖狗啊！依此類推，當你去爬山，看見溜著溜著走的那一條蛇，你就說是聖蛇，因為牠心中從來沒有語言文字，對吧？那麼去釣魚，把魚釣起來時一樣是聖魚；完了！原來動物比人類更高級。對吧？依大法師們的開示就是這樣啊！

人有語言文字，所以有很強的分別能力。但大法師們的開示等於是說：那些生物例如昆蟲、蚯蚓等都沒有分別；牠們都沒有語言文字所以不分別，那牠們應該叫作聖蚯蚓、聖蟲、聖魚、聖鳥、聖狗，全都是聖者，人類反而不如那些低等生物。這眞沒道理欸！所以學佛是要越來越有智慧才對，怎麼跟著大師學到後來得要變成什麼都不懂？如果飯與屎也分不清楚，他們應該認定是最高級的聖人了，因爲眞的都不分別了。但那還能叫作聖人？如果聖人應該是沒智慧的，那何必要學佛當聖人？其實離語言文字時還是在分別，有憶有想時就會有分別，所以「憶想分別」的結果一定會分彼此：這是飯，我要吃；那是狗屎，我要把它倒掉。一定是這樣的。

「無此無彼」才是實相心的境界，那意識只要知，有知就有分別了。不可能意識生起之後無知，生起以後既然有知當然就有分別，當然有彼有此。假使意識存在時眞的不分別——當他打坐修到完全都離念而眞的不分別了，那他下座之後應該會這樣：弟子們招呼他說：「師父！您下座了！要不要喝口茶？」他一定問：「你是誰？」因爲他無分別了，當然不認得他的弟子，也不懂得口渴了。那麼到了進藥石時，徒弟來說：「師父！要過堂了！」他問：「爲什麼要過堂？」他一定要這樣問，因爲他不分別就不會知道餓啊！那才能叫作不分別。可是他知道餓啊！而且能見、能聽到，就已經是分別完成了！原來他們都睜眼說瞎話，所以他們所證的境界中一定有此有彼，不可能「無此無彼」。

眞正的「無此無彼」是因爲無憶、無想、無分別，原因是離六塵境界的見聞覺知，這才是實相心第八識的境界，這才是佛法的「第一義門」。但是眾生都不喜歡這個「第一義門」，只有諸位喜歡。你們想想，我講這「第一義門」二十幾年了，有哪一個山頭出來說：「欸！我們也喜歡第一義門。」又如「法離見聞覺知」、「法不可見聞覺知」，何曾有哪個山頭出來講過，都沒有啊！所以他們都不喜歡「第一義門」，他們喜歡的是第二義門。第二義門看起來好像佛法，但都在語言文字上轉，把佛法名相東取西摘湊成一篇演講稿，在大演講廳聚眾說了，就說那是在弘法，是護持正法，全都是以第二義門來矇騙眾生。所以依意識的境界去執著世間法，就是落在識陰裡面，可是這樣的人還是一樣振振有詞說：「我告訴諸位的就是佛法，佛法就是這個模樣。」其實那不是佛法，因爲 佛說的不是這樣。

因此 如來就說這樣的人：「而是癡人在大眾中說於邪見，自以憶想分別教人：『此是佛法，此是聖道。』如是癡人則爲誹謗過去未來現在諸佛；如是癡人名惡知識，不名善知識。」就像部派佛教的六識論聲聞僧一樣，都是用能憶能想的意識心境界所了知的法，看來好像佛法來教人；因爲他們都冠上了佛法的名相，用這樣的假佛法來教導別人，來分別給別人知道。他們一向都這樣說：「這個就是佛法，這個就是聖道。」針對這個現象，如來就說了：「如是癡人則爲誹謗過去未來現在諸佛；」請問諸位：這樣的惡人有沒有誹謗你們？有沒有誹謗你們？有！你們爲什麼不敢答？你們是未來佛啊！你們未來成佛時也會說：「這不是佛法。」但他們硬說這就是佛法。你們未來成佛時一定不這樣講，他們偏偏說未來你們成佛時也會這樣講，因爲他們說「這就是佛法」。既然說是佛法，就包括過去佛、現在佛、未來佛都同樣會有的說法；可是他們講的明明不是佛法，所以他們不但誹謗了過去諸佛，也誹謗現在十方世界一切諸佛，還誹謗了未來諸位所將成的佛，所以這些大師們眞要叫作「癡人」。

明明不是佛法，硬說那是佛法，換句話說，他們等於在欺騙大家說：「我剛剛爲諸位講的法，就是諸佛所說的法。」他們等於是在欺騙諸位，欺騙了諸位其實也是誹謗了諸位，這樣是不是很冤枉？被他們騙了還被他們誹謗，如來開示的意思就是這樣啊！很清楚是誹謗未來諸佛。未來諸佛還沒有成佛，現在還在因地，乃至於還沒有開始修學佛法，但被他們欺騙說這就是佛法而寫在書中，未來世才會開始學佛的人也會被他們欺騙。他們等於預先告訴你們說：「**你將來成佛時也會是這樣說。**」可是你們將來成佛不會這樣說，他們卻說你們將來成佛後也會這樣說，這不是欺騙你又誹謗你嗎？

大家都沒想到這一點，被騙也是被誹謗，那是多冤枉的事。如今 世尊點了出來，我們可要懂這個道理。不但要懂，還要把這道理告訴那些被騙的人。隨後 如來就把這一些人作了定位：「**如是癡人名惡知識，不名善知識。**」像這樣的愚癡人，不能稱爲善知識了；因爲他們都在誤導大家、欺騙大家，而且還誹謗大家，所以 如來說這樣的愚癡人要叫作惡知識。

世尊接著又講：「**舍利弗！怨雖奪命，但失一身；如是癡人不淨說法，千萬億劫爲諸眾生作大衰惱。**」以前我們講過這個道理，佛教界有很多人不相信我們說的這個道理。以前我說過：「**假使被壞人殺了，被害就只有一世；假使被惡知識害了，那是遺毒千萬世。**」可是我講了人家不當一回事，而且有人還說咱們講得太過火。現在 如來說了：「**心裡有極大怨恨時，雖然奪了人家的性命，但那個被奪走性命的人也就只有失去一世的色身；然而像這樣**

的愚癡人不淨說法，所說過的法會在往後的千萬億劫之中，不斷對曾經聽聞過的眾生作出種種大衰惱。」

比如說，那些喇嘛教的忠實信徒們，不管他們是當大官的還是小老百姓都一樣，他們是忠實信徒；那些人將來繼續受生許多世以後，一聽到所謂的無上瑜伽大樂光明，或者所謂的即身成佛法，由於種子種在心中尚未滅除，還是會信受、還是會喜歡，並且老老實實去奉行，捨報之後就老老實實地跟著魔走；多世以後魔力失去時，就老老實實地下墮三惡道，乖乖去當三惡道有情。眞的就是這樣，所以你們看那狗啊、貓啊聽懂主人說的話，只要養久了牠就聽懂，牠能分別語言，只是無法說話；養久了聽懂人話以後，你跟牠說：「你想不想當人啊？」牠也會跟你點頭或是回應你，牠想要當人。然而那是你教導牠當人的好處，牠才想到這一點；可是你如果沒有教牠，牠就老老實實當一條狗、當一隻貓，就老老實實地當，從來不會想說：「我要是能當人該多好。」只有你把牠養久了，牠懂人話了慢慢跟牠溝通，牠才會想：「當人更好。」

可是當牠知道當人更好時，就表示那是牠開始過痛苦日子的時候了；牠就每天想著：「沒有辦法當人，多苦！」所以在那之前牠們都是老老實實當三惡道有情。追究原因，到底牠們被誰所害？不要這樣想：「那些貓狗難道過去世都有學過佛法嗎？都被誤導過嗎？」那可不一定，搞不好有一半以上。因爲 威音王佛是過無量無邊不可思議阿僧祇劫之前成佛的，那到底是多少劫？超過無量又無邊的不可思議的阿僧祇劫，那到底是幾劫？那麼長久的時間以來，一直都有佛法流傳，那麼這一些阿貓阿狗眞的全都沒學過佛法嗎？不可能吧？因爲現在既然有佛法，而牠在有佛法時當貓當狗，表示牠過去世學過法了。無量無邊不可思議阿僧祇劫就很久了，可是前面還加個「過」，是超過那個劫數不知多久，而牠們到現在還是老老實實當狗當貓，所以其中一定有不少是因爲被愚癡人不淨說法所害，可是有多少人會聯想到這一點？很少啊！

還有許多人始終無法與正法相應，無論如何都要繼續在相似法中鬼混，也是邪見所害；已曾經歷過九十九億佛之後，到現在都還不信正法，只相信相似法。所以只要是「不淨說法者」所說出來不清淨法，因爲都是三界中的法，都是染污的法，那些法種繼續留存在心中沒有消除，他們捨壽之後千萬億劫還是會接受那種「不淨說法者」的三界境界，繼續誤把那個境界當作是第一義的境界，成就大妄語業，不就是「千萬億劫為諸眾生作大衰惱」嗎？

但問題是他們為什麼會這樣成為愚癡人？一定有成為愚癡人的理由，不然誰願意特地欺騙眾生呢？因為欺騙眾生的果報是很慘痛的，也就是說誤導眾生的果報是很慘痛的，沒有人願意作這種事情。都是因為不知，所以去當愚癡人，才會對眾生「不淨說法」。可是這樣的「癡人不淨說法」原因到底是什麼？佛就說了：「是人癡冥，覆佛菩提本心，」就是因為心有愚癡、眼光昏暗而沒有智慧，所以遮障了佛菩提的本心。佛菩提以什麼心作為根本？以第八識如來藏「無名相法」作為根本，所以第八識如來藏就是佛菩提的本心；那他們因為煩惱和愚癡，或是性障深重的緣故，所以障覆了佛菩提的本心，使他們永遠無法實證這個本心，就只好永遠處在識陰的境界中。

在識陰的境界中待久了，貪與瞋還會復萌，都會重新再現起，所以如來說：「貪著還復熾盛，相續不斷；」意識心修得再清淨都沒用，遲早還會淪墮。所以有的人證得初禪，然後又下墮人間，有的人證得初禪又下墮三惡道；只要下墮在人間，遲早不免落入三惡道。縱使有的人證得非想非非想定，在非想非非想的境界中可以住八萬大劫，八萬大劫之後壽命終了，依舊下墮於欲界中無惡不作，於是又墮三惡道。但是他生欲界天或者證得初禪，乃至於證得非想非非想定而生到無色界天，同樣都是意識的境界；他們生到色界、無色界的意識，不能說他不清淨，可是因爲意識與善惡諸法都能相應，所以一世又一世過完了，重新墮落欲界時忘了往世的清淨心，難免使貪著又熾盛起來；「貪著還復熾盛」就可能又會造惡業，就這樣子未來世相續不斷，始終都在輪迴之中。

正因爲「貪著還復熾盛」的緣故，所以「往來五道」時「無善逕路」，而這裡說「五道」是因爲阿修羅遍於三惡道，也散在於人間，也有在天界的，所以阿修羅不另立一道，而說「往來五道」。因爲貪著我與我所的緣故，所以在五趣之中來來去去，始終沒有遇到善路或者直接與佛法相應的路，無法跟佛菩提「第一義門」相應；他假使聽到「第一義門」而想要修學，也一定是繞彎路，不斷地繞，終究遇不到眞正的「善逕路」，結果當然就是生死不斷。所以諸位有時看到有的親朋好友或者不相識的人，他們不斷尋找「第一義門」想要證得佛菩提，逛過好多的道場，但始終是進不了正覺，就是這個事實。

說最概略的好了，我們開始弘揚佛法時講禪；我那時講禪很多人不服氣，因爲蕭平實那時還沒有名氣，他們繼續跟著大師學。沒想到後來蕭平實乾脆指名道姓拈提大師們，然後大家就等著看師父怎麼回應，結果全臺大師父們都沒有回應。那些大師父們說什麼漂亮話，咱們就不提，信眾心知肚明，因爲是可忍、孰不可忍？但竟然都沒有回應。後來他們乾脆不學禪了，於是找了月溪法師那些東西來講：「你看人家遍滿虛空大自在，你蕭平實都作不到。」結果我們又把他破了。也有人讀《般若經》，依文解義而說他們已證得般若；接著咱們也講了般若，《金剛經宗通》、《實相經宗通》也流通出去了，他們覺得說：「原來我們這樣也不是證得般若，只有你正覺才有。眞不服氣，難道我們除了進正覺就沒得學嗎？」

沒辦法了，只好不學大乘，改學二乘；跑去南洋修學所謂的南傳佛法，可是他們學南傳佛法之前，我上課時早就先授記過了：「這些人早晚會去學南傳佛法。」我也早就授記了：「他們學南傳佛法還是沒有法可得，因爲南傳佛法早就失傳了。」我說：「他們最後會跑去密宗假藏傳佛教。」我把話說在前頭，他們果然還眞跑去密宗假藏傳佛教學，所以密宗假藏傳佛教在我們弘法之後大約十年時，就在臺灣開始興盛，當年盛極一時；因爲漢傳佛教的大乘法沒得學，南傳佛法也沒得學，那只好學密了；心想學密更快，可以即生成佛乃至於即身成佛。沒想到我又把密宗假藏傳佛教給破了，他們能怎麼辦？他們難道不知道現在就只有正覺有三乘菩提嗎？知道呀！可是就繞不進來，這就是業障。

有的人是面皮太薄進不來，覺得說：「**我以前講過『正覺的法不如法』，那我現在要去學，不是要被人家取笑嗎？**」他臉皮薄，不好意思來，因爲以前評論過正覺。有的人是臉皮厚也進不來，爲什麼呢？因爲他堅持自己那個離念靈知就是佛地的境界，堅持說諸佛如來都是依證得離念靈知而成佛。那有的人被情所繫，因爲師父老是招呼他們，感情深厚，他們捨不得離開，卻沒想那是誤導他們法身慧命的師父，依舊把那個誤導他們、戕害他們法身慧命的師父看作比爸媽還要親，眞的被情執繫縛住了。因爲師父有時打電話來說：「**你都二週沒來了，師父好想你欸！**」於是急急忙忙又趕了去，爲情所繫。但有的人是自負：「**你正覺說我們不對，我偏要認爲我們對，我就不理**

你。」對蕭平實來個相應不理，這是性障所障。各種人都有，林林總總不一而足，所以要進得正覺是很困難的。

到最後已經過了十幾年、快二十幾年，他也老了，心裡想：「嗯！我得要懺悔了！以前說他正覺的法不對，原來正覺才是對的。」終於下定決心，想要進正覺了，可是每一次要來正覺時，總是有千奇百怪的事情纏著他，讓他離不開，所以再三失約；因爲我們的同修跟他約好了要在正覺見面，結果他連著三次失約，沒辦法學。甚至也有人進來正覺一個月、兩個月、三個月老是出事，不斷地出事，他就沒辦法學法，就是有許多的遮障。那是巧合嗎？不是！當他去到一般落入常見外道的佛法道場或寺院學習時，什麼事都沒有，都很順利。也就是說，這些人是往世愚癡和貪欲熾盛，或者「不淨說法」、或者造了惡業而謗法等，這一些業還沒有懺淨，所以成爲業障——現在被業所障了。

如果被業所障，他要學這個法是非常困難的；一世又一世，一劫又一劫，經過很多很多劫以後依舊是「往來五道，無善逕路，生死不斷」。他們想要找到良善的、最直接的佛法實證之路，全都找不到，永遠都會在外門繞，這都有過去世的原因。所以你們如果走在路上，看見有女人穿著藍色的衣服、藍色的裙子，也有男人穿著藍色的長褲，白色的襯衫，有沒有？是藍衣白褲？那我是記錯了，更正。這表示你們都知道是什麼人，你們比我更清楚。好了，他們難道沒有人走過正覺門口嗎？難道沒有聽過正覺嗎？特別是「宇宙大覺者」被拆穿以後，他們難道沒有想過正覺嗎？可爲什麼都走不進來呢？欸！當然有原由！所以或大或小的遮障存在著，因此永遠都沒有「**善逕路**」可言。

他們也想追求實證的佛法呀！如果他們都不想追求實證的佛法，那位「宇宙大覺者」就不會講十地之道了——她就不會講《心靈十境》而整理成書公開流通。她從初地講到十地，那她爲什麼講了？表示大家希望在佛法上有所實證，她才會講出那荒腔走板的《心靈十境》的想像十地的境界。可是他們也想求證佛法，爲什麼總是「**無善逕路，生死不斷**」呢？當然是有往世的因緣。那麼這一些往世的因緣遺害無量劫，那不是十百千生的事，所以如來說：「**如是癡人不淨說法，千萬億劫爲諸眾生作大衰惱。**」這是事實啊！那麼諸位能進得正覺而且能安住下來，眞的不容易。有的人從來不報名禪三，他心裡想：「**我只要不在那些外道法裡安住就行了，只要有一個正法作**

依止，悟與不悟那是未來世的事。」他不急求開悟，作義工就拼命去作，這就是正知見。但是作到有一天因緣熟了，他一定會想：「我也來求開悟吧！」那就是他開悟的因緣到了。

但是有的人始終繞不進來，甚至於有人心裡面想：「我既然是張三的好朋友，如今我在正覺都證悟了，他還在外門繞。」於是有一天刻意買了一本《心經密意》去拜訪他，但是跟張三說了老半天也沒用，只好離開；離開後對方把那一本書往書架上一擱，可能今生都不會取下來讀，那就是另有往世的造作障道的因緣，種子尚未滅除。所以張三心裡也想要進入「第一義門」中實證佛法，而結果卻仍然「無善逕路」，仍然以為他的師父可以幫他證得「第一義諦」，這樣一來他就只好「生死不斷」了。

但追究原因都是過去千萬億劫之前被「惡知識」所誤導，乃至於其中有的人本身就是誤導別人的「惡知識」；「惡知識」誤導了非常多的人，使那麼多人千萬億劫都遭受邪知邪見的大衰惱，可見「不淨說法者」的惡業是非常重的。如來就說：「是故舍利弗！不淨說法者得罪非常之多，因為怨雖奪命，但失一身，而他不淨說法殘害眾生千萬億劫，那些邪見還會為那些聞法的眾

生作出大衰惱。」而且不是只有一個人，是非常多的眾生。特別是「**不淨說法**」之後，還把他的不淨說法整理成書本去流通；不說千年萬年，只要流通一百年就好，看他會誤導多少人？所以那罪是很多很大的，以邪見說法而出書，那罪比「**不淨說法**」還要多，因為親自聽他說法而被戕害了的人終究數量不是很多，可是他整理成書本到處流通，流通久遠以後被他害的眾生就會更多，所以「**不淨說法者得罪極多**」。

如來又說：「**亦為眾生作惡知識，亦謗過去未來今佛。**」他們確實為眾生作「**惡知識**」，當一般「**知識**」解說相似法已經不是很好了，還要當「**惡知識**」，耽誤眾生法身慧命的罪已經夠重了，他還戕害眾生的法身慧命！什麼人耽誤眾生的法身慧命？依文解義者。但如果是「**不淨說法**」，就是戕害眾生的法身慧命；他們把常見的境界、斷見的境界當作是實相的境界，來為眾生演說、印證，就是戕害眾生的法身慧命，這些人都叫作「**惡知識**」。而這些「**惡知識**」竟然說他們所講的就是佛法，那就是謗過去諸佛、未來佛、現在諸佛，因為三世諸佛都不會那樣說，而他們說這是三世諸佛所說，所以是「**謗過去未來今佛**」。

那這樣看來，諸位假使去到書局，看到佛學類的書櫃上有那麼多大法師、小法師的著作，其中有一半以上是不淨說法，不只是依文解義；依文解義都還算好，但他們講的都是把意識、或者甚至像喇嘛們把識陰的境界當作是佛地的境界，這一些「不淨說法者得罪極多」！諸位到那些書櫃前一本一本點著看看，想想那一些人捨報以後會是怎麼樣？你這麼一想，從腳底透心涼，一直涼到心臟上面，搞不好你還會打哆嗦。想想看：「如果我是他們。」當你這樣想時，難道眞的不打哆嗦嗎？可是他們腳底熱騰騰，全都不擔心。爲什麼不擔心？因爲他們不知道這是大過失。所以將來這套講義印出來了，應該送給那些專門寫佛學書籍的人，讓他們讀一讀；假使捨報前懂得懺悔，也許來世還可以當個修學佛法的佛弟子，否則恐怕就不能繼續生在人間了。

接著 如來又開示說：

經文：【「舍利弗！置此閻浮提眾生，若人悉奪三千大千世界眾生命，不淨說法罪多於此。何以故？是人皆破諸佛阿耨多羅三藐三菩提，爲助魔事，亦使眾生於百千萬世受諸衰惱，但能作縛，不能令解。當知是人於諸眾生爲

惡知識，爲是妄語，於大眾中謗毀諸佛，以是因緣墮大地獄。教多眾生以邪見事，是故名爲惡邪見者。舍利弗！我見、人見、眾生見者多墮邪見，斷滅見者多疾得道，何以故？是易捨故。是故當知，是人寧自以利刀割舌，不應眾中不淨說法。」】

語譯：【如來又開示說：「舍利弗！暫且不談我們這個南閻浮提州的眾生，如果有一個人把整個三千大千世界眾生的命全部都奪走了，可是這個不淨說法者所得的罪比那個人的重罪還多。爲什麼這樣呢？因爲這個人全都在破壞諸佛的無上正等正覺，他是在幫助諸魔來作事，也是使眾生在未來百千萬世受到種種越來越衰微的苦惱，他的所說只能使眾生作爲繫縛自己的因緣，而不能使眾生得解脫。應當說這樣的人於眾生來說就是惡知識，而他們這樣作也是妄語，也是在大眾之中謗毀侮辱諸佛，由於這樣的因緣而墮於大地獄之中。這一些不淨說法者教導很多眾生以邪見的事相，由於這樣的緣故名爲惡邪見的人。舍利弗！我見、人見、眾生見的人大多數會墮入邪見中，斷滅見的人卻大多容易快速得道，這是什麼緣故？因爲斷見容易棄捨的緣故。由於這樣的緣故應當知道，像這種人寧可自己用利刀把舌頭割除，不應

該在大眾之中繼續不清淨地說法。」】

講義：如來又告訴舍利弗說：「南閻浮提州眾生的數目已經非常多，這個先就不提，假使有人把三千大千世界更多眾生的命全部都奪走，而不淨說法的人，他的罪遠多於這個殺害眾生的人。」南閻浮提州的眾生到底有多少？每一個小世界都有四大部洲，其中的一大部洲人類到底有多少？且不說南閻浮提州，單說地球就好了，地球現在是七十億人；如果先從少的說起，加上犀牛再加上大象、獅子，像這樣漸漸加到後來例如老鼠(老鼠應該更多了，可還是有量)；如果再加上昆蟲、細菌、病毒，那麼一個地球到底有多少眾生？這還是人間可以接觸到的；但地球上人鬼雜處，鬼道眾生再算進來，那到底有多少？

可是地球只是南瞻部洲—南閻浮提—中很小的一個小世界的行星而已，那麼諸位算算看，南閻浮提的眾生其數難可計算啊！可是這還不夠多，如來說這個暫且不提，假使有人把整個三千大千世界的眾生全部殺害，這個罪過眞正大了，但是比起不淨說法的人來，這罪卻又顯得小了。所以不淨說法的人，他們所得的罪是重中之重；是最重罪裡的更重罪，因爲這個罪遠遠多於殺害整個三千大千世界的眾生。

罪若是這麼重，一定是有原因的。如來解釋那個原因說：「因為不淨說法的人，他們都是破壞諸佛的無上正等正覺，」三界之中以什麼最為究竟？就是諸佛如來傳授的無上正等正覺；所以破壞諸佛的無上正等正覺，那個罪極重極重。也因為當他破壞一佛的無上正等正覺時，就是破壞十方過去、現在、未來一切如來的無上正等正覺。世尊又說：「他們就是在幫助諸魔來破壞諸佛如來所弘傳的無上正等菩提的事情。」因為這個緣故所以其罪極重，這樣作就是在幫助天魔作事。天魔希望的是所有眾生永遠都不離開他掌控的境界，永遠當他的欲界子民；他就是不想看到眾生脫離欲界，更不想看見眾生脫離三界。

眾生假使脫離欲界，未來終有一天還會下墮，依舊回來欲界中歸他掌管；可是如果脫離三界，他永遠都管不著了，所以天魔最希望的是大家都別斷我見。假使你問天魔說：「有兩個人，其中一個斷我見而沒有初禪，繼續住在欲界中；另一個人不斷我見而有初禪，脫離欲界而生在色界天中，你比較討厭誰？」（有答話聲，聽不清楚。）諸位都知道了，他最討厭那個初果人；

因為那個沒斷我見而得初禪的人，雖然暫時離開了欲界天或者人間，未來終究還會下墮，還是在他掌控的境界裡；可是如果斷我見了，七次人天往返他就管不著了！

那麼「不淨說法」的人是在陷害眾生永遠墮在識陰的境界中，把識陰的境界當作實相的境界欺騙眾生說：「這就是佛法，諸佛如來都是這樣講。」他就因為這樣「不淨說法」的緣故，使很多眾生「於百千萬世受諸衰惱」。也許有人想：「不見得會受諸衰惱吧？」可我告訴諸位，真的會「受諸衰惱」，譬如他種下這些邪見種子以後，雖然沒有口出惡言或自稱已證賢聖，但他心裡終究會想：「我證悟了，我是真實義菩薩，我是菩薩摩訶薩。」他會這樣想。雖然他沒有說出口，但是他這樣自以為，於是捨壽之後這個邪見種子不滅，未來世當人家又講到離念靈知等識陰境界時，他又會認同，始終斷不了我見，於是生死不斷。在生死不斷的過程中，因為是識陰境界的緣故，終究會有幾世再與貪欲相應而造作惡業，死後又墮入三惡道；三惡道的果報受完了終於次第回到人間，接觸佛法時又被這種惡邪見所誤導，又會相應，於是周而復始就這樣輪轉不斷。這就像 如來說的「以貪著故往來五道，無善逕

路，生死不斷」，那不就是「受諸衰惱」嗎？

因爲不斷我見的緣故，落在人見、我見、眾生見裡，就會與貪相應，遲早會造作惡業，終必再三墮落三惡道，那就是「受諸衰惱」，所以「不淨說法者」所說的那一些惡邪見，對於眾生而言「**但能作縛，不能令解**」。只會讓眾生拿這一些惡邪見來繫縛自己，不斷地輪轉生死；眾生不可能因爲這些惡邪見，不可能因爲「**不淨說法者**」的教導而得解脫，所以 如來說：「**我們大家應當知道啊！這樣的人對於眾生來說叫作惡知識。**」

有時我都想，六祖說法時好像很客氣，明明大眾都是凡夫，但他都管大家叫作「**善知識**」，不斷地稱呼大眾是「**善知識**」，但我不太認同這一點。聽他說法的人，尤其是在六祖出世弘法的早期（《六祖壇經》說的那些法大多是早期），他說的都是：「**善知識，佛法應當怎麼樣怎麼樣。**」然後又吩咐說：「**善知識！應當如何修行，不應當如何如何。**」可那些聽他說法的人都是凡夫，爲什麼要將聞法者叫作善知識？這個先例一開還眞的不是很好。如果那些凡夫要叫作善知識，「**不淨說法**」的人該叫作什麼？好像要稱作是一般人了？因爲凡夫是善知識，那不淨說法的人不就是一般人了嗎？可是 如來不這樣講，說他們是「惡知識」，因爲他們的所知所識都是惡法、都是惡邪見，說出來的都是戕害眾生法身慧命的邪法，這樣的人在教導眾生，當然是邪惡的知識。

而他們爲大眾說法時都會自以爲實證了，所以他們都是妄語的人。其實這樣的人大多數是大妄語，咱們正覺弘法之前臺灣有許多阿羅漢，從北到南從東到西，包括臺灣中部都有阿羅漢；南洋也是一樣，大陸更是如此！並且臺灣、大陸以及歐美都還有許多的佛，就是密宗假藏傳佛教那些假佛。後來我們弘法之後書寫多了，那些阿羅漢們一個一個消失了；這倒好，可是密宗假藏傳佛教那一些佛還活靈活現好幾年，雖然現在不敢自稱佛了，他們現在改口說活佛只是一個名稱，不代表他們是佛。這倒好，顯示他們的大妄語情況大大減少。

可是他們依舊是「謗毀諸佛」，因爲他們講的明明不是佛法，硬說那是佛法；可是 佛明明沒有說過那樣的法，而他們堅持說那就是佛法，意味說那密宗道就是 佛講的，那就是謗佛毀佛；而且不是謗一尊、毀一尊佛，是謗、毀過去現在未來十方三世一切諸佛。那麼 如來就爲他們下了註腳，說他們：「**以是因緣墮大地獄。**」墮小地獄就已經夠慘了；大地獄外圍有邊地獄，總共是八個小地獄，墮在其中就已經夠慘了，而喇嘛們是要墮大地獄，而且是很久不能出來。

從咱們增上班的同修們來說，上品下生往生極樂世界都已經是夠慘的了。有疑惑嗎？想想看，上品下生往生極樂世界，諸位回憶一下經文，在蓮苞之中要住幾天？一日一夜才花開，然後要再七天才能見佛。七天啊！七天相當於這裡多久？七大劫。在蓮苞中雖然好像宮殿一樣，寬廣五百里方圓；但那個宮殿五百里（經中說十二由旬）方圓只有你一個人，要吃要喝都沒有問題，也不必工作，很享受，可是要單獨住上相當於這裡的一個大劫，你想想看，住到後來煩不煩？但就是要你住到不煩，才可以出來，再過七天才能見佛聞法。怎麼樣叫作不煩？到後來反正沒什麼事情可作，聽的都是苦、空、無我、無常、六波羅蜜、十二因緣，不斷地聽，聽到最後無聊也是要聽；聽習慣以後心性轉變了，那時開始喜歡這些法了：「**三乘菩提的法義眞的有意思，我想要實證。**」有意思，不會煩了，你才可以花開見佛。

可是咱們增上班的同修們，現在學的增上慧學內容好多，還不用見佛，見蕭平實就夠了；不但三自性可以現觀，三無性也可以現觀，你說佛教界有誰能夠這樣的？眞的難欸！現觀三自性，還現觀三無性，眞難！可是他們增上班學員都可以這樣現觀，那你說他們幸福不幸福？如果相提並論時就會想起上品下生的人：「唉呀！好可憐喔！還關在那蓮苞裡！」但如果他是這個「不淨說法」的人，將來墮大地獄時不是七天，也不是七個大劫而已，因爲墮落大地獄時是非常久的時間，越往罪業深重的地獄去，那個時間越長；大地獄裡的阿鼻地獄是層次最深的，那裡的一天不是這裡的一個大劫，而是很多大劫，眞的不好玩。很多人沒想到這個道理，以爲阿鼻地獄的一天大約是我們人間一個大劫，其實遠遠不止，因爲越往下的時間就越長，不是一個大劫，而是很多的大劫，所以「不淨說法」的事千萬作不得。

那麼如來接著說，他們是「教多眾生以邪見事，是故名爲惡邪見者」。說他們是以邪見的事相當作佛法來教導眾生，因此這些「不淨說法者」全都是「惡邪見者」。邪見之所以惡，是因爲他們害眾生「百千萬世受諸衰惱」，所以叫作惡。如果邪見不惡那就沒事，譬如教導人天善法，而把人天善法當作究竟的解脫，這也是邪見，但是不惡。譬如他假使教導眾生說：「你們持五戒修十善，捨報之後生到欲界天，也是一種解脫，我就教這一種解脫。」他那個其實不是眞解脫，因此也是邪見；他最多解脫於人間的疾病痛苦等，也能解脫於三惡道但不究竟；因爲不究竟，所以他叫作解脫時也是邪見；但這種邪見不惡，所以不是惡邪見。可是「不淨說法者」眞是惡邪見，他或者欺騙人家說：「這樣就是涅槃。」或者欺騙人家說：「這樣就是實相。」或者說：「這樣就是成佛。」那會使眾生墮落於大妄語的惡業之中，他是殘害眾生所以是惡邪見。

如來又說：「舍利弗！我見、人見、眾生見者多墮邪見，」不是「都」墮邪見，「都」是指全部，但這裡講的是「多」。這個遣詞用字諸位要注意，有時有的人寫文章時，把多與都混合在一起用，那是不對的；「都」就是函蓋全部，「多」是指其中的多數。如來說：「我見、人見、眾生見的人多數墮入於邪見中，」因爲有的人不會墮入邪見，就單純是我見乃至眾生見。譬如有人主張：「我是眞實的，這離念靈知是眞實的我。」或說：「我能知能覺就是眞實的我。」這是「我見、人見、眾生見」，但他們不一定墮入邪見，因爲他們說：「可是我這樣好像會繼續輪迴生死。」他也知道，也承認這樣是會輪迴生死的，所以他並沒有墮入邪見中。他們深心中也知道這樣不對，可是捨不得這個五陰，所以積極行善想要上生欲界天，或者想要下一世當個很有錢的人；但他們知道這個不究竟，所以不算惡邪見。但是末法時代大部分修行人相應到「我見、人見、眾生見」時，他們是把識陰或者意識假我當作眞實法，這樣來修行、這樣來認定爲解脫，或者自認已證得佛菩提，成爲大妄語人，所以墮入惡邪見中。也就是說，這樣的人不能遠離「我見、人見、眾生見」，而自認爲已經遠離或自認爲實證三乘菩提，便成就邪見。

反過來說，斷滅見的人，你只要教他二乘菩提，他很容易實證；因爲他本來就對未來世沒有期待，既不期待有未來世而認爲人只有一世死後斷滅，他不希望有未來世，所以他能夠捨棄五蘊；他之所以不能夠得解脫，正是因爲斷見——相對於五陰的存在而主張斷見，所以死後還會再輪迴。但他的知見上是接受死後斷滅的，所以當你告訴他說：「把五陰全部都斷滅、都捨棄了不要執著了，但死後不受後有並不是斷滅空，你還有本際永遠存在。」他會接受，所以他容易證得解脫道。假使有一天你再告訴他說：「你把所知道的『我』全部列出來，當你這些都列出來時，詳細看看還有沒有別的『我』？」

他說：「都沒有了。」那你再告訴他：「其實還有意根的我，能受的意識我……。」他說：「還有這個？」那你再告訴他：「你把這些都滅掉了，還有一個眞實的你，離見聞覺知，永不壞滅，而且可以實證。」他聽到這樣就有興趣了。假使有一天他終於實證了，一定不會退轉。他說：「我本來想，這一世死了就什麼都沒了，沒想到我還眞的可以永遠不死，這個我永遠不壞，卻不是我這個五陰假我；我這個假我還眞多痛苦，而眞我裡面都沒有痛苦，這樣好！」他反而可以得到佛菩提。

有一種斷滅見就不容易得到，因爲他那個斷滅見不是眞的斷滅見。知道我說的是誰嗎？釋印順。他是個斷滅見的人，因爲他那個人主張無因唯緣而生諸法，也就是諸法共生，龍樹的《中論》破斥說「諸法不共生」，他的主張卻是諸法共生。那麼諸法既然藉緣而生，死後就斷滅了！可是印順那個斷滅並不是眞斷滅，他也怕斷滅空，所以又建立了一個細意識，主張意識細心是不滅的，那他就成爲常見者，所以他不是眞的斷見者。像他那樣的邪見遺害了多少比丘尼至死不改，眞的很多，你們看印順派那一些比丘尼，有哪個願意改變邪見？她們執著邪見不捨，其實是應該還俗的，但卻死也不肯還俗，又一直都堅持釋印順那個說法。其實她們也不是眞正堅持釋印順的說法，她們是堅持自以爲是的釋印順的說法，因爲她們不懂釋印順的思想。當我們把釋印順思想眞正的內涵講出來時，她們又不接受，她們接受自以爲是的釋印順的說法，所以也不可度。這表示她們因爲釋印順的「不淨說法」而被戕害了，所以她們無法遠離「惡邪見」，一直都不離「我見、人見、眾生見」，墮在邪見中很難得度。

反而眞正斷滅見的人是比較容易度得，因爲他們不期待死後還有未來世，現在聽到正法，終於知道原來死後不是斷滅空，可以證阿羅漢果，而且死後在無餘涅槃中還不是斷滅空，這死後的解脫境界還眞的不錯！他會這樣想，然後喜出望外。所以他還願意證阿羅漢果，眞的把「我見、人見、眾生見」捨掉，然後成爲阿羅漢。成阿羅漢以後就有希望成爲菩薩，這時可以告訴他說：「你入無餘涅槃之後，所入的那個無餘涅槃，其實你不入也在；你不入無餘涅槃時，就已經是無餘涅槃了，你又何必入無餘涅槃？」接著教導他說：「你只要實證如來藏，就可以現觀這個事實。既然無餘涅槃的境界生生世世都在，你又何必滅了自己入無餘涅槃？」他一想：「這有道理欸！」

於是他願意修證佛菩提，試著去求證將來三大阿僧祇劫可以成就的「無住處涅槃」，那他也可以成就佛菩提道。所以眞正的斷滅見反而容易度，一般我們現在所看見所謂的斷見，其實都不是眞正的斷見，都是依常見而有，所以他們難度。如來也說明這個原因：「**何以故？是易捨故。**」說這一些人對於斷見的邪見是很容易棄捨的緣故。

如來接著說明：「**是故當知，是人寧自以利刀割舌，不應眾中不淨說法。**」說這個道理我們應該讓當代以及未來世「不淨說法者」知道，如來這樣講已經夠明白了，所以 如來最後作一個結論說：「**由於這樣的緣故，應當要知道這種不淨說法的人，寧可自己用利刀把舌頭割掉不再說法，懺悔以前說法的過失，也不應該在大眾中不淨說法。**」明白了 如來開示的道理，大家都會認同 如來最後這個結論；因爲「不淨說法」的過失這麼大，所得的罪就像世俗法說的其罪彌天！彌天還不足以說明他們的罪，因爲天就這麼大而已，而他們要經歷千萬億劫在大地獄裡受苦，那彌天之罪比起他們「不淨說法」的罪來也就小了。所以聰明人得趕快遠離「不淨說法」。

以前世親菩薩專門弘揚小乘法，《俱舍論》就是他寫的；他的《俱舍論》

也講得眞好，但問題是他否定了大乘法；好在他有個哥哥無著菩薩想要救這個弟弟，故意派人去跟他說：「你哥哥無著已經快要捨報了，病很重了，你趕快去探望他吧。」於是他趕快去探望，沒想到沒病，哥哥只是要他來；不這樣他就不會來，來了以後哥哥就有機會爲他開示，他終於明白誹謗大乘那個罪其重無比，於是他告訴兄長無著菩薩：「願意割舌謝罪。」沒想到無著菩薩告訴他：「你把舌頭割了也謝不了這個罪，那罪依舊存在，不會落謝。」他慌了手腳，請問哥哥應該怎麼辦？哥哥就告訴他：「應該把你謗法的舌頭改爲護法。」

所以他修學大乘法以後開始演說大乘法，實證以後寫了很多的論出來，最有名的就是《攝大乘論釋》；他一世寫了很多大乘法的論，人家尊稱他是千部論師。即使是這樣，都還有餘業未消；以他的智慧跟定力，他實證佛菩提後應當可以入地，但因爲曾經毀謗大乘法的緣故，雖然兄長無著菩薩度他證悟了，但他最多就是「鄰於初地」。跟初地比鄰而住是什麼階位？十迴向位。他如果不是以前曾謗大乘，早早跟無著菩薩修學，當然早已是入地的菩薩，結果只能「鄰於初地」；只能靠近初地而住，就是第十迴向位，是因爲被業所障，多可惜！

所以「**不淨說法**」的罪業是非常重的，世親只是平常言語中誹謗大乘，說二乘法才是究竟法，都還沒有實質上去寫作論著否定大乘，這罪已經如此之重，導致無法入地。那「**不淨說法**」除了戕害眾生法身慧命以外，還會陷害眾生犯大妄語業；而且他自己不可避免也犯大妄語業，那些罪有多重，眞的無法想像。那麼如來在《阿含經》中也開示過：釋迦如來的正法後世會被相似像法所滅。相似像法毀滅 釋迦如來的正法時不是一時就滅，而是漸漸毀滅。如來有講一個譬喻：譬如一條大船，石頭一直往大船上搬，那石頭搬多了，大船一時就沉沒了。如來說，正法不會像載運石頭的大船一樣一時沉沒，而是漸漸毀滅。是說相似像法會漸漸地廣爲流通，流通久了以後漸漸地把了義正法掩蓋了，當了義正法被漸漸掩蓋之後就漸漸消失，最後才滅沒，這也是後來眞的發生的事實。

以前在舍衛國，也就是在靠近尼泊爾、北印度，佛法都在那一邊流傳；到第三轉法輪過一段時間以後，大家開始往外傳法，大致上都在印度北方跟現在尼泊爾那一帶。到了像法時期，當年不像現在可以在網路上流通出去，都要靠一個人一張嘴去講法；而外在環境是證悟的人少，悟錯的人多，是凡夫多而賢聖少，所以能實證佛法的人永遠是少數。假使有一個人實證後弘揚眞正的佛法，而九十九個人都是凡夫，這九十九個人卻又都把道場弄得很大，也都聚集很多徒眾；又因爲投其所好，所以大眾都喜歡跟隨著他們；但唯一的善知識所說的法太深，太難修證，所以大眾跟隨的少，於是都在學表相的佛法；然後相似像法廣爲弘傳到一個地步，這些相似像法的弘傳者就會回過頭來指責那一個實證者說：「**他的法跟別人都不同，他是不對的。**」就遭受打壓而無法利益更多人。這不就是我們剛出來弘法時的情況嗎？

我們剛出來弘法也是一樣，佛教界流傳的一句話說：「**正覺的法都跟人家不一樣，蕭平實的法有問題。**」當年就是這樣的，但他們現在知道自己是「**不淨說法**」了。「**不淨說法**」的罪非常重，千萬要遠離。所以我們在此也奉勸那些繼續在寫佛書的人，不要再把相似像法當作是佛所說的寫出來誤導人家，更不要再以影音成品等來廣作流通，因爲那都是「**不淨說法**」；那會危害到了義正法的弘傳，那「**不淨說法**」是有大罪過的，我們在此提出呼籲，希望我這些話將來整理爲書本以後，他們讀了願意改往修來，甚至進而懺悔，罪業或者可以消滅。今天講到這裡。

〈往古品〉第七

首先歡迎諸位回到正法的大家庭來，來這一趟不容易喔？翻山越嶺又是坐飛機的，很辛苦，但是如果想起往劫以來、無量劫中的流浪生死，在正法中何時才能眞的回到家中，這一趟的辛苦比較起來也就不算什麼了。不管怎麼樣，能回到正法中來總是應該歡喜，所以不要再掉眼淚了，應該歡喜才對，好不好？今天因爲諸位遠道回家了，所以我們臺灣所有的同修把六個講堂都讓出來，都讓給諸位。那他們今天不能當場聽講，所以我們錄影起來改天再播放給他們聽；今天這場講經全部都是諸位的專利。

我們上一週《佛藏經》講到五十一頁，今天要從〈往古品〉第七開始講。這部《佛藏經》我也沒想到會講這麼久，因爲這部算是比較短的經典。但是因爲前面 世尊開示的法義比較深妙，所以我們必須要詳細地講解，因此往往一個晚上兩個小時就只講解四個字。這種情形在剛開始講那一年之內，大概都是如此，算是很平常的；所以雖然短短的經文，今天才講到五十一頁，卻已經是第一百四十六講了；那也正好，講太深的諸位初來乍到直接來聽，可能也不很恰當。但諸位現在來時剛好這因緣，就講稍微淺一點的，也算是感應諸位的因緣。我們今天就從〈往古品〉第七開始：

經文：【佛告舍利弗：「過去久遠無量無邊不可思議阿僧祇劫，爾時有佛，號大莊嚴如來、應供、正遍知、明行足、善逝、世間解、無上士、調御丈夫、天人師、佛世尊。其佛壽命六十八百萬億歲，有六十八百萬億大弟子眾。其佛滅後舍利流布，如我滅後無有異也。正法住世亦五百歲，如我滅後無有異也。其佛滅後大弟子眾，於中一日有百比丘入涅槃者，二百、三百、四百、五百入涅槃者；一日之中或有十萬億比丘入涅槃者，如是展轉，其佛所有多知多識大神通眾，三月之中皆入涅槃。舍利弗！大莊嚴佛正法流布，多諸天人所共供養。舍利弗！大莊嚴佛及大弟子滅度之後，漸多有人知沙門法安隱快樂，出家學道，而不能知佛所演說甚深諸經無等空義，多為惡魔之所迷惑。時說法者心不決定，說不清淨：說有我人眾生壽命，不說一切諸法空寂。其佛滅度百歲之後，諸弟子眾分為五部：一名普事，二名苦岸，三名一切有，

四名將去，五名跋難陀。舍利弗！此普事比丘、苦岸比丘、一切有比丘、將去比丘、跋難陀比丘，是五比丘爲大眾師。其普事者，知佛所說眞實空義無所得法；餘四比丘皆墮邪道，多說有我，多說有人。舍利弗！普事比丘爲四部所輕，無有勢力，多人惡賤；四惡比丘多教人眾以邪見道，於佛法中不相恭敬，相違逆故，以滅佛法。」

釋義：這〈往古品〉既然說的是往古，表示是很久遠以前的事，不然就該稱作往劫品或者數劫品；但它說的是往古，往古是非常久之前的事。那麼世尊演說這〈往古品〉一定是有原因的，而且這是 如來不問而說的，一定是對弟子們有很重要的影響，所以 如來特地爲我們宣說。在這一品中主要是告誡大家對於正法不要有所誹謗，所以要破斥邪說之前（還沒有弄清楚什麼是正法、什麼是邪法之前），也就是說當自己慧眼未開還沒有能力辨別時，不要跟隨名師人云亦云，要等到後來自己有慧眼、甚至有法眼了，那時可以確定那是邪說，才好加以批評。那麼 如來要告訴我們〈往古品〉的內容，就是謗法謗賢聖的結果，後來所受到的果報是怎麼樣的苦楚。諸位如果能把〈往古品〉都聽完，就會知道那其實是非常嚴重的果報。所以我們有時會說：「飯可以隨便吃，五穀飯、十穀飯、白米飯、糙米飯、粟米飯，什麼飯你都可以吃，就是在佛法中話不能亂說。」特別在了義的正法之中亂說法，那個因果是比在一般像法中說的因果還要大，所以我們常常會告誡大眾。那麼如來這〈往古品〉所說的內容，也正是在顯示這樣一個因果報應的事實；因為謗法的結果等於謗賢聖，謗法、謗賢聖都是重大的罪業。

語譯：【〈往古品〉是本經的第七品，在這一品中，佛陀告訴舍利弗說：「在過去很久遠的無量無邊不可思議的阿僧祇劫之前，當時有一尊佛，佛號為大莊嚴如來，同時也是應供、正遍知、明行足、善逝、世間解、無上士、調御丈夫、天人師、佛世尊。那一尊佛的壽命很長久，有六十八百萬億歲；祂所度的弟子也非常之多，有六十八百萬億大弟子眾。那一尊佛示現入滅之後，祂的舍利流布於天下，就如同將來我釋迦牟尼佛沒有差異。而正法住世同樣也是五百歲，如同我釋迦牟尼佛入滅之後沒有差別。那一尊佛入滅後，祂的大弟子眾，其中在同一天入滅的比丘有一百人，有時一天有二百、三百、四百、五百人入涅槃的；有時一日之中或者有十萬億比丘入無餘涅槃的，就像是這樣子展轉入涅槃之後，那一尊佛所有的多知多識的大神通眾，三個月之內全部都已經入涅槃了。舍利弗！大莊嚴佛的正法流布於天下，由很多諸天眾人所共同供養。舍利弗！大莊嚴佛以及大弟子眾入滅度之後，漸漸地有很多人知道出家修行之法是安隱快樂，因此而出家學道；然而他們不能知道佛所演說甚深諸經的無等等眞正究竟空的義理，所以大部分人都被惡魔之所迷惑。到那時說法者自己心中也不得決定，所說也就不清淨了：這一些說法人大部分都是說有我有人有眾生有壽命，而不是告訴大眾一切諸法都是空寂。那一尊佛入滅度一百年之後，諸弟子眾分裂爲五大部：第一部名爲普事，第二部名爲苦岸，第三部名爲一切有，第四部名爲將去，第五部名爲跋難陀。舍利弗！這普事比丘、苦岸比丘、一切有比丘、將去比丘、跋難陀比丘，這五位比丘是大眾的老師。而其中一位普事比丘，他深知佛陀所說眞實空的義理、無所得的勝妙法；其餘的四位比丘全部都墮入邪道中，他們大部分時間是告訴大眾說眞的有我、眞的有人。舍利弗！普事比丘被四部大眾所輕視，沒有什麼勢力，大多數的人都於他有惡心、都輕賤於他；那四位比丘大多教導大眾們以邪見的法門，在佛法中不互相恭敬，由於互相違背、互相拂逆的緣故，就這樣來毀滅佛法。」】

講義：「過去久遠」到底是多麼久遠？如來說了，是「無量無邊不可思議阿僧祇劫」之前。這個時劫到底是多久遠？以人類的壽命來講無法想像，現在的人類歲數最多能有幾歲？啊？一百多歲。據說高加索地區的人活過一百歲的很多，所以一百十幾歲的人被叫作小老弟，因爲他們很多人可以活到一百四十歲。但是其他地區，就像 如來講的「人壽百歲，少出多減」，大多是在百歲以內，超過百歲的人非常少。超過百歲的人存在人間其實也有作用，不是沒作用；一方面表示往世的行善是可以長壽的，另一方面也可以顯示應該受苦的人，他受苦就得要受那麼久，這也是一個好處。

譬如在臺灣佛教界破壞佛法最嚴重的就是釋印順法師，我從他將近九十歲開始拈提他，因爲我不講他不行。對於佛教界的大師們，我是有選擇性的；一般的法師、居士我都不拈提，對於佛教有重大影響的人，我得要拈提，這是第一類。第二類就是他們有名氣而又對於正覺的法亂批評，這會影響到正法的流布，眾生的法身慧命就會受到影響，所以我得要評論。第一類大師是從來沒有評論我，我主動去評論他們，那就是釋印順跟達賴；這兩個人爲什麼我必須要評論？因爲這兩個人把正法從根本挖掉，他們對正法的破壞太嚴重；所以他們雖然不攻擊我，我卻要主動講他們，並且把他們的錯誤一一舉示出來辨正。

那麼釋印順九十歲前被我辨正，一直到臨死都不曾回應過一句話；他那個人很強勢，就好像俗語講的「眼裡揉不進一粒沙子」，即使名不見經傳的人對他作了評論，他也是很快速回應的；可是我這個人為他出書，寫了他很多的內容，一一指稱他的錯誤，他卻從來不回應。有人說：「**他活那麼久幹嘛？老是在世間破壞佛法，早早走人不好嗎？**」我說：「不好。」我說：「**正要留著他，讓我一年又一年，讓我一本又一本書來評論他，而他始終無法回應，這樣藉他的存在來顯示正法的威德力，讓他活著不更好嗎？**」喔？大眾終於想通了：「**原來有這個道理，那就讓他更長壽一點，千萬不要隨即走了。**」結果他活了一百零一歲。

還有一個人就是達賴，我也希望他活久一點；也許大陸政府不希望他活很久，但我希望他活久一點，作為一個示現，讓大眾知道終其一生都無法回應正覺對他的評論，這樣大眾對他的底蘊就可以看得很清楚。因為達賴是一個在全球各地都有勢力的人，但正覺對他的評論使他完全無法回應；而正覺評論他十幾年、二十幾年，也許會繼續評論他到三十幾年，而他都沒辦法回應，最後抑鬱而終，就是很好的示現。因爲他現在很糾結，怎麼說呢？因爲他常常讀我的書，但他讀得不很懂，會找人翻譯給他知道。

爲什麼知道他讀了我的書？因爲他新流通出來的書，有時說一些話，那言外之意就是在講正覺，說有個團體講他如何、如何，我當然知道他是在講咱們正覺，但就是要他終其一生無法指名正覺在法義上正式回應；別死得太早，死得太早是輕饒了他，讓他活久一點，當大家都問：「**法王啊！您爲什麼不正式回應啊？爲什麼不破斥正覺的法義呢？**」讓大家一個一個問他，而他始終無法回應，這才是好事。所以我倒反而希望他長壽，所以前兩年臺灣「廣論團體」爲他辦理八十大壽的慶祝法會，我們事先還印了口袋書，書名就是《恭祝達賴喇嘛八十大壽》，我們就到現場去流通；我們在現場還拉很大的紅布條，寫著「**恭祝達賴喇嘛八十大壽**」，當他們看到是正覺幹的，臉就黑掉了。

我們就這樣跟他對著幹，目的無他，就是要把他壓到底，讓他在任何的情況下都無法在法義上正式回應，藉此希望救得他的那些信眾趕快離開密宗外道邪教。雖然在內地宗教法規承認它是一個合法的宗教，不過這個合法的宗教本質卻是個邪教，而且是天下最大、最大的邪教。內地的宗教法規那樣規定，也是無可奈何的妥協，是爲了維持國家的和諧，也是預防可能引起藏獨的宗教戰爭，所以就承認它的合法存在。但從它的教義理論來看，以及從它的行門乃至修行後所證得的結果（不能叫作證果，叫作證得的結果）來看，其實都跟佛法無關，都與佛教無關；而且他們所作的事情，以及修行的方法跟理論，其實也都違背善良風俗、違背法律，也是侵害家庭的行爲，在臺灣這是違背民法與刑法的。那麼在內地法律上是怎麼規定的，咱們不談它，但至少他侵害了善良的家庭，這一定是不可推卸的事實；既然是這樣，我就得要破他。

所以釋印順與達賴這兩個人是我主動破斥的，他們從來不曾評論我，但我卻要評論他們，而我希望他們活久一點。至少釋印順在我評論他之後還活了十幾年，但一直都杜口不能回應；現在達賴被我評論也有十來年了，同樣杜口不能回應我，而我希望他可以再活個十年，繼續示現他對正覺是無法回應的。這個事實將來被洋人知道以後，我相信洋人會去檢討：爲什麼達賴這個密宗佛教始終都無法回應正覺對他的評論？難道眞的是假佛教嗎？也許我們就能讓洋人不再支持他。當洋人也不支持他，那麼他在外國要搞什麼藏獨就沒機會了，這就是對藏獨的抑制或者消滅的最好方法。因爲從政治上或從行政手段去作，都只是揚湯止沸，沒什麼效果；但如果從教義上把他徹底推翻了以後，他就成爲一個凡夫，再也沒有法王的光環，那他就沒有影響力。當他的影響力消失了，藏獨的勢力也就跟著消失，這才是釜底抽薪的妙計，因此我要主動評論他。

雖然在內地不可以對密宗假藏傳佛教作什麼評論，但是在臺灣可以作，那我希望將來在內地可以不公開地多作一點，因爲這才是維護國家完整的一個好辦法，也是救護大眾不會被喇嘛們性侵害的好辦法；不然被人家騙上床了還以爲當了佛母多風光，其實只是被騙色騙財而已，但很少人知道。所以喇嘛們爲什麼今年一個新佛母，明年佛母就換人了？因爲他們覺得膩了就換人。那表示不是眞正的佛母，若是眞正的佛母怎麼可能換人？所以佛母也都是假的。那麼這樣大家都能夠瞭解：達賴活很久而不能回應正覺，這就是好事。所以有的人詛咒說：「**這破壞佛法的人爲什麼不趕快死掉？**」我卻說：「**讓**

他們活久一點才好，讓他們親自示現活這麼久的時間都無法回應正覺的法義辨正。」

那這樣子，話題再拉回來說，人壽不過百歲，少出多減；那麼諸位來想想，「過去久遠無量無邊不可思議阿僧祇劫」，那是多久的時光以前？非常久非常久，無法想像的；一個大劫就夠久了，想想看我們這一個大劫之中，這個劫很妙，有一千尊如來相繼降生於世，現在 釋迦如來只是第四尊，後面還有九百九十六尊如來會降生，而 彌勒尊佛下生人間示現成佛的時間，距離現在還有五億七千六百萬年；諸位想想看，五億七千六百萬年是什麼時光？是什麼樣的光景？不能想像吧！但那只是下一尊如來來臨的時間，在祂之後還有九百九十五尊如來，這樣才算過完一個中劫，不是大劫。因爲一千尊如來示現是在住劫之中示現的，空劫、壞劫、成劫中都不可能示現；而住劫是一個大劫四個中劫中的一個劫而已，那你想一個大劫是多久，就知道眞的難以想像。

現在 如來說的「過去久遠無量無邊不可思議阿僧祇劫」時，阿僧祇到底是多久，這就不好算了；而且阿僧祇劫的數目有多少呢？不是一個阿僧祇劫，而是不可思議的阿僧祇劫；而這個不可思議的阿僧祇劫是多少個不可思議的阿僧祇劫？是無量無邊不可思議的阿僧祇劫。諸位這樣比較容易理解，那是非常久遠的時間。所以年輕媽媽們爲兒子、女兒說床頭故事時，說「很久很久以前」，其實那眞的不久，那只是小孩子所能理解的很久很久，其實都是很短的時間。

在那麼長時之前有一尊佛，佛號是 大莊嚴如來。大莊嚴如來十號具足，這十號的意思我們就不再解釋，因爲我們以前在別的經典講義中都已經講過了，不要再浪費這個時間。但我要說的是，每一尊佛一定都十號具足，沒有人是連一號都沒有就可以宣稱成佛的。但不幸的是現代所謂的成佛者，臺灣也有、大陸也有（密宗假藏傳佛教是外道，先就不談），臺灣、大陸都有人自稱成佛；臺灣前幾年甚至還有一個居士自稱成佛，還傳眞到每一個道場，包括正覺都有收到；說這一些道場的弘法者如果沒有去他那邊懺悔或幹嘛的，到某一天之後就會死掉。同修們看到這樣的傳眞，連講都沒有講，都不告訴我，但我還是知道了，因爲我在正智出版社上班時也看到那個傳眞，我心裡想：「臺灣又出一個瘋子了！」但我就爲他擔心：那些大法師們被他警告之後，如果各個都沒有去（想當然爾，都不會去），那個日子到了以後，那些大法師要是連一個都沒死掉，那他怎麼辦？我是替他擔憂；可是他都不擔憂。但是過了他預定的那一天以後，他就銷聲匿跡了。這些都是附佛法外道，對佛法無知才敢胡作非爲。

那我們說，在顯教之中，臺灣過去曾經有人自稱成佛，內地一樣都有。而臺灣自稱成佛的人已經死掉，比較有名氣的（小名氣的我們不談他）有兩個人，一個已經死掉了，一百零一歲，他的傳記名稱是《看見佛陀在人間》，是他生前自己選定的傳記名字，那麼請問他是不是自稱爲佛陀？他是自稱佛陀啊！因爲那書名是他同意選定的，所以他顯然自認爲成佛了；可是這個印順佛，如來的十號中他連一個都沒有。如來、應供、正遍知、明行足、善逝、世間解、無上士、調御丈夫、天人師、佛世尊，他連一個都沒有。

不要說如來這個名號，單說應供就好。應供是什麼人？是阿羅漢。阿羅漢是人天應供，不管是三明六通大解脫，或者俱解脫、或者慧解脫，全都是人天應供；那人天應供要有什麼樣的性質？必須要斷三縛結、薄貪瞋癡、斷五下分結、斷五上分結，有這四個層次，全都要有實證，而他連第一個層次都沒有，所以說他這一尊印順佛是連應供這一號都沒有；而他的傳記，他親自同意人家為他命名為《看見佛陀在人間》，他還親自校對內容；而他那一尊已成之佛，被我這個尚未成佛的菩薩評論了以後都不敢講一句話。天下有這樣的佛？那這一尊是已經過去的「佛」了，當然這佛字要加個引號。

現在臺灣還有另一尊佛——「宇宙大覺者」，你們知道是誰嗎？啊？不知道！但也有很多人就是知道才會笑！就是臺灣東部那個比丘尼，慈濟功德會的釋證嚴。知道了喔！她鑄了自己的像，一尊賣三十二萬元吧？你們沒買過不知道，好像是三十二萬。那一尊像雕的就是她的面貌，而且是光頭的比丘尼像，身材瘦削又穿著僧服，賣三十二萬。那一尊像的名稱叫作「宇宙大覺者」，任何信徒一看就知道是她的雕像。然後是去年還是前年？（導師轉頭問親教師們）內湖那一塊地的事情是什麼時候？是去年喔？因為她們炒地皮弄到人家看不下去，媒體開始報導；報導之後就是你來我往、衝鋒陷陣，支持與反對的雙方在媒體節目上衝鋒陷陣，後來臺灣佛教界就開始站出來講講話了，結果就扯到那一尊所謂的佛像，一尊三十幾萬元；佛教界當然要指責她，說她根本都還沒有成佛；雕了自己的像給人家浴佛，她自認為是「宇宙大覺者」。

然後她們就趕快發聲明說：「**那不是證嚴法師的像，是釋迦如來的像。大家誤會了。**」她們這一講，佛教界不再評論她自稱成佛了，可是後遺症馬上就出現，因爲廣大信徒立刻就發覺：「**原來妳騙我，妳還沒有成佛。妳以前都用這尊像告訴我們已經成佛了，我們是因爲妳成佛才追隨妳啊！**」結果信徒大量流失。而這一尊「佛」連我見都沒有斷，竟然有未斷我見的佛，很奇怪！連初果都沒有證得，因爲她都落在意識裡，她甚至在書中公開主張「**意識卻是不滅的**」。我不知道她到底睡不睡覺？因爲這一睡覺意識就滅了，想來她是不用睡覺的；那麼當她的侍者倒楣了，因爲師父半夜裡隨時要呼喚她了，那侍者怎麼辦？可是她的侍者沒有抱怨過，可見她還是有睡覺的。

因爲最長時間不睡覺的人我遇過，他撐了六、七年以後還是撐不住。我剛剛弘法時收了一個弟子，他的頭髮幾乎要掉光了，是從道教那邊過來學法的；他很早以前經營自助餐，每天早上三點多起床，四點到大菜場買菜，回店裡準備自助餐；到晚上他說都不睡覺，修不倒單（其實咱們說悄悄話：那只是坐著睡覺），但他自認爲自己沒有睡覺，這樣不倒單。就算他眞的不倒單，坐在椅子上打打瞌睡，這樣坐著每天睡不上四、五個鐘頭，長期下來睡眠不足，所以他撐個六、七年後撐不住，後來一放身，呼呼大睡就結束了這種修行了。他跟這個法的緣淺，所以進來學一年多又回道教去了；他其實本來不是道教，而是一貫道，後來才去道教。如今我弘法二十幾年了，他那時在一貫道修行十幾年，這樣應該算是將近四十年前了；那時他在臺北有三戶公寓全都賣掉，供養一貫道去，多愚癡！那一貫道是一貫竊盜正法的人，所以我叫他們作「一貫盜」，後來他知道「一貫盜」不對，改入道教去了。

那這樣每天晚上坐著打瞌睡，不過撐個六、七年，那這個釋證嚴每天都不睡覺嗎？我不相信。因爲身體那樣強健的人，毅力很堅強也不過撐個六、七年，釋證嚴她那樣瘦弱的人，有辦法撐二、三十年不睡覺？顯然她是不可能的，所以說她心口不一：明知道意識是生滅的，是夜夜斷滅的，卻在書中白紙黑字公開主張「**意識卻是不滅的**」。那她雕了那一尊自己的像，說那叫作「宇宙大覺者」，不就是自稱成佛了嗎？或者說她是變相暗示大家成佛，因爲慈濟信徒的佛法知見水平都不高，所以很容易被騙。

後來她們否認說，那不是她的雕像，那是 釋迦佛的雕像，可佛教界質疑：「釋迦佛不是這個面容，身形很雄偉，穿著也不是這樣，而且釋迦佛是有肉髻的。」雕佛像的人都知道「佛面猶如淨滿月，菩薩雞子臉」。雞子知道嗎？就是雞蛋，菩薩是雞蛋一樣的臉。都說「菩薩雞子臉，佛面猶如淨滿月」，所有雕佛像的人都知道。可她雕出來那個臉容又不像雞蛋，比雞蛋還瘦削，說那叫作佛像，所以佛教界又質疑，她們就不再講話了！可是她的信徒知道被騙了，所以很多人不再支持，他們所謂的慈濟委員到處去收錢時，開始收不到錢，有很多人說：「師父騙我！她又沒有成佛。」所以從去年事件爆發到現在，聽說他們每一個月的護持款都只有三成，如今就維持三成，因爲大家知道受騙了。不然的話她們光在臺灣一年收將近百億臺幣的捐獻，每年都是九十幾億，後來大家發覺受騙，支持的人就大幅度減少。但是請問，她到底有沒有「應供」的本質？答案也是沒有。應供是阿羅漢，但她連我見都沒有斷，因爲她主張意識不滅。

她們也都不讀經典，眞的很奇怪；《阿含經》處處說到「意法因緣生意識」，或者「意法緣、生意識」。如來爲了怕眾弟子們落在我見中斷不了，還特地說明「遠意識、近意識、現意識、粗意識、細意識……」，乃至皆是意法因緣生，如來最後總結說：「彼一切皆意法因緣生故。」如來舉示很多種的意識，最後結論說「彼一切皆意法因緣生故」，明明是說不管是什麼樣的意識，只要是意識，全部都藉意根觸法塵而出生的，表示意識是有生之法，所以每一個人晚上睡覺時意識都得中斷，所以不知道身外的事。如果意識知道睡覺時的身外事，那就是意識還沒有斷滅，就一定會知道晚上睡覺時有什麼事發生，但知道時就不叫睡覺。所以 如來早就把所有的意識一網打盡說：「彼一切皆意法因緣生故。」

既然是生滅的，而她又落在意識上面說「意識卻是不滅的」，那就是我見沒有斷的凡夫。我見還沒有斷，當然三縛結具足，連初果都沒有證得，而這樣的人自稱成佛了，也有一大堆信徒迷信盲從，這可怪了！三乘菩提諸經中從來沒有說過，有人可以不斷我見而得成佛。那諸佛如來十號，顯然她連最粗淺的「應供」這一號都沒有；至於正遍知、明行足、善逝……等就不用提了，這就是現代佛教界所謂成佛者的一種假象。那麼臺灣如是，大陸也如是；至於密宗假藏傳佛教的成佛，那是下三濫，咱們就不談它了。因為那真的下三濫，錯把下流當風流，只是人間的渣滓，既是人間的渣滓，我們不用提它。因爲連顯教都如此了，密宗假藏傳佛教是外道，也就無足道哉。

我在這裡是說，一切佛同樣都十號具足，缺了一號的功德就不可能是佛，所以如果將來有人自稱成佛了，你就問他：「請問『世間解』的功德，你證得了沒有？」搞不好他連「世間解」都沒聽過。換句話說，成佛的人對於三界世間的各種事相他都要懂；人類住的是人世間，人世間有十八界，他懂不懂？三惡道，譬如畜生世間，牠們也有十八界，他懂不懂？如果是昆蟲，昆蟲有的有十八界，有的只有十五界……等，他懂不懂？地獄有情、餓鬼道的有情或者欲界天、色界天、無色界天，有的是十八界具足，有的卻不是，他們各自有幾界？這是最簡單的「世間解」；先不談心所法、煩惱等。最簡單的「世間解」，他至少得要知道：到了色界天時剩下幾界？到了無色界天時又剩下幾界？而欲界總共有幾界？他總得要知道吧？否則不可能是佛。

「世間解」的內涵是很廣泛的，而這只是其中的一小部分。

假使他連這個都不知道，而說他成佛了，顯然他沒有「世間解」的功德，那他顯然是大妄語。知道是大妄語人，那你要不要救他？不要喔？要！那你爲什麼搖頭？應該要救他呀！那你就要用「世間解」這個道理爲他說明，讓他知道自己連「世間解」這個功德的極少分都還沒有，其餘的九號就不用提了，這樣點醒了他以後，他回去自省，也許就懂得懺悔，可能捨壽時他就不用下三惡道，那不就救了一個人嗎？所以這是諸位學法時應該要有的心態。

那我們要說的是，學佛人對於如來的十號都應該要有基本的理解，如果對於十號沒有基本的理解，宣稱是在學佛，其實只是自我安慰。眞正要學佛的話，一定要從如來十號先去瞭解，才會知道佛法多麼的廣袤深奧，預防自己將來得少爲足，乃至預防將來成就大妄語的惡業，這是很重要的事。但因爲這十號，我們在講別的經典時已經詳細解說過了，所以這裡就不再作解釋，只是針對佛教界的一些外相提出來作說明，讓大家懂得辨別眞假善知識。

接下來 世尊告訴我們：「**無量無邊不可思議阿僧祇劫之前的那一尊佛叫作大莊嚴佛，祂的壽命有六十八百萬億歲，**」這個壽數太長久了！那一種世界就不像我們娑婆世界。在娑婆世界人壽最長時可以到八萬四千歲，每百年遞減一歲，一直到人壽剩下十歲，所以人壽最短時可以只有十歲。當人壽到只有十歲時，女人出生五個月就出嫁了。五個月，現在我們說那還叫作嬰兒。但人壽十歲時，打個比方，譬如狗，半年一年後就可以出嫁了吧？可以的。

只是沒有人爲牠們辦理婚禮而已，就像是這樣的道理。那麼人壽減到十歲時，女人五個月就出嫁了；當然那時的身量也很小，最多活到十歲死亡。在那時黑糖已經不見了，因爲人們不懂得怎麼製作黑糖，種植等事也都不太會，很多事情在那個時節都不存在了。

那後來人們知道因爲惡業的緣故，所以壽算減少，因此開始行善，從那時開始，人壽是每過一百年就增加一歲，這樣逐次增加，到最後又回復到八萬四千歲。這表示說娑婆世界的人壽最多只有八萬四千歲，但別的世界不一定像我們這樣，所以在《華嚴經》中也告訴我們，娑婆世界的人壽在這個時節裡，通常最多活一百歲，「**少出多減**」，大部分的人少於一百歲，超過一百歲的人很少。但是在極樂世界壽量無邊，每一個人都不會死；在極樂世界是這樣，看來六十八百萬億歲還算短的。

可是各個世界的眾生壽命並不一樣，時間也不一樣，譬如我們這個世界一個大劫才相當於極樂世界的一天；但極樂世界的一個大劫是相當於某一個世界的一天，這樣來比較時大家就容易理解：時間的單位，在不同的世界是不相同的，所以「**其佛壽命六十八百萬億歲**」也沒有什麼值得奇怪的；只是從我們百歲的人壽來講覺得很難想像，但是如果從十方世界來看，這也是平常的事。

接著說，這位　如來壽命很長，祂度得的大弟子眾當然也很多，所以有六十八百萬億的大弟子眾。這樣其實也不算多，因為每一年度一個大弟子眾，時間久了就有這麼多，所以其實也不算多，只是對我們這個世界來講就算很多。釋迦如來在世一千兩百五十位大弟子都是阿羅漢，這大弟子們大部分迴小向大成為菩薩，所以娑婆世界後來才有正法住世。但這些大阿羅漢座下也都各有許多的阿羅漢，每一位阿羅漢座下都有阿羅漢，那就不稱為大阿羅漢。所以大阿羅漢總數有一千兩百五十位，但這是要一年度很多個大阿羅漢才有這麼多，因為　釋迦如來壽命不足百歲；那　大莊嚴如來的壽算很長，所以祂的大弟子眾自然就很多。

這尊　如來既然有壽命，當然就有入滅之時，世尊說：「**當祂入滅以後舍利流布於人間，就好像我釋迦如來的舍利將來流布人間一樣。**」關於舍利，有很多人出家之後希望自己死後留下肉身舍利，但肉身舍利有真有假，這是大家應該瞭解的。諸佛如來通常不會留肉身舍利，只除了一尊，是哪一尊？

（有人答：六祖。）六祖不是如來啊！我問的是「諸佛如來」，對了！是多寶如來；祂是爲了擁護諸佛如來演說《法華經》而特地這樣示現，其餘諸佛如來大多數都是留下碎身舍利，目的是要讓更多的佛弟子可以供養，以便快速增長福德，也是爲了正法久住的緣故；所以大多數的如來都會留下碎身舍利，不留肉身舍利。

那麼諸佛如來的碎身舍利對有因緣的人，或者對信心不足的人，諸佛還會以佛神力把它再作孳生，所以舍利還會生舍利；這是另外一種狀況，是爲了利樂有情所以這樣作。但是修行人留下肉身舍利時有眞有假，而且對他自己而言不一定有好處，所以菩薩們通常不會故意留下肉身舍利。那我們這個先不談，先來談肉身舍利的眞與假。

人間的肉身舍利大部分要叫作屍乾，或者叫作乾屍，這是加工所得。怎麼加工呢？先預備一個有蓋的甕，這個甕裡下面先鋪一些粗的石頭，然後鋪上細沙，再鋪上木炭，再加上石灰和一些沙子，然後再用一些冥紙鋪墊；往生者被以盤坐的姿勢放進去之後，身旁都用晒得很乾燥的冥紙塞滿，再蓋上甕的上蓋，然後用泥土把它封存。那個甕封存好了以後，還要放到乾燥的山洞裡，可不能放到很潮濕的山洞，否則就壞掉了；經過三年後起龕，大部分是怎樣呢？眼睛張開，往往是歪的，或者嘴巴很大好像很驚訝的樣子，或者有歪向一邊。然後就開始整修。很有名的香港月溪法師那個肉身舍利就是這樣，沒想到他的信眾無知，還把他剛開缸時的照片印在書上，讓人家一看說：「這根本就是一個乾屍。」所以一定要整修。整修之後再把一些凹陷的地方補好，然後再貼上金箔，就叫作肉身舍利。

可是有個問題，肉身舍利剛開始時都會風行一時，大眾聞風而來，頂禮膜拜；然而過不到半年，門可羅雀了，因為大家拜了以後也沒感覺怎麼樣。大家之所以頂禮膜拜，是希望被他加持而在佛法上可以有所實證，但是拜過以後都沒用，供養了以後也沒用，所以半年後就門可羅雀了。臺灣各地所謂的肉身舍利結果都是一樣的，但是如果有法傳下來了，那麼他這個肉身舍利就會繼續有人拜，那是因為弟子們有證法的緣故；佛弟子們看重的是法，也因為他有法傳下來，確實是可以實證的，是符合聖教量的，而且是現量上可以現觀的，不是比量思惟推度；佛弟子們知道他有證法，所以就會來禮拜，就順便參訪他的傳人而求法，因此有證量的肉身舍利不會門庭稀落，原因就在這裡；那才算是眞正的舍利，否則都只叫作乾屍，這一點大家都應該要瞭解，不要看見肉身舍利就拜，佛弟子要有正知見。

那麼 大莊嚴如來就如同諸佛如來一樣，經由弟子們荼毘之後，以碎身舍利流布於天下，祂的舍利流布之後正法住世五百歲，從人壽六十八百萬億歲的這個時光來看，正法住世五百歲是長還是短呢？等於當代人看見 如來出世，而 如來住世六十八百萬億歲之後，正法只剩下五百年就不見了，跟 釋迦如來的正法一樣只有五百年就不見了。那諸位有沒有設想一下：爲什麼五百年就不見了？不會是失傳吧？因爲人壽那麼長，怎麼會失傳呢？「弟子都入滅了？」欸！好理由，因爲 釋迦世尊都講了。可是爲什麼祂的正法弟子入滅以後，正法住世才只有五百年？「開悟的人都入涅槃去了！」喔？所以胡亂傳法就斷滅了？嗯！有此一說。

但是比較大的一個原因，諸位要瞭解的是人壽長時科技都很發達，如果有人不小心洩漏了密意，大家只要上網一查都可以查到，這樣的人對於證悟的內容，他能不能信受？不會信受！諸位想一想，我們現在才只有百歲人壽，科技就這麼進步；我坐在這裡可以看見各個講堂大家坐得滿滿地，我隨便點哪一個講堂放大出來看，辦公室前的銀幕也示現給我看，但是人壽動不動就是幾億歲，這樣的人壽時科技難道不會比我們更發達嗎？照理說應該他們善根比我們更好吧？否則不會那麼長壽。

可是有一個關鍵大家都必須注意，就是佛法不屬於世間法；這個佛法不能白送的，不能明講，必須要自己經過一段參究的過程，然後才有辦法承擔起來，所以 如來才會那麼辛苦，我也才需要這麼辛苦；要是可以明講的話，諸位來受戒時我順便幫你們每一個人都開悟就好了，太棒了！我也不用辦禪三跟大家在那邊辛苦。我辦禪三不是只有我辛苦，還帶累監香老師、護三菩薩們大家跟著辛苦；而參禪的人更苦，因爲心很苦啊！假使可以明講，那該多棒，可就是不行。因爲明講之後一定不能信受，體驗不夠所以不能信受，最後一定謗法，誹謗這個法死後將來就是無間地獄業。

所以在那個時節只要一不小心密意洩漏了出去，大家隨便網上一查就知道了，那時也沒有人願意學，緊跟著悟後起修之道也滅沒消失，從此正法就不見了。所以爲什麼正法的般若密意稱之爲甚深極甚深，也許有人都想說：**「要悟得這個如來藏非常困難的，所以甚深極甚深。」**可是對我來講，反而不作此想，因爲我認爲要悟如來藏很容易，我不過才幾個鐘頭（其實是幾分鐘）就把這事解決了，並不難啊！雖然大家在參究的過程都覺得很難，可是證悟之後你又覺得不難；最難的是忍，證悟之後如何忍住——接受這個就是如來藏，這才是最難的。所以爲什麼叫作「無生忍」？證得如來藏之後現觀祂的本來無生，然而能不能得忍？這才是最重要的！不能得忍，就是沒有證悟；知道密意也是沒有證悟，因爲無忍，有忍才叫作證悟。

那麼這個如來藏妙理非得要自己眞參實究去參出來，否則不可能得忍。心中不能得忍，就是對所知道的如來藏不能接受，那他就沒有智慧出生，就不會有功德受用。所以到那個時節大家網路上一點就知道：「原來如來藏是這個。」那他也不必參究，證悟之時所應該要有的知見、慧力、定力以及配合除性障的功夫，他全都沒有，那他知道那個密意也沒有用，就只是一個知識；所以那時人壽雖然很長，是具有善根的表現，但結果正法住世也只有五百歲。好可惜喔！但這也是無法避免的。

世尊說 大莊嚴佛入滅後正法住世才只有五百歲，又說：「如我滅後無有異也。」那麼這樣講起來，咱們生在這個末法時代不見得就比他們差呀！因為正法住世五百歲之後，像法一樣也有五百歲；而像法時期過了，末法時期的現在，我們依然有正法可以實證；只是實證的人少了，不像 世尊在世的年代。但是現在看來實證的人也不少，我們增上班就有四百多位，眼看著就要五百位了，再加上未來的諸位……，甭只管笑，你們要想：「加上我們，將來會有多少人證悟。」當諸位也證悟了，中國佛教還能不復興嗎？對吧？對了！所以我們對中國佛教的未來要有信心，這是很有希望的，但是那希望就在諸位身上，你們每一個人都有責任。來受上品菩薩戒，不要滿足於得上品菩薩戒，得了這個戒以後知道是上品，就要有將來足以跟上品菩薩戒匹配的智慧和解脫功德，應該要這樣想。

那我這一世最大的心願是什麼？就是復興中國佛教，要讓中國這個傳統文化將來五十年後、一百年後成為世界各國智識分子的文化祖國；這是我最大的心願，可是徒願不足以自行，得要努力去作；而我一個人就只有兩隻手，所以就要求諸位幫忙了！行不行？（大眾答：行！）好！十樓講堂、五樓講堂、二樓講堂還有地下室講堂呢？你們行不行？行的話請舉手。啊！謝謝！謝謝！謝謝諸位！這樣咱們不但這一世相聚，未來世還會世世再相聚，大家共同把佛教復興起來，期待諸位九千多年後正法的末法時期過了，也許我們能再把它順延一千年，那就太棒了（大眾鼓掌…），謝謝大家。然後大家一起上兜率天去彌勒內院，將來 彌勒菩薩要下生成佛時，我們提前來人間布局；當祂下生成佛時，龍華三會都是講聲聞法，每一個人都要證阿羅漢果，多棒！眞是太棒了！

證阿羅漢果之後，在 彌勒尊佛座下就有希望入地，有希望的。因爲入地一個很大關卡就是要先證阿羅漢果，假使那時龍華三會先證阿羅漢果了，繼續跟著 彌勒如來修學，想要入地是很有希望的。諸位要有這個知見，心裡不要懷疑說：「**那龍華三會時，我眞的能夠是阿羅漢嗎？**」眞的可以！因爲 釋迦如來有應許過諸位，釋迦老爸講過了：「**彌勒尊佛龍華三會時，有九十六億、九十四億、九十二億的阿羅漢，都是釋迦如來的遺法弟子。**」請問諸位你們是不是 釋迦如來的遺法弟子？（大眾答：是！）對喔！那你們到時候一定會得阿羅漢果。當 釋迦如來的兒子多棒，有這樣的 如來加持我們到下一尊佛一定成爲阿羅漢，這要怎麼樣感恩戴德！

然而成爲入地菩薩，想要進入初地，其中一個關卡是證阿羅漢果，如果在龍華三會時你就證阿羅漢果了，隨著第二轉法輪講般若諸經，講經之外也會有教外別傳的機鋒給諸位，那你要證悟般若不是難事。接著再講《般若經》，把《大品般若》講完，每一次聽經聞法時你就隨聞入觀，那非安立諦三品心就順理成章可以完成，那麼《大般若經》講完時你就是入地的菩薩了，這是多麼棒的事！你到別的佛世界要撿這個便宜還眞難找。那麼 釋迦如來應許我們，在 彌勒尊佛成佛時，我們都可證阿羅漢果；眼前這段期間大家好好修學，希望都能斷三縛結及明心，那我們九千多年後如果眞的無法再弘傳佛法了，我們就去彌勒內院，那時大家改姓賴，賴給 彌勒菩薩就好了！因為 如來有指導我們這條捷徑，我們何不遵循？這樣就不用跟著在人間與那一些上網知道般若密意的人辯論，因為你再怎麼辯論他們也不信，那是沒有用的。所以末法時代過了，我們就去彌勒內院，這是最快速的成佛之道，這叫作化長劫入短劫。進入初地是第一大阿僧祇劫過完，我們藉著這樣一個捷徑，不過五億七千六百萬年就入地了！多快！

諸位不要想說：「成佛不是一定要三大阿僧祇劫嗎？」我告訴諸位，釋迦老爸講過，這三大阿僧祇劫怎麼算呢？有的人以無量劫作為一劫，這樣來過三大阿僧祇劫；謗法者就是這樣，以無量劫爲一大劫來過三大阿僧祇劫。但有的人是以一劫爲一劫來過完三大阿僧祇劫，有的人是以一個中劫、一個小劫，以一生或者以一年、一個月、一天爲一劫來過，乃至於有人是剎那剎那過一大劫，這樣來過完三大阿僧祇劫。諸位想想看，你要過哪一種劫？對了！那麼三大阿僧祇劫就是三大不可計數的長劫，可是 如來告訴我們這一條捷徑：我們有可能在 彌勒尊佛龍華三會後，在弘揚般若的八萬年後入涅槃時，過完第一大阿僧祇劫。

時間這麼快？我才講幾句，怎麼……不管它，繼續講。我們可以將來在彌勒尊佛座下，祂初轉法輪時……那龍華三會是初轉法輪，都是講聲聞法，聞法當下證阿羅漢果；我們既有這樣好的福利，何必一定要去極樂世界？如果自己覺得說：「**我造了很多惡業，這是沒有辦法解決的，爲了避免下惡道，得去極樂世界。**」那我們就認同，我們也支持。但最好是可以每天懺悔滅罪，求見好相而得滅罪，然後留下來共同爲復興中國佛教而努力。所以這一生一直努力求悟，悟了以後學法更快，將來留在這裡一直護持正法；等到末法時期過去以後，我們就去彌勒內院；一段時間以後跟隨 彌勒菩薩到人間來證阿羅漢果，將來第二轉法輪時得無生法忍進入初地。這麼短的時間，才五億七千六百萬年就走完一大阿僧祇劫。

入地以後再覲見彌勒尊佛時，可以再請問，看還有沒有這種捷徑，再來走完第二大阿僧祇劫；這才是聰明人，不要妄自菲薄說：「我算哪根蔥？」不要這樣想。應該說：「舜何人也？予何人也？有為者亦若是。」對吧？以前在學校讀過《孟子》等，也讀過這個道理；他們都敢這樣想，我們為何不敢？而且你今生已經進入正覺了，這就有希望。所以這樣的一個時代是我們應該要珍惜的，因為釋迦如來給我們開了這個方便門，那我們應該要努力奮發把佛教給復興起來，將來使中國成為世界的文化祖國，這個才最重要。言歸正傳，說當時正法住世只有五百歲，這五百歲跟現在人壽的五百歲比起來顯然就非常短暫，所以我們現在算是很有福氣，因為即使我們到末法時代都還有正法住世。

接著　如來又開示說：「大莊嚴佛入滅之後祂的大弟子眾，在入滅之後一天之中有一百位比丘入涅槃，隨後一天之中有二百位入涅槃，或者三百、四百、五百人入涅槃，乃至於一天之中有十萬億比丘入涅槃；這樣子展轉之後，祂座下那些懂得很多法的，還有很多修得大神通的眾弟子們，三月之中全部都入涅槃。」所以正法住世才只有五百歲。

有時我講到佛世的阿羅漢入涅槃，我都覺得他們很不應該！有的阿羅漢，當 如來宣示三個月後般涅槃時，他忍不住找個時間就去向 如來稟告說：「不忍見如來入涅槃，所以我先要入涅槃。」如來也不阻止，就答覆說：「汝自知時。」或者答：「善哉！」然後阿羅漢禮佛三拜離開就入涅槃。但我都認爲他們很不應該，但後來想想也就算了，因爲那都是聲聞人，就不理它。但是還有許多迴小向大的大阿羅漢們，他們都已入地了，就繼續住持 如來的正法。那麼關於 如來入涅槃時有一些神異的事蹟很多人不信，但他們不信是因爲他們是凡夫，而我們應該要信受。

以我個人體驗來說，如來入涅槃是讓弟子很傷心的事。你可別說：「那時的大弟子們不都是大阿羅漢了嗎？」如來入涅槃時經中記載大弟子們痛哭流涕，有的人趴在地上搥頭拔髮等，我告訴諸位那個覺受眞的是如此！所以你們看大迦葉何等的修行，他是俱解脫者，爲什麼也是頓足痛哭？因爲阿羅漢們跟 如來的情誼非比尋常，父子之情根本不足以譬喻的，差太遠了！所以這些事情諸位要信受，即使兩千五百多年後的現在，我就說了吧：前些時候我作一個夢，夢見當年 如來涅槃時，在雙林樹下 如來都已經捨壽了，所以阿羅漢們痛哭流涕；當時我是去到 如來面前雙膝跪在地上，也是痛哭流涕，甚至於兩千五百多年後的這個時節夢到那場景時都痛哭到會抽搐，是非常痛心而哭的，因爲很捨不得。當時禁不住就伸出手去摸了 如來的左眼下方，就這麼摸了一下，捨不得祂的離去；沒想到 如來就張開左眼看了我一下，然後再慢慢的閉上；這一下哭得更不得了，全身抽搐，結果就被我同修搖醒過來。我同修因爲莫明其妙，就說：「從來沒有看你哭到這麼悽慘過。」後來問我，我才告訴她這個事情，當時根本沒心情答話。

這不是親自經歷的人是無法體會的，大阿羅漢們跟 如來的情分是非常非常深厚的，你若是要說世間之情，那根本不足以言喻，沒辦法談。所以當年阿羅漢菩薩們聽到 如來入涅槃，當下就痛哭流涕頓足拔髮，各種情況都有，那都很正常。將來你們成爲一尊 如來座下的大阿羅漢之後，如來涅槃時你們自己體驗一下就知道了。那你別說：「唉喲！我算哪根蔥，還能當大阿羅漢？」不能這樣想，因爲 如來都應許過了，你們將來都會是阿羅漢，其中有些人一定會是大阿羅漢。我希望諸位將來在龍華三會的第一會就成爲大阿羅漢，共同來幫助 彌勒尊佛弘法。諸位想想看，彌勒尊佛一世要度那麼多人，那需要多少人來作事？而外面那一些大法師、小法師、大居士、小居士不可靠，要靠諸位。我先這麼請求諸位，因爲我弘法二十幾年的經驗就是這樣，那些人都不可靠，只有依靠進入同修會中的諸位來努力。

這一些 大莊嚴佛的大弟子衆，因爲入涅槃的人數太多也太快，所以三月之中皆入涅槃。接著說，大莊嚴佛因爲大弟子衆全部都入涅槃了，正法流布當然就沒有大弟子衆來住世了，但是五百歲之中依舊繼續流布著，問題就開始來了：正法住世時大弟子衆都入滅了，剩下的是一般的弟子，證量不高，那麼祂的正法繼續流布還是會有很多人供養，還是會有諸天下來供養，但畢竟勢力變得微小了，所以大弟子衆都入滅之後，雖然正法又繼續流布而有許多人知道人間還有佛法，知道這個出家法是安隱快樂的，因此他們也跟著出家學道，問題是他們已經沒辦法知道 佛所演說的「甚深諸經無等」的究竟空的義理。爲什麼叫作「無等」？因爲這個法至高無上，沒有任何一法可以與這個畢竟空的究竟義相提並論，所以叫作「無等」。又爲什麼而叫「無等」

呢？也因爲這個法是獨一無二的法，你在三界世間再也找不到任何一個法可以跟這個究竟空如來藏相提並論，所以祂是「無等」者。那麼爲什麼又說這個是「空」，「空」的道理究竟是什麼？一般人初學佛談到空就說一切都滅掉、空無，沒有什麼了，這叫作「空」；不但一般人，那些大法師也這樣，他們說：「**一切法都是生滅無常，所以終究會壞，壞了以後就沒有了，所以叫作空。**」所以有一些大居士、大法師講解《金剛經》時，也是用這個道理來講解，沒想到他們都講錯了。

空有兩個意涵：諸法緣生緣滅，無常故空；還有就是有一個空性能生諸法，這個能生諸法的法叫作如來藏，由於無形無色所以名之爲「空」，空而有性所以名之爲「**空性**」，祂所生的諸法生滅無常，所以法相也是空，叫作「**空相**」。所以空有兩個含意，一個叫作空性，另一個叫作空相。空而有性，表示祂是眞實法，法爾常住本來就在，所以空而有性叫作「**空性**」；但這個空有什麼性呢？有能生萬法的自性，也有眞實而如如的自性，所以叫作「**空性**」。但這個空性如來藏所生的諸法生滅無常，無常故空，所以叫作「**空相**」。

當這個空相收歸於空性時，空相附屬於不生滅的空性了，空相就變成不生不滅；所以過去有無量世的五陰壞掉了，這一世又生了五陰，而這一世也會壞，未來無量世也會有無量的五陰，這個能生五陰的第八識法性就叫作「**空性**」；而這個空性所生五陰的空相有種種法，這諸法的空相匯歸於如來藏，收歸於空性時就變成不生不滅，所以五陰在《心經》中，諸位可以回想一下，五陰這個法《心經》裡面怎麼說呢：「**是諸法空相不生不滅、不垢不淨、不增不減**」，對不對？諸位都記得的。五陰明明是生滅的，為什麼《心經》中卻說是不生不滅？因為是把五陰攝歸如來藏來看，這時五陰只是不生滅的如來藏中的一部分，生也在如來藏中生，死也在如來藏中死，從來不外於如來藏，就是不生不滅的了。

就好像影像不外於鏡子，那你能說影像是生滅的嗎？如果沒看到鏡子而只看到影像時，就說影像是生滅的；如果看到鏡子了，再從鏡子實體來看鏡中的影像，就說那影像跟著鏡子不生滅；所以諸位的五陰不生不滅、不垢不淨、不增不減，因為歸如來藏所有。但這個空很深，難以理解，所以他們那時雖然正法還住世，但大部分人出家學道之後，而不能知 佛所演說「**甚深諸經無等空義**」，不知道無等等的空義就很容易被惡魔所迷惑。本來以為今天會講很多段的，結果今天只講了不到一段經文，但因爲時間已經到了，只好講到這裡。

……有人還沒有回大陸去啊？《佛藏經》今天要從五十二頁第一行最後兩個字繼續講：「**時說法者心不決定，說不清淨；說有我人眾生壽命，不說一切諸法空寂。**」這是講，「**過去久遠無量無邊不可思議阿僧祇劫**」之前，大莊嚴如來示現入滅度之後，當時遺法弟子們漸漸不知道如來正教的內容，由於未實證的緣故，雖然也爲別人演說佛法，可是演說時心中不能決定，有一點猶豫：「**如來說的法是否眞是我說的如此道理？**」他心中猶豫。這有一點像是現在我們末法時代的佛教界，很多大師也都爲人說法，可是他們說法時其實心中也不太決定：到底自己說的是不是能表達出 如來的眞實意旨？他們心中無法決定，因爲法沒有實證，眞的無法確定自己所說就是 如來的意旨。

原因出在哪裡？就在於沒有實證。甚至有的人「**說不清淨**」，如果依文解義倒也罷了，因爲依文解義至少不會偏離 如來所說的眞義太遠，怕的是他自己發揮演繹之後，背離了 如來的聖教，而他仍然以爲是 如來眞正的聖教，這就是「說不清淨」。「說不清淨」的現象一定是有的，是不可改變的，這是諸佛入滅後一定會有的；而這個「說不清淨」的人所必定會犯的過失，就是落入我、人、眾生、壽命之中。

那麼「我、人、眾生、壽命」很多大師都會講，都說要遠離，可是他們講時不知道自己正好落在「我、人、眾生、壽命」之中，因爲他們的師父就是那樣教的。譬如末法時代學佛人常常聽到的開示，就告訴你說：「你不要去分別人、我，不要分別善惡，全都不去分別，那就是無分別，只要你眞能作到了就是開悟。」所以學佛以後要變成愚癡人，愚癡人才是開悟者，這就是普遍的現象。然而學佛是要越學越有智慧啊！怎麼越學越愚癡去？這就是說，他們一個個落在五陰我裡面，卻不知道自己已經落入「我」裡面。

所以當他教人家說：「你們都不要分別。」這時徒弟也乖乖聽話，都要求自己不要分別。問題是，當徒弟有一天聽到外人說：「這樣遠離語言文字時還是分別。」回來問師父，師父不聽解釋，就說：「你不要管！你相信我說的就對了！」然後徒弟覺得還是有問題，繼續問下去，因爲人家告訴他說：「當你不分別時，你是哪一個心不分別？」徒弟答不來當然要問。人家善知識告訴他說：「你不分別時那還是意識，意識現起就是識別，識性就是了別性，怎麼會沒有分別呢？你一念不生時見了師父，知道那就是師父；而師父見了徒弟知道那是徒弟，見了信徒知道就是信徒，見了錢財而不分別時眼睛爲什麼亮起來？」

他這麼一聽，知道一念不生時還是有分別的，我不分別人我時其實還是有分別的。所以他懷著疑惑回來問師父，一一提出來，最後師父受不了就破口大罵：「叫你不要分別！你還要分別！」原來師父還是聽不懂徒弟轉述善知識的話，這師父還眞聽不懂，所以他落在「我」裡面自己都不知道。佛教界百年來一直都是這樣：都是想要用意識心修成不分別。可是他們意識心明明作不到不分別，卻硬要說那樣了了分明時叫作不分別。

所以我也常常告訴諸位說，當他們說一念不生就是不分別時，請求他說保持一念不生都不要分別試試看。當他正在一念不生時，你突然給他個五爪金龍，看他有沒有知覺？如果他麻木不仁，都無所知，可以說他身識的部分不分別，但眼識還是看見被給了一巴掌，不是嗎？還是有分別啊！只因麻木不仁所以身識不分別，畢竟只是身識不分別，因爲功能喪失而已。對吧？對啊！所以他們自己落在「我」裡面分別時，還不知道那是五陰我，就想要以意識來處於不分別的狀態。

我也舉過例說，我們最早期那位總幹事姓鄭，他來正覺之前是跟一個比丘尼學，那比丘尼也教他們不要分別。怎麼訓練他們不分別？當他們義工作完了、出坡完了，到了齋堂有好多的飯菜，中間就擺了一碗狗屎，徒弟們當然是皺眉頭，師父就罵：「叫你們不要分別，你們爲什麼要分別？」我們就說她自己落在分別之中而不知已經分別，因爲她那一碗飯從頭吃到完都沒有夾過那一碗狗屎吃，那她到底有沒有分別？顯然有！眞要沒有分別的話，連要夾到什麼菜都不知道，還能夾？至於夾到狗屎那已經是很大的分別了，更何況她完全不去動狗屎。

所以他們落在五陰我之中，而自己都不知道，以爲那樣就是不去分別，那就是證得不分別，可是她認爲自己不分別時卻已經分別完成了，所以她的筷子始終沒有去動到那一碗狗屎，這是很明顯的證據。問題是沒有人提出來告訴他們，所以他們都以爲只要一念不生時就叫作不分別。海峽兩岸、長江南北都一樣，只能說這些人是沆瀣一氣。因此他們落在五陰我裡面，而那了了靈知的意識就是五陰我的一部分；當意識生起時就是分別了，不管覺知心中有沒有妄想雜念，都叫作分別。

如果依據他們的定義，那麼古時 如來剛示現在人間時，許多外道證得初禪、二禪、三禪、四禪，甚至有證得非想非非想定的；那時非常多的人已經證得禪定了，那他們應該都已經是賢聖了，因為他們都像末法大師們說的證得無分別法了——早就一念不生了，但 世尊說他們都還是凡夫，沒有親證無分別的境界。那現代的這一些大師們別說初禪，連未到地定都沒有，顯然他們的不分別比起當年外道得初禪、得二禪的人都差太多了；那他們可以當賢聖，為什麼 如來當年不允許那些外道已經證得「無分別法」？為什麼依舊說那些外道是凡夫而不是菩薩，甚至於連初果都證不得？因為未到地定、初禪、二禪乃至非非想定中的意識，還是有分別的。假使一念不生就是無分別，那麼意識住在未到地定中又如何能判定當下出現的那個善根發的境界就是初禪的境界？他又如何分別？那時他還是一念不生啊！

又譬如說初禪人修得二禪時心得大喜，他知道那是二禪，那就是分別完成了！當他知道是二禪境界時，二禪中根本就沒有任何的妄想雜念，那不就是無分別了嗎？既無分別，爲什麼又能知道那是二禪的境界？爲什麼又懂得在那二禪一念不生之中要怎麼樣轉進修證三禪？所以那一些大師們都不懂，這就是末法時代最可悲的地方。所以沒有善知識出世時，就由著那些假名大師──惡知識──糊弄佛教界，大家都被他們所騙！這時就需要有個壞人出現，那個壞人就是蕭平實，才終於砸了他們的大妄語，使他們每天都寢食不安；可是廣大的佛弟子得救了，不再跟著他們大妄語，這才是好事，這才是最重要的事啊！

所以落在五陰我裡面而不知道自己正在五蘊的我中，這才是大可悲哀之處。那他們自己不知道悲哀也就罷了，害得整個佛教界弟子們都跟著大妄語而不知道悲哀，這才是眞悲哀！等到有「壞人」出現時就開始不悲哀了，大家知道以後便得救了；可是那個「壞人」要被咬得渾身是傷。好在有法水滋潤，自我療傷沒問題；咬就被咬，就這樣挨過來；咱們就挨咬二十幾年，沒想到越咬越健康，好事！

這就是說，最大的問題是我見不斷，這個邪見最堅固；假使我見不斷，想要證悟「無分別法」、「無名相法」可就困難了！因爲他們十年來所謂的證眞如、所謂的開悟明心，永遠都不離五陰的範疇，所以需要有人點醒他們：「你這個就是我，既然有我，你就有人。你知道對方是別人，也知道自己是我，雖然一念不生也還是分別啦！」得要有人點醒他們，還得有人告訴他們：「你有我、有人，就是有眾生、有壽命，這是連結在一起的，不可切割的。」

他們當然更不懂「一切諸法空寂」，不懂時又能怎麼說呢？沒辦法講的。百年來的佛教界沒有人在講「一切諸法空寂」，也沒有人在講「一切諸法本來性淨涅槃」，就只有咱們講。他們看到經文這樣寫，他們還誹謗，說：「這是僞經，這不是佛講的。」可要是你證得眞如時，你從眞如的立場來看時，這是法界的實相啊！一切諸法本來就是空寂的。但他們認爲不是，認爲一切諸法生滅有爲，都沒有辦法常住，所以終歸壞滅。

他們又認爲一切諸法眞實有，但就是生滅的；當他們這樣主張時，如果主張到底倒也好，就像阿羅漢那樣把五蘊十八界都滅盡了倒也好，偏不！所以當他們說一切諸法緣生緣滅，一切諸法生滅無常時，卻又從一切諸法中把意識我建立爲常，可就沒有注意到意識的我是生滅的，也沒有注意到意識的我從來不寂滅。所以這一些大師們，你要說他們口是心非嘛，他們又不是故意的，還眞不好說；那你要爲他們找理由，找來找去就只有一個理由，就是他們不懂佛法。可是不懂佛法的人應該怎麼自處？應該要安分守己少說法。他們偏不！一個一個都要寫書，而且都要寫好幾本來誤導眾生；寫個一本、兩本他們還不滿意，就像香港月溪法師沒什麼證量竟也寫了十來本，還寫了一本《大乘絕對論》，還能寫這麼厚欸！

那本書根本就不該印行，因爲他講的全部都是相對法，不是絕對待的法，那怎能叫作絕對論，而且那種內容也能叫作論？這種狀況不是末法時代才有，古時就已經這樣，追溯到天竺時就已經這樣了；天竺的安慧、佛護、清辨、寂天……不都是這樣嗎？可是末法時代的人們不懂其中的眞相，就把他們的邪論收集到《大藏經》中，於是臺灣有個迷迷糊糊的釋印順，自認爲已成佛的釋印順，就把安慧寫的東西當作是眞實法，還規定佛學院都要上他那部論的課。現在聽說臺灣大部分的佛學院都不上那個課了，因爲我那一本《識蘊眞義》評議了那部論中的局部，大家就知道他錯得很厲害。這樣看來我這個惡人還當得有成績，可以繼續壞下去沒關係。

也就是說，「一切諸法空寂」這個道理，不是從有生有滅的一切諸法來說，而是說這一切諸法都歸屬於眞如——歸屬於如來藏，歸屬於第八識「無名相法」、「無分別法」，再來看那一切法時才是空寂的。就好比愚癡的猴子看到一面大鏡子，牠遠遠看著鏡子裡面有一隻猴子，就走過去，一面走一面示現牠自己的威儀，沒想到鏡子裡那隻猴子也同時跟牠示現威儀，牠就覺得對方來意不善，於是動作就越來越誇張，鏡子裡的猴子也越來越誇張；最後靠近了終於在齜牙咧嘴之後開始咬，可是咬不到，牠也發覺裡面那隻猴子也咬不到自己。牠後來想想：「這到底怎麼回事？」牠繞到鏡子後面去一看，什麼都沒有啊！回來鏡子前又有，牠又繼續跟鏡子裡的猴子齜牙咧嘴，牠始終就弄不懂那是自己的影像。現在末法時代的大師們就是這樣，總認爲那個影像是眞的，就像是猴子。

如果是猿呢？猿最聰明，牠也許齜牙咧嘴一會兒就發覺：「對方跟自己的動作很一致。」牠也去後面看一下沒有，牠又回來再繼續動作觀察，就知道那應該是自己的影像，所以那猿後來還會對著鏡子梳理毛髮、剔牙齒；也有猿，才一見就知道那是鏡子裡面自己的影像，很聰明。所以國畫家張大千養猿不養猴，他說過一句話：「猿爲君子，猴是小人。」猴子不可靠，但猿可以深交然後成爲好朋友，乃至成爲家人，猿與猴不一樣。那末法時代佛教界的猴子是誰啊？（有人答話，聽不清楚。）普天下都是；後來終於出了一隻猿，唉！我變成猿了！這個譬喻講得不好，把自己糟蹋了；但這個譬喻其實恰到好處。

就是說，猿後來懂得那只是一面鏡子，鏡子裡的影像是假的，自己才是眞的；影像是假的，鏡子才是眞的。牠懂，而猴子總是不懂，老是以爲鏡子的影像是眞實的。所以有人作過實驗，以後那隻猿看了鏡子就把鏡子拿來作爲自己所用，這猿是譬喻什麼人？是菩薩呀！菩薩又變成猿了，唉！這是個譬喻，是說當你知道那面鏡子而不落在鏡中的影像，你就知道影像永遠都歸屬於鏡子，只要鏡子不滅，影像就不會滅；而鏡子不分別，所以影像等於不分別；鏡子不壞，所以影像等於不壞。因此說，一切諸法由明鏡如來藏所生。

不懂明鏡如來藏的人，只看到一切諸法不斷地生滅；有六塵不斷現行，然後六識在那裡面不斷的因應六塵而有了喜怒哀樂，不懂得般若的實證，就是要把這一切都收歸鏡子來看。鏡子不分別影像，從來都不分別影像，譬喻如來藏不分別你這個五陰是好是壞，是好人是惡人，也不分別六塵境界，全都不分別。假使明鏡會分別自己顯現的影像，那它一定會去干預，還能當明鏡嗎？不能了！所以有的人說：「如來藏應該會怎麼樣，也應該會分別、會決定事情。」我說：「那就不叫如來藏，只能叫作意識、意根。」假使如來藏祂也會分別、會作決定，完了！你今天要來正覺講堂聽經，如來藏說：「我是無為的，所以我不要去。」你怎麼辦呢？祂成日裡跟你對幹，你要東我就西，你要南我就北，那還能叫作如來藏啊？不能啊！

所以如來藏一定是永遠都空寂，祂永遠如虛空而能生萬法，生萬法之後永遠不了別萬法，所以六塵中的一切法祂都不了別，然後祂不斷地供應六塵給你，你就在那六塵中喜怒哀樂，都活在祂所生的六塵中；有的人是很痛苦的過一生，有的人是很愉快的過一生，各不相同，但都同樣是活在自己的如來藏所生的六塵中。菩薩是辛苦地過一生來利樂眾生，然後說沒有痛苦；如果救度很多很多眾生都不落三惡道了，所以菩薩心裏很歡喜；當你問他說：「您今天很歡喜。」他卻說：「我沒有歡喜。」明明他笑得嘴都快裂了還說沒歡喜呢！但實相正是這樣。也就是說，明鏡永遠都不生滅，不隨鏡中影像而動心，但影像永遠都是生滅法，時時心動。

可是明鏡含攝了影像時，影像就是在不生滅之中而有生滅，生滅的背後是不生滅。那麼有情眾生這個「無名相法」、「無分別法」，也就是這個如來藏，正好是像這個樣子：不斷地顯現出張三、李四、王五、趙六，這樣一世一世的五陰不斷地生滅，而這些五陰全都在如來藏所生的相分中修道，或者淪墮，種種情況不一而足，但如來藏始終不分別。等到一期生死結束時，該算總帳了，依著因果律該出生為下一世的地獄身，就給他下一世的地獄身；該出生下一世的欲界天身，就給他下一世的欲界天身。就這樣，祂也不分別，該怎麼作就怎麼作。

那麼從如來藏來看待一切諸法時，你站在如來藏的立場來看待一切諸法，這一切諸法都攝歸空寂的如來藏，所以這一切諸法也就空寂。但是在如來藏的空寂境界中，又無妨有一切諸法不斷地生住異滅，並不妨礙。所以實相法界含攝了現象法界，現象法界不管多麼鬧、不管法多麼雜，但實相法界一以貫之全部含攝；而實相法界是永遠寂靜的，所以這實相法界代表了一切諸法，就說一切法寂靜；因此在《般若經》中就用一切法來指稱如來藏，因為一切法本歸如來藏所有，一切法並不是自己有常住自性，一切法的背後其實就是如來藏，靠如來藏供應各類種子才能有一切諸法，所以一切法就是如來藏。那麼如來藏本性空寂，所以一切法本性空寂；一切諸法莫不如是，所以如來說「**一切諸法空寂**」。

可是大莊嚴如來入滅後過了一段時間，這些說法者由於沒有實證這個「**無名相法**」——沒有實證「**無名相法**」如來藏，所以他們沒有辦法演說「**一切諸法空寂**」的法義，那他們凡有所說都是落在我人眾生壽命之中，這是很正常的事。所以臺灣後來崛起，很有名的大法師不是成日裡跟人家講嗎：「**清清楚楚、明明白白、處處作主，這就是眞如佛性。**」講了也就算了，他還補充：「**諸位在下面聽法的一念心，師父我在座上說法的一念心，就是眞如佛性。**」嗄？原來眞如佛性會說法、會聽法，就不是無覆無記性了！那麼顯然眞如佛性跟語言文字相應了；可是經中明明說「**法離見聞覺知**」、「**法不可見聞覺知**」啊！那該怎麼辦？可是以前大家都不讀經典，也沒有人講解了義經典，就沒有人懂得提出來請問他，所以就讓他這樣晃了十幾年都在清清楚楚、明明白白之中，臺灣佛教信徒也就跟著信了十幾年；到後來臨死前幾年再也不談清楚明白了，再也不說處處作主了，因為蕭平實說過了，說那個叫作意識跟意根，於是他不講了。

你們想，他本來是一個證悟者，頭上有一頂光環——開悟的聖者。一天到晚一張嘴講個沒完沒了，到處在講什麼是眞如佛性，凡所到之處總是受人崇拜供養，多麼風光啊！但我們沒風光可言，我還出錢出力而且不斷說法，都沒有錢財可得，我還付出，所以我不風光。但你想，他們當年多風光，一出門前呼後擁，大老闆來支票一開就是三千萬元、五千萬元、一億元、兩億元，甚至以前有一個科技業的大老闆，一捐就是二十七億元，捐給「宇宙大覺者」；現在知道她是個凡夫，我想他有可能半夜裡會捶心肝！可是當年大家就信受，而大師們竟都不知道那個還是五陰我。

那我們不風光，他們收供養、受禮拜等，眞是風光一時，可是竟然被蕭平實拈提了說：那是凡夫境界，不離識陰，都沒有斷我見。天啊！從天上掉到地上來，這一掉不是掉在乾地，而是掉到爛泥巴裡，那你們想，他們日子好過嗎？不好過的。所以有一位被蕭平實拈提以後沒多久就走人了，因爲眞的很抑鬱。但是天下最抑鬱的不是這個人，而是釋印順；只是他忍功了得，忍了我十幾年都不吭一聲；別人隨便寫個文章批評他一下，他就和門徒馬上回應，可我為他出了那麼多本書，他從來不回應，因此我說他忍功了得；如果他好好修六度，忍辱行一定修得很好。但是我說他不應該忍，應該站出來；假使不服氣就回應，就像回應那些小人物對他的批評一樣；假使服氣，就應該站出來懺悔滅罪，這才是聰明人。

所以我說那些聰明人專幹傻事，可是我這個傻瓜不要名、不要利，不要什麼權勢，就只是要復興佛教。我這個傻瓜幹的其實是聰明事，因為對未來世有大利，對自己、對別人都有大利益；不但未來世有大利益，今世就有大利益，因為至少是個解脫者，不會被世間法所繫縛。所以「一切諸法空寂」不是世間人的意識思惟所能了知，因為這是意識思惟之所不及，唯證乃知。

而如來降世之後一直到末法時代的今天，所有善知識也都不明講，因為難信；不是難證而是難信，難信才是最大的問題；假使明講，眾生一定誹謗，如果讓他辛辛苦苦參究，參究出來之後又去檢查：這是不是五蘊？這個有沒有符合如來藏的自性？這樣經過一番辛苦的過程確定下來就不退轉，才能起信，明講的後來一定壞法。

有時在禪三我針對極少數人卻又明講，因為我判斷這個人的善根夠，他的慧力也夠，只要讓他實證了然後作一番開示，讓他隨聞入觀，他一定不會退轉，而且很快可以用，不愁沒人可以用，這時我就明講。但不能單以禪師那樣的層次來爲他明講，得要有道種智在後面幫他扶著，當他有疑時能馬上把它斷除，他的疑難你能隨時爲他解決，他就不會有渾身的雜症，這得要有道種智才行。假使我今天證般若的狀況就像廣欽老和尚那樣，那我一定終生只給機鋒，永遠閉嘴，不給其他的密意指示，因爲一定會被信力與慧力不足的弟子悟後生疑而推翻。

明講這個事情是很危險的，所以只能對極少數人而作，必須是往世修集來的福德善根慧力已經很深厚了才能作，千萬千萬小心，否則就變成虧損法事、虧損如來，到了捨報時算總帳，絕對不好玩。所以對「**一切諸法空寂**」不能生起勝解，其癥結點就在有沒有證眞如；證眞如以後善知識再點撥一下他就懂了——原來**一切諸法本來就空寂**。

那麼如來在初轉法輪《阿含部》諸經講的一切諸法有生有滅、喧鬧不住，跟這個「**一切諸法本來空寂**」沒有絲毫衝突，因爲那是在講鏡子裡的影像，而般若與道種智是從鏡子來看那些影像，哪裡會有衝突？所以只有未曾實證的愚癡人而且膽大包天，才敢說初轉法輪、二轉法輪的法互相矛盾。他們眞的膽大包天！天主、天神、天人們的膽子都沒有他們那麼大，諸天都不敢否定，偏偏他們敢否定。

「一切諸法空寂」從文字表面看來是邏輯不通，因爲一切諸法顯然包括六塵、六識心，而六塵、六識心不斷在運作時，是一堆的煩惱而且是非常喧鬧的境界，所以從文字上看時邏輯是不通的。可是你從眞如來看的話，一切諸法都歸眞如所有，而眞如從來寂滅、從來空無一法，那不就是「一切諸法空寂」嗎？所以這才叫作「唯證乃知」，不是眼耳之所能到，不是意識思惟之所能到。那因爲他們不懂，有時讀了認爲好像是這樣吧？又好像不是吧？「心不決定」。那他們「心不決定」時，講來講去還是會落入意識的境界，永遠不能觸及實相法界，再怎麼思惟的結果都是有衝突的。因爲眾生在人間主要就是意識，都落在現象界中，所以當他們落在意識時，說來說去就是有我、有人、有眾生、有壽者，這就叫作「說不清淨」。

現在回來經文說：「其佛滅度百歲之後，諸弟子眾分爲五部：一名普事，二名苦岸，三名一切有，四名將去，五名跋難陀。」弟子們分爲五部，五部倒也還好；你們看 釋迦如來的法中，菩薩眾沒有分部（沒有分裂），但聲聞法分爲十八個部派，後來好像成爲二十或二十二個部派，多嚴重！光一個聲聞法。但菩薩們—實證的菩薩僧團—從來沒有分裂過。大莊嚴佛的弟子五部，世尊說有這五個人爲導首，他們是大眾之師；弟子眾若是會成立另外一個部派，那個部派一定有一個領頭的人，不可能是沒有人領頭的；若沒有人領頭，他們就不會分裂成另外一個部派。既然會分裂，就會繼續分裂，包括原來繼續住持正法而不分裂的領頭者，全部加起來就成爲五部。就像以前 世尊弟子聲聞法的上座部不想分裂，可是裡面的人不斷地要分裂；那不想分裂的上座部，我們不能說他們分裂這個聲聞僧團，否則就是對他們冤枉，那是別人分裂出去，不是他們分裂的。

同樣的道理，這些人有四個部派分裂出去，原來的僧團就成爲五部派中的一個部派，加起來是五個部派。世尊說這五個部派各有領頭的人：「一名普事，二名苦岸，三名一切有，四名將去，五名跋難陀。」又說：「是五比丘爲大眾師。」接著說：「其普事者，知佛所說眞實空義無所得法；餘四比丘皆墮邪道，多說有我，多說有人。」普事比丘，只有他知道 大莊嚴佛所說眞實空的義理，知道 大莊嚴如來說的「無所得法」，其餘四位比丘雖爲大眾之師，但全部墮入錯誤的法道之中，他們大部分的時間都說「有我、有人」。當他們都說「有我、有人」時，在語言文字中不一定是明說有我有人，語言中還是講無我無人。就像後山那個「宇宙大覺者」，也像釋印順、釋昭慧一樣，他們說法時也說：無我、無人、無壽者、無命者，可是他們所謂的無我無人的境界卻是有我、有人，所說都落在三界有中，那就是「說有我、有人」。像法時代很多的弘法大師如此，末法時代也同樣是如此說的。

那麼 大莊嚴佛的弟子們當時也如是，他們以 大莊嚴如來所說的無我、無人的名相來說法時，說出來的本質卻是在說有我、有人。例如釋印順也這麼說：「五陰緣起性空無我、無人。」可是說無我無人時他卻又說：「意識的細分，那個細意識是無我、無人的。」但細意識是不是意識？那意識既然是我、是人，爲什麼意識細分出來就能變成無我、無人？如果這個邏輯可以通，眞是太棒了，我們正覺同修會要發大財了。對啊！咱們可以去鐵工廠買一大批的鐵來，這一大批的鐵全都是一塊五百公斤，我把五百公斤的每一塊鐵，全部鋸出一小部分又一小部分來，就可以變成黃金，不再是鐵了，把那些黃金拿去賣了不就發大財嗎？還愁新買講堂時嫌太貴嗎？可是這邏輯通嗎？完全不通啊！意識就是意識，永遠有我、有人，憑什麼把意識細分出來就可以變成無我無人？意識的全部都有我、有人，再怎麼細分還是有我、有人，所以那個所謂成佛了的釋印順，腦袋應該都是裝糨糊，因爲連這種簡單的邏輯都不懂。所以那一些誤導眾生的另外四位比丘，口說無我、無人，其實他們所說的法都是有我、有人。

現在問題來了，四個部派說有我、有人，這跟眾生的我見我執相應，跟眾生當然是非常融洽的，因爲眾生最寶愛的就是自我，而他們說出來的所謂佛法：「**我是眞實的，我這個離念靈知是眞實不壞的。**」當大家都說這個是眞實的，只有一個普事比丘說：「**離念靈知也是分別法，就是五陰的我，是虛假的、有生滅的。**」那麼支持他的人一定是很少的。就像我們努力了二十幾年，支持我們的人還是少數，因爲我們告訴大家說：「**你們這個我是假的，是虛妄的，是生滅的。**」大家說：「**我跟你學，要否定我自己，那還得了！**」所以大家不願意進正覺。如果大家都願意進正覺，佛教就復興了，因爲大家都可以證初果了。但是你們看佛教界海峽兩岸、長江南北，包括南洋，我寫的書這麼多了，都說五蘊虛妄，從現量、比量、聖教量各方面，我都說了，到現在爲止有哪一個道場出來呼應、出來宣告說「我們認爲意識是虛妄的」？一個也無。這表示什麼？顯然當代所有大法師們都還喜歡五陰自我。所以那些大法師們私下裡說蕭平實：「他這樣罵我，侮辱我，我的尊嚴何在？」「你怎麼罵我？我有我的人格權欸！」然後去法院告蕭平實，全都是我、我、我……偏偏咱們說「無我」，那些大法師們和眾生一樣都不相應；連大法師都不相應了，何況是一般眾生？所以到現在爲止，佛教界認同這個了義法的人還是少數。

你們看臺灣現在是這樣，大陸的大法師們更是這樣；所以大陸各省佛協，包括中國佛協都出來抵制正覺，去遊說統戰部、公安部來禁止我們復興中國佛教。咱們努力爲他們復興，他們卻是打壓我們，於是咱們成爲熱臉貼冷屁股了。主要原因則是大陸所有大法師們說的是有我的法，我們正覺說的是無我的法，南轅北轍沒有交集！我們雖然沒有指明說：「你們各個佛協會長說的佛法不對。」問題是我們的法義流通出去以後，就會間接證明他們講的法不對，因爲學佛人都會去作比較的。各地的大法師們心中恐懼的是：本來頭上有一頂開悟聖人的光環，現在這光環被蕭平實剝奪了；是可忍，孰不可忍？現在不抵制你更待何時？於是正覺就被他們遊說官方認定爲境外佛教而公開抵制了。

那麼 大莊嚴如來在過無量無邊劫之前入滅後的事也跟我們現在一樣，那時「普事比丘爲四部所輕，無有勢力，多人惡賤；」這不就像我們正覺如今在大陸的狀況嗎？好在我們逮著了臺灣有言論自由的機會——言論自由、出版自由、宗教自由，我們自由自由地從聖教量、從比量、從現量一一講出來，告訴大家爲什麼五陰是虛妄的，爲什麼如來藏眞實可證；這樣二十幾年篳路藍縷，終於在臺灣大勢底定。所以現在臺灣喇嘛們像以前那樣身後總是跟著一大群人、捧著錢財供養的現象消失了，但爲什麼會這樣？因爲我們從三量來證明他們都是有我、有人，不符合聖教量也不符現量，而他們從來無法回應，那我們在臺灣算是大勢底定，基本上可以說在臺灣復興佛教的大業成功了。

可是如果沒有這個外在的環境就會很困難，所以當年決定開始復興佛教而成立正覺同修會時，我有一個認知：既然我要挑起如來的家業，就必須不斷地寫書，告訴佛弟子們更多的道理，要從各個不同的層面來演說三乘菩提。所以我們從很多的層面來講，當他們說我們不懂般若時我們就講般若諸經，說我們不懂密宗時我們就寫書講密宗，說我們不懂戒律時我們就講戒經也傳戒，說我們不懂阿含時我們就寫《阿含正義》。只要他們說我們不懂什麼，我們就講什麼、寫什麼。現在好像沒有人再說我們不懂什麼了，因爲佛教界認爲需要講的、寫的，我大約都講了、寫了，這樣才算大勢底定。如果當年我聽從那一些退轉的人建議，不要指名道姓寫什麼人的法錯誤，那就是重蹈玄奘與窺基的錯誤模式，我們今天在臺灣還要再繼續奮戰，還得繼續不斷地苦戰而最後可能還是不會成功。但我們如今在臺灣不用再奮戰了，現在教育大法師們的戰場轉移到大陸去了。

但現在大陸的問題是宗教法規，他們那樣的法規當然有其立法意旨，就是爲了維護宗教界的和諧與國家的完整，不希望產生藏獨的宗教戰爭而分裂，所以規定各宗教教內不許互相評論；我們也認同，不得不這樣，然而是不是可以鬆綁一下，明文規定出來「各教內部法義可以自清」，不牽涉其他的宗教。大陸的宗教法規又規定境外宗教團體不可以去弘法，臺灣竟然屬於境外，好像不是中國的，這和我們正覺的認知大大不同，這眞的讓人難以接受。如果可以改變，認定臺灣的佛教團體不是境外佛教，將來中國佛教一定可以大力復興，使國家更安定；可是現在目前這兩、三年內看來是不可能了，五、六年後大約也是不可能的。

那麼佛教的法義——三乘菩提，這個了義正法太勝妙、太偉大，不應該侷限在臺灣一地。而且臺灣這個了義而且究竟的正法——三乘菩提的法——究竟是從哪裡來的？啊？從日本來的嗎？不是！日本傳來的佛教都是表相佛法。我們正覺這了義法是從大陸傳來的，你們可別說：「**您蕭平實是臺灣出生的啊！**」我說：「**我蕭平實只存在一世嗎？**」我上一世又不住在臺灣，我在江浙一帶生活，所以我是從大陸生來臺灣，那我就把佛法帶到臺灣來了。除此以外，臺灣還有誰帶來佛教正法？廣欽老和尚；但他沒把了義法傳下來，而且他只有總相智。所以臺灣的了義法是咱們從大陸帶過來的，既然是從大陸來，再傳回大陸去也是正常的。

也許有人想說：「**我們在臺灣弘法都這麼辛苦了，您還要去大陸弘法喔？**」可是你也想想：你往世也住在大陸啊！臺灣以前能有多少人？而且你還有很多往世的眷屬留在大陸，都不想念他們喔？對了！你是忘光光了所以不曉得，可我沒忘光光。那我也告訴你們，你們本來就不是臺灣人，搞不好兩千年前你們還是天竺人。既然那麼多的眷屬還在大陸，我們得要把正法帶回去；而且臺灣也不是很可留戀之地，臺灣的福報已經開始走下坡了。我很早就講過，當陳水扁廢掉核四發電廠時我就提出來了，但很多人不信；當年我說臺灣的福報從這時開始成為一個轉捩點，開始要走下坡了。當年很多人聽了還不信，但是事後的現在來驗證看看，究竟信不信？還眞不能不信。

那時我們還沒有禪三道場，我們去看一個北海岸那邊的一塊山坡地，後來我發覺那裡離核四廠很近；又因為那塊地沒有明堂，將來也沒有發展空間，所以我說：「這塊地不能用。」他們騙我們說有明堂，說：「前面有好大一塊空地，但是在這斜坡下面。」我說：「若眞是在斜坡下面，但我在這裡都看不見，不然我們改天買一大捆氫氣球掛起來，再從遠處來看。」於是改天就掛了起來，開車到很遠的地方去看，就是看不到氣球；後來終於瞄到了，原來因為太遠而變得很小，幾乎看不見，我一看：「前方哪來的空地？騙我嘛！」好在看地我內行，沒有被騙。在回程的路上我告訴他們：「臺灣的氣數到這裡，福報到這裡，接著要走下坡了。」他們都不信，但現在不得不信了。

可是大陸現在正在發展（編案：這是二〇一六年十二月六日所說），弄得烏煙瘴氣，如果霧霾飄到臺灣來，我們也是一片烏煙瘴氣；可是終究會改善，人民受不了時就會改善。諸位想一想，四十年前距離這裡不遠的林森北路；如果諸位還記得的話，那時林森北路的 PM2.5 比現在大陸還濃，絕對不輸給現在大陸的北京，但是後來改善了，大陸也會一樣，只要福報漸漸增加。我們也要把福報帶回去大陸，你們如果想留下來繼續投胎在臺灣，也沒問題，自己要想清楚就行。但是我不想在沒有福報的地方弘法，我們寧可下一世來臺灣朝聖，再去祖師堂朝禮，就是不要生在臺灣，因爲臺灣的福報已經走下坡了。

那麼這是題外話，也就是說大部分人會認同自我；所以「我的財產、我的眷屬、我的名聲、我的金錢、我的骨董、我的各種事物……」都看得很重要，這是大部分眾生所認同的。但普事比丘說這些都是無常，連自我都是無常的，何況是我所？因此認同他的人很少，而且認同的人大部分都成爲大阿羅漢，結果都入涅槃去了，剩下那些凡夫，認同的人自然就少，於是「為四部所輕，無有勢力」；沒有勢力時就會被人輕賤「多人惡賤」。假使一隻狗掛著項圈，項圈乾乾淨淨又是編織的，還鑲了裝飾物，看起來是很有水準的；而牠的毛色光亮，人家看了就不會踢牠一腳，知道牠有主人，而且主人過得很有水準。可是如果牠沒有項圈，渾身髒污毛色不亮，黑毛看起來都變灰色了，不論誰走過時就會踢牠一腳。普事比丘的情況有點像是這樣，因為沒有勢力，所以「多人惡賤」。

我們是幸運的，我們的幸運從白馬精舍印了《大正藏》到處流通開始，所以有很多人家裡擁有經藏可以閱讀。以前經藏只有在寺院才有，民間哪有？而當年他們印得很便宜，一百巨冊才臺幣三萬六；他們採預約的方式，不管居士、寺院，誰想要都可以來預約；把錢付給他們，他們就分批印給你，前後兩年多才整個交貨完畢。當年我訂了一部，夠便宜的。正因為經典流通多了，所以我們以聖教作根據時人家都可以去對照，正法立足無虞。後來我最感謝的就是中華電子佛典協會他們那些人，他們六識論者去弄出電子佛典，真的太棒了，而且免費贈送；就算他們用賣的，人家也可以拷貝，因為佛經沒有著作權。

但我說他們都不知道這是搬磚頭砸自己的腳，他們想：「**我們印了經典，我們以經典作證據。**」沒想到他們引作證據的經典都在指證他們的錯誤，都在證明咱們正覺才對，所以我說他們搬了磚頭時都不知道會砸到自己的腳；但我都看清楚了，我說：「**好！讓他們繼續去作。**」果然他們一年一年更新，資料越來越多，最後就是證明我們完全正確。就這一點來說，我倒是蠻感謝他們的；我們正好落在這個時空，佔有這時空的有利背景，所以我們在臺灣能復興起佛教來。但眞的不能不讚歎白馬精舍當初草創印經這件事，也不能不讚歎電子佛典的人們很努力去作，因爲那是發動很多人去作才能完成的事。

那我們現在在臺灣佛教界已經多有勢力，雖然人少，但是我們一個人抵得過臺灣佛教界一萬人！雖然我們人少，但不論走到外面哪裡去，人家只要聽到是從正覺來的，都閉嘴不講了。本來佛法說得興高采烈，就被你這個正覺來的人給堵住了，你根本沒開口，人家就都不講了。你們看正覺這兩個字多偉大，眞的偉大，這就是法的威德，不是我這個人有什麼威德，也不是你們有什麼威德。要論世間威德，總得要身強力壯；我又打不過人家，而且如今已經七十幾了，哪有辦法？要說財力，我又不是幾千億的財產可以拿出來砸人家。但是法的威德很大，所以現在大家都知道的是：只要遇到正覺的人，不講法就對了！

可是當時的普事比丘，被那四部眾毀謗抵制，如果他沒有經典作依據，又無法把很多的法流通出去度化很多人，就沒有勢力，必然是「多人惡賤」。沒有勢力時，一定會招致別人的攻訐，這是無可奈何的事。所以早期有些人曾經說：「蕭老師最好騙了，你跟他要一塊錢，他就給你十塊錢。」有一句閩南話說「最好撈」有沒有？聽過沒有？看來我當年作了愚蠢的事，但是愚蠢的結果愚蠢不愚蠢？（有人答話，聽不清楚）對了！正因爲我像他們講的濫慈悲，度了很多人實證，有更多的人可以作事，有更多的人可以出來弘法，因此正法在佛教界的勢力就建立起來了；所以不要吝法，吝法有後遺症的。

以前也有人勸過我：「老師啊！您那個法不要講那麼多、那麼深，人家都學會以後幹嘛還要跟隨您？」我說：「如果你這樣想，那你就不會進步；我如果怕人家學更多，就表示我的證量很粗淺。」我想，他們當時的想法應該認爲我的證量就是那樣而已，才會那樣想吧。可沒想到我一直講，講了二十幾年下來，法講不完，他們大概很意外吧。那一些勸我不要把法給太多的人，如今也都走光了，都沒留下來。可我這個傻不拉嘰的人，一不爲名，二不爲利，三不爲眷屬，就很努力不斷地想要幫助人親證；有時也會遇到有人不想證悟，我還硬幫他開悟。可是今天看來我的作法對了，否則我要把佛教復興起來，這力量要從哪裡來？一雙筷子拿來一彎就斷，可我們現在是一大捆的筷子，誰敢來彎彎看。那我們現在一大捆的筷子要變成一萬捆、一千萬捆，誰敢再來挑戰，這就是我們要作的事。

那普事比丘當年有可能是沒在這方面努力作，有可能只是一直想要維護正法，但沒有度很多的人證悟出來，再以經典來證明所悟是正確的，所以勢力發展不起來，因此「**無有勢力，多人惡賤**」。護法與弘法，這兩件事互相爲因、互相爲果。那麼其他四個比丘跟眾生很相應，因爲眾生都喜歡自我，很喜歡我所，所以很相應。那這「**四惡比丘多教人眾以邪見道**」，什麼叫作邪見道？就是有我、有人、有眾生、有壽命。有我、有人時就會有我的財產、我的眷屬、我的名聲、我的利益等我所，於是這些「**邪見道**」正好投其所欲、投其所樂，於是他們勢力廣大。

但是這一些人「於佛法中不相恭敬」，既然落在我與人裡面，就是會爭名奪利或爭權奪利；五陰的我就是會搶奪眷屬，搶奪眷屬目的是為什麼？為了名聞與利養，眷屬越多利益就越多。不像我是眷屬越多賠越多，我是顛倒的；因為我的時間要賠越多，錢財要捐越多。但是他們不一樣，他們眷屬越多就表示供養越多，財力越廣大，所以他們永遠都會以「邪見道」來教導徒眾。既然落在「邪見道」裡面都以自我為主，就會產生利益上的衝突，跟別人就互相對立了，就會互相攻擊；所以那四大部派之間也不會和睦相處，也是會互相攻擊的，所以「於佛法中不相恭敬，相違逆故，以滅佛法」。

以前達賴喇嘛的信徒們批評我們斂財，還曾經說過我們是怎麼樣，我都忘記了；被人家罵還會忘記，眞笨。對了，他們批評說我們在跟人家爭供養。可是不久就不說了，因為我們有同修上去反駁：我們從來不勸募，也從來不接受任何供養，所有會員捐獻的錢財都用在正法上，沒有一絲一毫落入個人的口袋裡。因為連政府也都知道這一點，他們也來查帳，都詳細查過了。他們派來的會計師還說：「我們從來沒見過帳目這麼清楚的基金會。」但我們一向就是這樣。所以他們說我們與他們爭財利、爭供養，可我們從來沒有在爭供養，是他們自己互相在爭而已。

因爲他們都落在我之中，以「我」爲主的時候就有世間的種種法貪著；但我們不是以「我」爲主，我們是轉依了如來藏、轉依眞如——轉依「**無名相法**」這個「**無所得法**」，那我們要貪著什麼？我們不貪著這一些；我們貪著的是更大的法，叫作佛果。佛地的功德才是我們要的，但我們要的這個功德是無貪的。所以他們想盡種種辦法來誹謗我們，最後都不成功，因爲事實就是這樣。那他們落在「我」裡面就會互相攻擊，因爲互相有利益上的衝突，有利益衝突時就會「**互相違逆**」。眾生看到說：「**他們幾個大師自己不也互相攻擊嗎？不也互相爭個頭破血流嗎？那跟世俗法有什麼不一樣？**」於是大家再也不信佛法，不想學佛法，於是「**以滅佛法**」，佛法就是這樣滅掉。

釋迦如來也說過，以前 迦葉佛授記時曾經講過：「**釋迦如來的法，以多受供養的緣故，後當疾滅。**」那我們是從一開始就堅決要執行到底：我們就是不受供養。假使讓我查到了誰受供養，我就把他冰凍起來，再也不要用這個人。他藉這個法去受供養，乃至跟人家敲詐，那我沒有法律上的權力法辦他，而對方也是情願給他，周瑜打黃蓋並不違法。但是，不違法，卻是違背佛法；佛法不會判他死刑，也不會判人家要關禁閉，但佛法中可以默擯；那我就默擯他，這就是我們的作法。

正覺同修會爲什麼要這樣作？因爲就怕佛法「多受供養」的緣故「法疾滅失」。我就怕這樣，所以堅持永遠要當佛教界的清流；這一股清流跟濁流並流但永遠不被染污，我要的是這樣；如果有一小部分被染污了，我就把他摒除出去在清流之外；他就跟濁流他們去合流，我們清流繼續是清流。如果一條河流中黃沙滾滾，中間有一條清流是不是很明顯？非常明顯。那些滾滾濁流就要罵你：「你是異類。」沒想到我挨罵「異類」卻很歡喜，曹山本寂禪師也喜歡人家說他異類，甚至於還開示「異類墮」，說你要墮入異類中才行。那麼同類是什麼？正是五陰十八界；什麼是異類？（有人答話，聽不清楚。）大聲一點！對啊！如來藏不就是異類嗎？我們正好要當異類。

當異類大有好處，讓人家辱罵沒關係，他們是爲我們消業：「是人先世罪業應墮惡道……則爲消滅。」那你當異類可以成佛，他們罵你是異類以後學佛永遠無成，如是讓人家指責爲佛教界的異類有什麼不好？所以他們在網上不論怎麼罵我，想要讓我生氣，我都不生氣；因爲他們的罵也是我想要的，幫我消除往昔無數劫來更多的微細小惡業；他們說我是佛教界的異類我喜歡，他們說我無法跟佛教界對話我也喜歡，因爲我的無生法忍和他們的凡夫知見相距太遙遠，眞的無法對話。所以他們要激我生氣激不起來，如果有人罵我「蕭平實眞沒智慧、蕭平實好笨」，我說：「對啊！我就是沒智慧才會當菩薩，我就是好笨好笨，不懂得藉這個了義法賺錢，我眞的好笨！」而且悟後轉依如來藏妙我，「我」從來都不懂任何一法，「我」無始劫以來就不懂佛法，沒什麼好生氣的。

後來他們看我不生氣，乾脆不罵了。不罵也好，天下太平；罵也好，才會有名，正法也很需要名氣。當年我們在臺灣佛教界一點名氣也沒有，卻有密宗道場幫我們打開名氣，他們花了三、四百萬元幫我們登在三大報，所以正覺同修會一夕之間成名，那個傻瓜叫作義雲高。所以每當有人生氣時，我都說：「不用生氣，這是我們的機會，揚名立萬了！」我們只要印一本書出來回應就夠了，反而度了一些人，所以他們後來不再刊登廣告。就好像有人寫文章、寫書來罵我們，我們後來也聰明了，利用他的文章寫書來賺錢，惡事就變佛事，於是他就不再寫了。所以要有許多的方便法來因應不同的時空而作，讓眾生最後經過長時間的檢驗以後，認同這個了義法。那我們不只是要他們認同這個法，而是更希望他們來世也能實證，然後大家都得解脫、都得實相智慧，這才是我們的目的。

那麼 如來這麼長一段經文說明往古 大莊嚴如來時的狀況，這個故事（因爲是過去的事所以叫作故事，但不是編造的）說到這裡還沒有完結，我們再來聽聽 世尊怎麼說：

經文：【「舍利弗！若有人知普事比丘所說空法，信受不逆，我知此人曾於先世供養五千佛，有六十八億那由他人已入涅槃，何以故？舍利弗！是人於過去世諸佛所種諸善根，修集無所得空法，應入涅槃。舍利弗！是苦岸比丘、一切有比丘、將去比丘、跋難陀比丘，皆計有所得；說有我人眾生壽命，徒眾熾盛。是四惡人多令在家出家住於邪見，捨第一義無所有畢竟空法，貪樂外道尼犍子論；舍利弗！是四惡人所有在家出家弟子常相隨逐，乃至法盡。舍利弗！是中有人知非法事，受以爲法，勤心行之，猶尚不得順忍，況得須

陀洹果？是人猶尚不作消供養事，何況能生順忍？舍利弗！爾時在家出家弟子多墮惡道，不至善道。是諸惡人滅佛正法，亦與多人大衰惱事。」】

語譯：【世尊又開示說：「舍利弗！如果有人知道普事比丘所說的空法，能信受而不背逆，我知道這個人曾經於過去世供養了五千佛，到現在已經有六十八億那由他人證得涅槃了，爲何這麼說呢？舍利弗！這個人於過去世諸佛所在種植了種種的善根，修集無所得的空法，將來應該要入涅槃。舍利弗！這苦岸比丘、一切有比丘、將去比丘、跋難陀比丘，都是誤計有所得的法作爲眞實的佛法；他們都說有我、有人、有眾生、有壽命，他們的徒眾非常熾盛。這四個惡人大多使令在家出家的弟子信徒們住於邪見之中，捨棄了第一義諦無所有畢竟空的勝妙法，而貪樂於外道尼犍子的邪論；舍利弗！這四惡人所有在家出家的弟子永遠都是互相隨逐而不捨離，乃至於法盡爲止。舍利弗！在這裡面有人知道非法之事，而能夠領受並當作是眞實法，然後努力精勤的修行之後，結果仍然是得不到順忍，何況能得到須陀洹果？這些人尚且沒有辦法作種種能消供養的修行諸事，何況能夠產生順忍呢？舍利弗！當時在家出家弟子大部分都墮入惡道之中，沒有辦法繼續生於善道。這一些惡人

毀滅佛的正法，也是給與多數眾人產生大衰惱的事情。」】

講義：普事比丘所說的空法，確實很難信受，因爲眾生都愛樂世間法，不管是欲界的法、色界的法、無色界的法，眾生總是脫離不了三界我與世間法，所以在三乘菩提的出世間法上是不能相應的。因此他們對於普事比丘所說的空這個法，能信受的人非常之少。但是其中偶爾會有一些人願意信受，就像現在全球的佛教徒有多少人？有三億人、四億人吧？應該有吧？且不說外國，單說中國，我認爲基督教徒現在大概有兩億出頭，因爲十幾年前新聞報導說，官方統計的就有八千萬人了；那是有登記的，沒登記的一定更多；可是其他人大部分自稱佛教徒，但他們信的是什麼？大多數信密宗。大陸的佛教徒大部分信密宗，但密宗本質不是佛教，都是喇嘛教，是仿冒佛教而自稱藏傳佛教，但他們都自認爲佛教徒。就像臺灣早期寺院都被密宗滲透，他們也自稱佛教徒；這幾年他們才開始遠離密宗，道理是一樣的，所以全球佛教徒最少也有四億人。

大陸現在多少人？十幾億？十三億？十五億喔？你們內地人自己講的都不一致。是十三億喔？官方統計的。那就說半數好了，佛教徒就有六億人。

如果是三分之一再多一點，那是四億多人。這四億多人信受「無所得空法」的能有幾人？少之又少。可是如果你告訴他們「離念靈知就是眞如」，那一定會有很多人相信。如果你說「樂空雙運時就是成佛」，會有更多人信，就像美國那些電影明星正是這樣。他們爲什麼喜歡達賴？因爲可以成佛又可以玩女人、玩男人，多好！眞是魚與熊掌得兼，所以他們都很喜歡密宗附佛外道。

就像水總是往下流，往上流的水是極少數中的極少數，那叫作菩薩。所以其中偶爾會有人對正法「信受不逆」，絕對不是多數！你們看看信受了義法的才多少人，雖然說我們今年的菩薩戒報名一週就關門不再受理了，這也是不得不關門，因爲我們場所就是這麼小。才開放報名一週就不得不關門，看來好像信受正法的人很多，可是這些擠破頭要來受上品菩薩戒的人，還有很多擠不進來的人，都是完全信受「無所得空法」嗎？其中也有不少人是因爲聽說這是上品戒，由於上品戒很難得，所以來報名受戒的，不是爲了正法。那我們也接受，爲什麼接受呢？因爲是要藉上品戒這個因緣讓他們未來世也可以證悟。因爲其中能證悟的人應該是少數，不是大多數的人都可以證悟。

但是以上品戒作因緣，他們下一世、也許下下世就可以證悟了，那我們就為彌勒菩薩座下不斷充實起來，也是很好的。因為我們不是只看這一世，我們也看未來世，所以我們也接受這些人報名受戒。

因此說，在普遍濁流之中總是會有一點清流出現，這些人就是會信受、會愛樂「無所得空法」。寧可無所得最後可以成佛，不願意有所得最後沉淪，所以世尊說：「如果有人知道普事比丘所說的空法，心中信受不逆，」如來就為他下一個斷言：「我知這樣的人曾於先世供養五千佛，有六十八億那由他人已入涅槃。」如同信受《金剛經》所說的是眞實法，而不是認為《金剛經》說的是空而無實之法，這樣的人 如來早說了：「當知是人不於一佛、二佛、三、四、五佛而種善根，已於無量千萬佛所種諸善根。」

所以一般人讀《金剛經》時，如果認為一切都是空，就表示他往世所值遇、供養、禮敬、奉侍的如來還很少；以這個標準來看釋印順，他說《金剛經》、《般若經》講的就是性空唯名，而不是在講眞實法，那諸位依 如來這個標準來斷定他往世供養過多少佛，很可能是屈指可數的；因為他認為《金剛經》講的就是空、是虛、是不實之法，但我們認為《金剛經》講的是眞實法，那個眞實法叫作空性而包含了空相。我們說祂是眞實法，而他們說講的是空，表示他們往世供養的佛還太少，奉侍和親近修學的佛還是太少。那麼如來說，其中有人「**信受不逆**」，這個人是過去世至少已經供養過五千佛。那五千佛如果是在人壽五萬歲、八萬歲時示現的佛，座下一定有非常多的比丘證得本來性淨涅槃，入無餘涅槃的人一定也很多，所以說：「**有六十八億那由他人已入涅槃。**」

可是其中也有更多菩薩證得涅槃，叫作「**本來自性清淨涅槃**」。那我要請問諸位了：你們有沒有「**入涅槃**」？有！你們入的是「**本來自性清淨涅槃**」。你們拿到我的金剛寶印時，就不該說還沒有「**入涅槃**」。你們已經入「**本來自性清淨涅槃**」，這也叫作「**入涅槃**」啊！並且你們還眞的有入，阿羅漢死後的無餘涅槃，他們都還沒有入，因爲他們的五蘊全都滅了，能入什麼無餘涅槃？你們現前五蘊都還在，但你們已經發覺自己住在本來自性清淨涅槃中，那不就是「**入涅槃**」了嗎？這樣把聲聞法中入無餘涅槃的，以及菩薩證得本來自性清淨涅槃的人，合計起來總數有「**六十八億那由他人**」。

那麼「**知普事比丘所說空法，信受不逆**」的他們，能見過這麼多佛，也見過那麼多人入涅槃了，背後一定有原由，就是 如來說的：「是人於過去世諸佛所種諸善根，修集無所得空法，應入涅槃。」所以來到正覺同修會證得「本來自性清淨涅槃」，絕對不是小事！有的人剛悟時覺得證悟了好像沒有什麼，但是不要忘了：雖然沒什麼，因為祂太平凡、太實在，所以祂叫作「平實」！但是這個平凡、這個實在卻可以使你日後不斷地出生很多實相般若。目前看來、眼下看來是平凡實在，好像沒有什麼，可是在沒什麼之中眞的大有什麼，那就看你悟後怎麼修行了。所以這樣的人「應入涅槃」，入什麼涅槃？入本來自性清淨涅槃。今天講到這裡。

《佛藏經》上週講到五十二頁倒數第三行「應入涅槃」，今天要從下一句開始：「舍利弗！是苦岸比丘、一切有比丘、將去比丘、跋難陀比丘，皆計有所得；說有我人眾生壽命，徒眾熾盛。」這是末法時代一向的常態，不但大莊嚴如來示現入滅後如是，釋迦如來的弟子到末法時代一樣如是。因為眾生還沒有斷我見之前，總是不免落入蘊處界的我裡面；既落入我之中，你告訴他們說：「這樣了了分明就是解脫，就是這個我進入涅槃之中安住，每天都好快樂。」眾生就很喜歡。如果你告訴他們眞正的解脫：「入了涅槃以後，是空，無所有、無所得，是無我的，我是不存在的。」他們聽了害怕，都不喜歡。所以眾生跟五陰我是很相應的，聽說佛法講無我時是有我自己的，比如告訴他們說：「這個了了分明的我存在時只要一念不生，就是眞正的無我。」他們就很喜歡。

我們弘法到現在二十幾年，我們說的涅槃境界是無我、無所有、無一法可得。結果佛教界看來是還沒有人願意深心接受，所以到目前爲止還沒有哪一個道場公開聲明說：「我們接受涅槃是『我生已盡、不受後有』的境界。」至今還沒有。明明這是 佛講的涅槃境界，但他們依舊不接受。這表示眾生都喜歡「我」，喜歡「我」就會喜歡別人；即使獨自一人，孤家寡人生活在世間，他們也不太喜歡，都希望有很多的人跟他們同在一起，所以「無我、無人」不是眾生所喜歡的。

苦岸比丘等四個人都認爲說，無餘涅槃中是還有五陰中的一部分我存在的，所以還有什麼法可得，因此他們就這樣告訴眾生；而眾生沒有正知正見，也不懂得什麼叫作永離輪迴生死，所以聽到他們說的都很願意接受，因此他們「徒眾熾盛」。假使我們一開始也像大師們一樣說：證得涅槃解脫生死的境界就是一念不生，一念不生裡面永遠都沒有生死，將來入無餘涅槃就這樣住。那我想臺灣佛教界大家都會接受我們，當年那麼多人罵我是邪魔外道的事就不會發生。但我們這樣就能成爲大山頭嗎？也不行！因爲我們名氣比人家小，得要藉廣告等手段來作，而我也必須出家來作才行。如果我們講的法跟他們一樣，而我仍保持在家相，人家待在原來的大山頭就好了，又何必來支持我們？

所以說到後來，我們還是依照　如來的聖教來作，該怎麼樣就怎麼樣，不要與各大山頭和稀泥。因爲我們永遠要當佛教界的清流，所以我們的徒眾就是這麼多，不會再有更多；將來再有更多的話，也是可數的，絕對不是無數無量。那這個法的位階是這樣高，就不能期待我們的信眾會有幾百萬眾、幾千萬眾，那是不可能的。因爲我們的位階太高，越高層次的法能夠相應的人就越少，這是必然的。那麼這樣諸位來定位看看，諸位自己的位階是在什麼地方？你們不好意思說，由我來說好了。

大概十八年前（編案：這是二〇一六年十二月十三日所說）有三位在臺灣佛教界算是有名的，以及一位很有名的居士，約我在臺北市武昌街某個精舍相見，他們勸我不要出版《護法集》，他們的看法是：「當你把月溪法師的法破了以後，原來學習月溪法師法義的這些人就沒辦法學法了，他們只好回到紅塵道場去；與其讓他們在紅塵道場打滾，不如讓他們在月溪的法裡面打滾。」這是他們的說法，但我不接受，我說：「寧可讓他們在紅塵道場打滾，不要讓他們在月溪的法裡面打滾。因爲他們在月溪的法裡面打滾久了，就會起來否定正法；如果他們在紅塵道場打滾，永遠都不會否定正法。」

那他們又說：「蕭老師您這個法太高了，整個佛教界能學這個法的人，就像是金字塔的頂端，那頂端最多只有百分之五；爲了百分之五的人，讓其餘百分之九十五的那些人回到紅塵道場，很可惜啊！」我說：「不可惜！因爲他們回去紅塵道場中，至少不會謗法。」那他們這樣的意思，我代他們再複述一遍讓諸位聽。這表示諸位是什麼樣的人？是金字塔的底下還是頂端的人？（大眾答：頂端。）正是！所以金字塔頂端的佛弟子得要像個樣子，眞的要像個樣子，可不能說：「我是金字塔頂端的人，可是我的身口意行跟金字塔下面或平地上的人都一樣。」這能像話嗎？這是我順便跟諸位作個要求。

這意思是告訴我們說，只要講有我、有人、有眾生、有壽命，一般眾生都會接受，是很容易接受。所以講一些世間法當作佛法，把意識的一念不生當作涅槃來講，眾生都喜歡；如果是我們正覺的法，那是等於要他自殺——全面否定五陰、十二處、十二入、十八界。是可忍，孰不可忍？所以初果人、二果人、三果人被人家罵：「你去死吧！」他們會想：「我本來就要去死的，但不因爲你叫我死我就死；而且我要死得透，跟你們死了又去投胎不一樣。」所以他們不會生氣，因爲他們都是實證的人，很容易就接受世間人的違心境界。

但世間人不同，世間人喜歡六塵中的順心境界，那就是順著我、人、眾生、壽者的思想，來接受各種觀念、思想、修行以及修行之後的果報。眾生是喜歡這樣的，所以苦岸比丘等四個人既有所得，因此他們說的都是「有我、有人、有眾生、有壽命」，正好投其所好，跟眾生寶愛自我的心態相應，所以他們「徒眾熾盛」。就是說「是四惡人多令在家出家住於邪見，捨第一義無所有畢竟空法，貪樂外道尼犍子論」。

世尊又說：「舍利弗！是四惡人所有在家出家弟子常相隨逐，乃至法盡。」既然落在世間我裡面，那他們所說的解脫、所說的般若、所說的成佛境界，當然從佛法來看都是「**邪見**」。可是有誰敢說那是「**邪見**」？沒有人敢說的；就算知道那是邪見，也沒有人敢指出來，免得犯眾怒。偏偏我這個人不知好歹，十幾年前就講那是邪見，所以我們把演講的資料整理出來印書，叫作《邪見與佛法》。這表示什麼？只有咱家講的才是佛法，他們講的都是邪見。我等於一竹篙打翻一船人。不過我這一打翻也就打翻了，他們還眞得落水，還眞對我無可奈何。怎麼樣才叫作沒有落水的人？趕快跳出來說：「**蕭平實講的對，我認同他的看法，其他都是邪見。**」那他就沒有落水；只要沒有這樣出來呼應的人，都是落水的人。

糟糕！這樣看來海峽兩岸包括南洋的所有大師全部都落水了。不過我想一想，當年因爲那本書被他們抵制誹謗還是値得的，因爲當年如果不作，今天我們還是得作。自古以來，道不同不相爲謀，他們一定要抵制我們。既然是如此，不如我們就直接先劃清界線，令佛教界清濁分明，以後大家都沒話講。這是弘揚了義正法的人遲早都必須面對的宿命，除非你是在正法時代，否則這就是你的宿命，因爲你的法與別人不一樣。所以 如來說那四個惡比丘都是用「**外道尼揵子論**」來教導眾生（尼揵子論我們講過了，現在不重複解說），用這一些邪見來教導眾生，眾生自然就被誤導，之後大家又自以爲是，因爲喜歡那樣的有境界法。

所以說，大莊嚴佛座下這四個惡人弟子，與所有在家弟子、出家弟子一直都互相隨逐；一世又一世乃至法盡之後，全都下墮三塗。這是很可憐的事，但是可憐的人死前並不知道自己可憐，這才是眞可憐。如果知道自己可憐，就不會可憐，一定會設法離開未來世的可憐境界。所以當你說他們可憐時，他們反過來罵你說：「你們正覺的人才可憐，你們中蕭平實的毒太深了！」可是我們中的是大法的法毒——可以殺死我見、人見……等邪見，我們喜歡這個法毒，還想把這個法毒傳染給他們，但他們並不明白。

世尊接著說：「舍利弗！是中有人知非法事，受以爲法，勤心行之，猶尚不得順忍，況得須陀洹果？」這一句聖教是說，這其中有些人知道那個法好像是非法，但心裡卻又想：「也許那是正法，我就努力學習修修看吧！」他們勤心行之，結果不得順忍。斷我見之前先要得順忍，就是隨順於善知識所說的斷我見內容，如實觀行完成而且心中能接受了才叫作順忍，然後才能進一步觀行而得初果，才是眞正斷我見。但他去努力修行之後連順忍都無法得到，顯然初果向都還沒辦法證得，何況是證得初果？像這樣的人雖然身披僧衣，如來說：「是人猶尚不作消供養事，何況能生順忍？」也就是說，要得順忍之前自己先要作一件事情，叫作「能消供養事」；所作要能完成足以消受信眾供養的事情，這不容易。換句話說，至少要能得順忍，就是對善知識或 如來說的初果境界，至少要能接受而得隨順，才能消得信眾的供養。

「現在的大師們難道不接受如來的教導嗎？」一定有人這樣想，心想：「要不然你蕭老師幹嘛這麼說？」是了，這是個問題，得要探究。好多大師都說：「我告訴諸位的，我解釋給諸位的就是佛法，就是如來講的。」可是眞正探究起來，只有一個人叫作善知識，其他人都不知道眞正的佛法，於是成爲宣揚相似法的惡知識，這就是麻煩的所在。例如 世尊在《阿含經》中處處有說次法修完之後，再作四聖諦的觀行，然後說要證得「我生已盡，梵行已立，所作已辦，不受後有」，才是眞阿羅漢，如是證得以後就去跟 如來報告說「我生已盡」乃至「不受後有」，說「我受生就到這一世爲止，不再受生，沒有下一世的輪迴了」，就是證得慧解脫、俱解脫、三明六通大解脫不等，反正就是解脫了！而這個涅槃的境界是「我生已盡，不受後有」。

但是現在末法時代的大法師、大居士們說的涅槃，卻都是意識的一念不生境界。但一念不生的境界是三界中的境界，特別是欲界人間的境界，不可能在三界外存在的。這表示他們以一念不生作為涅槃，死後還是繼續會有我，繼續受生。像 如來說的「梵行已立」以外，還要「所作已辦，不受後有」，歸結起來就是永遠不再受生，不可能再有下一世的意識。可是大師們說的都是有意識繼續一念不生，就會有下一世，這跟 佛講的不一樣，但他們總是說那就是佛講的，大家也都這麼信啊！就只有一個弟子成為善知識而不信，出來唱對臺戲；難得有幾個徒弟受學而實證了，還得要不斷跟一大群的大師奮戰過幾十個回合，或者十幾年、二十幾年以後大家才願意信。可是信歸信，依然不肯學，最多只是信。為什麼不肯學呢？因為學了以後是無我，是「我生已盡、不受後有」，「那我就沒有下輩子而消失了，那還叫作涅槃？」跟他所認知的涅槃不同，所以他們也不願意學，於是人眾不多。

假使其中有居士、有法師想要得「順忍」；「順忍」，比如初果向隨順於善知識或 如來所說的初果境界，他願意接受而隨順了，雖然可能有其他的遮障或者因為還沒有修得定力，所以他無法證得初果，但他能夠「順忍」，就算是初果向了。但這個初果向的修證，有很多人依據那個邪見努力去修，一樣是「**不得順忍**」——證不得初果向。爲什麼呢？因爲他還沒有作「能消供養」的事，（現在電腦是有問題，我沒有辦法看到其他各樓層同修的影像。好！看見了，看見了。能看見眞好。）也就是說，想要得「**順忍**」的人，先要作「**能消供養**」的事。那什麼是「**能消供養**」的事？就是依照 如來的開示，先學好次法，再專修實證以後把眞實的道理來告訴大眾，如實地作法布施，這才是「**能消供養**」的事。

如果所作或者從來不曾作過「**能消供養**」的事，那他們沒有辦法生起「**順忍**」的。但是 如來這句話說：「**是人猶尚不作消供養事，何況能生順忍？**」表示作了「**能消供養**」的事之後，這些人還不一定能得「**順忍**」。這就是說，至少要先作「**能消供養**」的事情，那麼「**能消供養**」一定有一個基本的定義，他們必須是佛教中的僧寶，這背後有一個意涵是：「**說法時不許跟釋迦牟尼佛唱反調。**」他們是佛教的僧人，結果說法都跟 釋迦牟尼佛唱反調，如來說入無餘涅槃後是沒有五陰、沒有十八界、沒有十二處與六入的；他們偏說這個意識一念不生時就是入住無餘涅槃中。但那是有三界境界的，一定有意識、法塵與定境，十八界中這就有三界了，而這三界存在時一定還要加上另一處，叫作意根。這跟 如來說的大大相反，結果卻欺騙人家說：「這就是佛講的，這就是佛法。」那他們不是在謗佛嗎？

明明 佛沒有這麼講，他們竟然來誹謗自己的教主，而說他們可以消受眾生的供養，這個理講不通的，天下沒這個道理！所以「作消供養事」而為人說法時，至少得要依文解義，不能自己隨便想了亂講。如來說無餘涅槃實證的第一步是「我生已盡」，那就要依文解義說明什麼叫作「我生已盡」；如來說出三界是「不受後有」，那就要解釋怎樣才能叫作「不受後有」，就要告訴眾生什麼叫作「有」——意識存在就是欲界的「有」；得要這樣才能算是已經「作消供養事」。作了這個事情還不一定能得初果向，僧眾中有人能得，有人不得——仍然不得順忍；所以他們若不作能「消供養事」，根本不可能得到「順忍」，就別提初果。

那麼從 大莊嚴如來那時的事情來對照現在臺灣、大陸乃至全球佛教，不正是如此嗎？他們都是「不作消供養事」，反過來穿著僧衣還倒打 如來一耙，將外道法誣賴是 佛所講的，都是這樣啊！這樣的人誤導眾生，把一大群又一大群的眾生推入邪見火坑，未來世一定會有果報，如來就說：「舍利弗！爾時在家出家弟子多墮惡道，不至善道。」所以當時四比丘和大部分弟子都是墮入惡道，小部分的人聽了所謂的善知識說：「你只要一念不生，就是證阿羅漢果了。」他們心中半信半疑：「我這樣就是阿羅漢？可是好像又沒覺得怎麼樣，也自覺仍會有中陰身，怎麼能叫作阿羅漢？」他們心裡有一點懷疑，半信半疑著，因此沒有開口去跟人家炫耀說：「我證阿羅漢果。」那他就沒事，不會墮入惡道。但大部分弟子們很高興，互相炫耀說：「我是阿羅漢，你們要供養我。」當人家供養他時，大剌剌接受了，越多越好，於是死後「多墮惡道，不至善道」；因爲他們都被誤導而犯了大妄語業，也是「猶尚不作消供養事」而廣受供養。

如來對此作個結論說：「是諸惡人滅佛正法，亦與多人大衰惱事。」他們就是在壞滅　大莊嚴佛的正法。這一些看來好像是佛法的相似佛法興盛以後，正法就被掩蓋了。也許有人想說：「我們同修會就沒有被掩蓋啊！我們同修會現在很有名啊！」有個問題是，假使我出來弘法時，我只有一個明心的功德，沒有眼見佛性也沒有道種智，那我跟那一些人可就扯不清，那就會被掩蓋了。如果有道種智就還好，可以用道種智從各方向、各層面來指正什麼才是真的，來破斥什麼是假的；有世間聰明智慧的人，他們讀、聽了以後，久了就能深入理而能分辨真假，必須是這樣。假使只有一個明心的智慧，其實我也沒奈何他們，依舊是被他們踩在腳下苟延殘喘。所以相似法的廣大弘揚是一定會滅佛正法的，自古以來就是這樣，十方三世佛世界也都是這樣；大莊嚴如來時如此，釋迦佛時也是如此。

像這樣的四位惡比丘，他們是一群人共同來滅佛正法。滅佛正法的相似法說了也就罷了，卻還要寫成書本到處流通，就會繼續誤導後代的眾生。假使他們只是講過就算了，後遺症還小；偏偏又寫成書流通，還去國家圖書館申請了書號，出版了又去國家圖書館典藏，這一典藏就壞事了。也許有個時節後代有人喜歡他這一本書，又把它拿出來弘揚；就像月溪法師的著作一樣，他都死了很多年，卻被臺灣樂□輝一大群人弘揚起來，包括慧□法師也跟著弘揚，自在居士也都弘揚，當年誤了臺灣多少佛弟子。假使不是我出版《護法集》破了他們，今天月溪法師的法還會很興盛，所以這些人都是「滅佛正法」。特別是寫成書流傳到後世，會使更多人遭受更長久的殘害，這正

是　如來所說：「亦與多人大衰惱事。」

你想，月溪法師那一些東西如果不是印成書，不會有後來臺灣東西南北中部都有人在弘揚他的邪法。當年可說是興盛一時，那時還沒有看到現代禪，那時最興盛的法就是月溪法師的法。但是有人也許替月溪法師抱抱冤屈：「那不干我月溪的事，我都死好多年了，為什麼還扯到我頭上來？」可問題是，假使當年他不印成書就跟他無關，偏偏他印成書留下來了，那就跟他有關；他還特地寫了一本《大乘絕對論》，好厚的一本書，東拉西扯講一些世間法的托辣斯，說大家共有一個如來藏，把外道的大我思想都扯進來談；他既然寫成書流傳下來，後世有人推崇弘揚他的法時他就得負責，就這麼簡單。所以他在地獄裡還得要增加他的苦受，增加他的地獄年限。我把他破了，不再有人閱讀和修學，他現在一定很歡喜說：「我的業沒有繼續增加了，好極了，好極了！」

可是在臺灣弘揚他的法門那一些人就很不服氣、很不歡喜，要等他們未來世才會知道其實應該感激蕭平實，因為我終止了他們的惡業。這就是說，錯誤的法不應該以書籍流傳下去，因為會遺害後人；遺害後人以後，不論遺害多久、遺害多大，帳都要算到他的頭上，因爲是他印成書的。如果他是講了，然後別人收集起來去印書，那他就是共業，不是完全由他來負責。這裡面的分際大家要弄清楚。

如來說這些惡人是「滅佛正法」，也是給很多人「大衰惱事」。法上誤導了眾生爲什麼會是給人「大衰惱」？法上誤導各人跟著走錯路，並沒有損失錢財，身體也沒有被他傷害，爲什麼是給人「大衰惱」？他也沒給人家什麼疾病啊！問題是，如果身體被他傷害也只是一時，生命被他害了也只是一世；但在法上被他誤導了，後果是未來的很多世，例如死後墮落畜生道或者鬼道，那就夠慘了；如果被誤導的人好爲人師、自稱證阿羅漢果，又去教導很多的人同樣犯下過失，那就得下地獄了！可是追究原因卻是因爲某一個人把他錯誤的教導印成書流通下去而導致的，所以說錯法以後又印成書的人，就是給許多人「大衰惱事」；因爲那會使人墮落餓鬼道、畜生道乃至於地獄道，那眞是大衰惱；而且墮落下去以後不是一世、兩世，眞的叫作「大衰惱」。

所以誤導眾生的人雖然很客氣，爲人很和善，都不擺架子，從來也不貪錢財，但他依舊是個「大惡人」。可惜的是眾生不看眞相只看表相，看表相的結果就只看到蕭平實一天到晚在講別人不對，還說：「你看人家客客氣氣都沒有回應他。」這就是看表相。可是 如來說「是諸惡人滅佛正法」，世尊說這樣誤導眾生的人是「諸惡人」；菩薩金剛怒目是爲了什麼？爲了救眾生啊！菩薩如果一天到晚都慈眉善目，能警醒多少愚癡不知眞相的人？很有限的。有時就得要金剛怒目把「邪見」都滅了以後，無妨再來慈眉善目，這才是正確的作法。否則那些惡人爲大眾作了許多「大衰惱事」，菩薩看了不救，那還能稱慈悲嗎？還能叫作菩薩嗎？這就是我們所作的事。

如果佛教界所有「邪見」都滅了，我再也不評論別人，我都來讚歎別人：「某某山頭來正覺得法以後指派出去，他們弘法多麼好。」我只管每天讚歎，一改以往的怒目金剛變成慈眉善目。可是面對那些冥頑不靈的人繼續誤導眾生時，咱們就繼續怒目金剛吧！接著再來聽 如來的教示：

經文：【「又是惡人命終之後，當墮阿鼻地獄，仰臥九百萬億歲，伏臥九百萬億歲，左脅臥九百萬億歲，右脅臥九百萬億歲，於熱鐵上燒然燋爛。是中退死，更生炙地獄、大炙地獄、活地獄、黑繩地獄，皆如上歲數受諸苦惱。

於黑繩地獄死，還生阿鼻大地獄中。舍利弗！以是因緣，若在家出家親近此人及善知識並諸檀越，凡有六百四萬億人，與此四師俱生俱死，在大地獄受諸燒煮。如是，舍利弗！是人所有善知識家，諸檀越家，弟子諸師隨順行者，凡在其數皆生地獄；舍利弗！汝等不能知其多少，唯有如來乃能知之。與此惡人墮大地獄俱生俱死，凡有六百四萬億人，如是展轉一劫受苦。大劫將燒，故在地獄，何以故？舍利弗！破諸如來阿耨多羅三藐三菩提，其罪甚重，不為輕也。」】

語譯：【世尊又開示說：「而且這些惡人命終之後，將會下墮阿鼻地獄之中，仰臥受苦九百萬億歲，伏臥受苦九百萬億歲，左脅臥在阿鼻地獄九百萬億歲，再換右脅臥在阿鼻地獄九百萬億歲受苦，這四個九百萬億歲都是在熱鐵上被燒然，身體全身燋爛；每次燋爛之後業風一吹還生過來繼續受苦。在阿鼻地獄中眞的死後，接著又再出生於火熱地獄中，以及受生於大火熱地獄中，或者生在活地獄、黑繩地獄，都一樣各四種九百萬億歲領受極痛苦的苦惱。最後在黑繩大地獄死了以後，重新又生回到阿鼻大地獄中受苦。舍利弗！由於這樣的因緣，如果在家出家之人親近這一些惡人以及善知識和各種施主，總共有六百四萬億人，與這四個惡比丘同生同死，都在大地獄裡領受各種燒煮的痛苦。就像是這樣子，舍利弗！這一些人所有的所謂善知識等人，以及施主等人，他們的所有弟子以及他們座下教導別人的那一些師父，和隨順他們教導而修行的人，凡是在這個六百四萬億人之中的所有人，全部都出生在地獄中；舍利弗！你們沒有辦法知道他們總數究竟有多少人，只有如來才能知道。與這一些惡人下墮大地獄之中同生同死的總共有六百四萬億人，就像是這樣子展轉整整一劫都受地獄中的苦惱。乃至於大劫將盡火劫燒起時，他們依舊在地獄中，為什麼這樣呢？舍利弗！破壞諸佛如來無上正等正覺的人，他們的罪非常之重，永遠都不會是輕罪啊！」】

講義：如來這一段開示是說，四個惡比丘和他們的眷屬都會墮落阿鼻地獄，墮落阿鼻地獄也就算了，偏偏是要非常痛苦地繼續領受；在地獄中那個痛苦是很巨大的，因為地獄有情除了長壽以外而且身體廣大；領受快樂的話身體廣大無所謂，就像初禪天身、二禪天身那麼大都無所謂，可是領受痛苦時就希望身體越小越好，受苦的面積越少越好；偏偏地獄身很大，尤其阿鼻地獄色身最廣大。可是他們在地獄中仰臥九百萬億歲那是多少次的生死？因爲全身都被地面的大熱鐵燒然，受不了就死了，才剛一死、業風一吹馬上又活過來，又繼續活在那裡繼續受苦；受苦到眞的沒辦法領受時又死了，業風一吹又活過來繼續受苦。那不叫千生萬死，而是超過無數倍、無法計數。

這樣九百萬億歲受苦完了，就好像煎牛排一樣，翻過來再煎一次，要再煎多久？一樣是九百萬億歲，又要受苦及生死無數次，眞不得了！這還不算，左脅再接觸廣大熱鐵地面九百萬億歲，右脅也同樣九百萬億歲，那是要死多少遍又活多少遍？要領受多少的痛苦？很不容易終於領受完了，算是告一段落，領受這些業的果報終於暫時完成一個階段，於是「退死」，「退死」以後所受的罪苦就比較減輕了，往上面的火熱地獄或者大火熱地獄，或者活地獄或者黑繩地獄，就這樣都同樣是仰臥、俯臥……等四種各九百萬億歲的數目一一去受苦。像這樣受苦完了總算是報盡了吧？不然！這樣一個輪迴完了以後又要重新回到阿鼻大地獄來，又重新再來一遍。

所以說，由於虛妄說法的因緣，那些或者在家或者出家的人，親近這四個大惡人以及所謂的善知識，都落在我、人、眾生、壽命中，這些人加上施主們總共有六百四萬億人，都跟苦岸比丘等四個比丘同生同死，都在同一個世界生、同一個世界受苦，全都不能脫離地獄，就這樣一直不斷地被燒煮。那麼這六百四萬億人下墮受苦也就罷了，結果不然，事情還沒有解決，因爲他們有六百四萬億人，就會各自影響到更多人投入邪見中，就影響到更多的人。這六百四萬億人總是各有親朋好友，也會有同修等人，也會有一些信徒供養他們；那麼跟他們一起修學邪見的人也要領受果報——布施供養他們的人也要受果報，因爲布施給他們的人是在支持他們破法，當然就有共業。

這個道理大家要記住，因爲布施給他們就是支持他們破法；如果不布施給他們，他們的力量或者勢力就會越來越縮減。所以那一些施主以及隨順於他們修學的所謂善知識等人，以及那些人的眷屬都隨順他們修行，「**凡在其數皆生地獄**」；布施給他們的人也得生在地獄，總數達到六百四萬億人。要是依我們的想法，我們根本無法想像爲什麼會有那麼多人？六百四萬億人就算很多了，結果因爲這六百四萬億人還有許多親朋好友，也去勸請親朋好友投入四惡比丘的法中，其中有很多人都布施錢財飲食供養他們修行，跟著成就共業而全部下墮。如來說這一些人：「**凡在其數皆生地獄；**」眞恐怖！這就是我常常說的：毒田千萬別布施，將來會得毒果。但顯然是比我說的還要嚴重，因爲布施給他們等於是支持破法的行爲，其罪極重。如來又說：「舍利弗！汝等不能知其多少，唯有如來乃能知之。」我們確實無法臆想，世尊說：「與此惡人墮大地獄俱生俱死，凡有六百四萬億人，」實在太多了；這一些人得要「展轉一劫受苦」，「展轉一劫」就是整整一劫展轉受苦，這只是供養他們、支持他們、與他們一起修行，只是這樣而已，還不是苦岸比丘及其隨從弘揚邪法的那些人。六百四萬億人的果報和那些人一樣重，因爲這些人叫作從眾，苦岸比丘等人是主謀，而他們是從眾。

現在如來說這六百四萬億人都會下墮地獄，受那麼多的苦；但是跟隨他們的六百四萬億人中的大部分人罪雖然輕一些，也同樣得「展轉一劫受苦」，乃至於「大劫將燒」時，他們還在地獄受苦，是說火劫開始要來時他們都還在地獄受苦。《阿含經》早講過，火劫將來時人間和欲界天的眾生會漸漸離開；例如火劫來時，那麼地獄先壞，然後畜生道、鬼道、人間，那時人間開始很熱沒辦法住了，就有人求離開欲界，因爲「欲界同一燒燃」而求離開欲界，他就努力修行證得初禪，然後他說：「初禪快樂，初禪快樂，初禪清涼。」大家聽到了趕快努力修初禪，離開欲界，不被燒了；但火劫又繼續往上燒，即將燒到初禪天時，又有人設法離開初禪，修得二禪，就說：「二禪安隱，二禪安隱。」然後大家又開始修二禪，就這樣離開初禪天，一直燒到初禪天燒盡。初禪天燒盡時還有二禪天，那也會被水災所壞，然後到了三禪天總算沒事了吧？還會有大風災來吹，終於也把三禪天吹壞了，那麼眾生要到哪裡去？只能到四禪天去，四禪天中沒事。

但是燒燃的過程直到火劫即將開始燒時，他們都還在地獄中受苦，得要到火劫燒壞地獄以後，他們才會離開地獄，但由於果報未盡，還得生在他方地獄中繼續受報，那是很痛苦的事。爲什麼是這樣？因爲他們支持了苦岸等四惡比丘及其隨從的出家人，共同推廣相似法等邪法，破壞 如來的無上正等正覺。他們只是支持，那諸位想想看，當今破壞釋迦如來正法最嚴重的是誰？有兩個人，一個是釋印順等一群人，一個是密宗假藏傳佛教。釋印順是破壞如來正法非常嚴重的人，但是沒有多少人知道，因爲他是從根本把佛教正法破壞的人；這是我所看見的，不破他不行；他從來沒有招惹我，但我卻要破他；因爲他把佛法從根刨掉，我不破他不行。

另外一個就是密宗假藏傳佛教，代表人是達賴；他們所有的法都是外道法，都竊取佛法的名相套入外道法來騙人，他們也是把佛法踩在腳底，所以這兩個我要主動破斥他們。那麼這一些人相當於 大莊嚴如來座下那四個惡比丘，大莊嚴如來那個時代有六百四萬億人來支持四個惡比丘，追隨他們修行，結果要整整一劫下墮地獄中受苦。大家再回過頭來看釋迦如來的這個末法時代，那些支持密宗假藏傳佛教的人，跟隨密宗假藏傳佛教的邪法修行的人，或是支持釋印順把三乘菩提的根本所依第八識否定掉的人們，以及依他們的法來修行的人，果報會是如何？諸位可以自己想想看。從來沒有人談過這個，我以前也不敢談；如果說了出來，人家一定會說我在詛咒他們，可是現在 如來的聖教這麼說：「**支持苦岸比丘四惡人的那六百四萬億人，得要下墮地獄，整整一劫受苦。**」那如果是支持釋印順否定正法根本的如來藏心，使三乘菩提墮入斷滅空或細意識常見中；如果支持密宗假藏傳佛教入篡佛教正統的人，將來會怎麼樣？可想而知！這我不能講的，我講了又是一場大是非，請大家依據 如來的聖教想一想就知道了。

如來解釋那個原因說：「**破諸如來阿耨多羅三藐三菩提，其罪甚眾，不為輕也。**」所以如果還有親朋好友繼續在支持密宗假藏傳佛教，或是繼續支持釋印順的邪見，以及中華佛典協會繼續把外道宗喀巴寫的著作放入電子佛典中，其罪相同，並無二致，他們眞的要好好思考這個後果。如果有人和他們熟稔，得勸他們趕快懺悔，每天在 佛前懺悔，這樣才是愛護他們。不要怕他們聽了心裡難過，一世心裡難過而懺悔滅罪，總比無量的百千萬世在地獄難過好吧！諸位應當有這樣的想法，然後看看你周遭的親朋好友有沒有人還在作那些事，趕快救他們。然後 如來又開示說：

經文：【「大劫若燒，是四惡人及六百四萬億人，從此阿鼻大地獄中轉生他方，在大地獄，何以故？舍利弗！重罪具足，其報不少。在於他方無數百千萬億那由他歲，受大苦惱。世界還生，是四罪人及六百四萬億人，並及餘人罪未畢竟，於彼命終，還生此間大地獄中。舍利弗！是四罪人及六百四萬億眾生，久久雖免地獄苦惱，得生人中；於五百世從生而盲，然後得值一切明佛，如來、應供、正遍知、明行足、善逝、世間解、無上士、調御丈夫、天人師、佛世尊。舍利弗！一切明佛聲聞弟子一億那由他，爾時人民身長三百九十六肘，時佛身一倍，常光圓照十萬億由旬；舍利弗！是人於一切明佛

法中出家，十萬億歲勤行精進，如救頭然，不得順忍，況得道果？何以故？舍利弗！起破阿耨多羅三藐三菩提罪業因緣，法應當爾；命終之後還生阿鼻大地獄中，以先起重不善業因緣。」

語譯：【世尊又開示說：「這六百四萬億人，是說大劫如果燒然起來時，這四個大惡人以及六百四萬億人，當大劫燒完之後就從這個阿鼻大地獄轉生到別處的大地獄中，何以如此呢？舍利弗！因為他們的重罪具足，他們的果報不會很少的。在於他方無數百千萬億那由他歲的地獄之中，受大苦惱。等到這個世界空劫過完而重新又出現了，這四個罪人以及那六百四萬億人，以及其餘的人罪還沒有受畢，在那個地方命終之後，重新再生回到這一個大地獄裡面來。舍利弗！這四個罪人以及六百四萬億眾生，很久很久以後雖然終於免除了地獄中的苦惱，可以出生在人類當中；但是在剛開始生在人中的前五百世都是一出生就是眼盲的人，這五百世過完之後終於能值遇一切明佛，如來、應供、正遍知、明行足、善逝、世間解、無上士、調御丈夫、天人師、佛世尊，十號具足。舍利弗！一切明佛的聲聞弟子有一億那由他之眾，那時的人民身長三百九十六肘，而當時的佛陀身長一倍，祂經常都有金光圓滿照耀十萬億由旬；舍利弗！這些人於一切明佛的法中出家了，經過十萬億歲非常精勤修行精進，好像就在救護頭上被火燒然的痛苦一樣，仍然沒有辦法得到順忍，何況能夠證得道果呢？這究竟是爲什麼？舍利弗！因爲他們起造了破壞無上正等正覺的罪業因緣，於法中應當就是要如此；那麼他們命終之後依舊回生到這個世界的阿鼻大地獄之中，這是由於他們先前已經生起了很重的不善業的因緣。」

講義：上一段經文中 如來說六百四萬億人到大劫將燒起來時，火劫將來時他們還在地獄中，一直到火劫開始燒到地獄時他們才離開；因爲火劫即將開始燒時就變得非常熱，等到燒起來時這地獄也會燒壞，那時他們已經離開。這六百四萬億人比起苦岸比丘等四惡人還算是好一點，就是這麼一劫受苦，但是這四個惡比丘和隨從推廣惡法等人就不一樣了，因爲他們是主謀者，六百四萬億人是隨眾，或者支持他們、或者供養他們，但沒有跟著他們在作。可是那四惡比丘以及隨眾在這個阿鼻大地獄之中，火劫燒起來之後連阿鼻大地獄也燒壞了，他們就會往生到別的世界去，仍然沒有辦法當人，到別的世界地獄去時，仍要生在大地獄中。

生在大地獄之中是因爲他們重罪具足，天下最重的罪就是用邪見教導眾生，害眾生努力修行，付出時間、生命、錢財，結果變成大邪見，變成大妄語，所以這種破壞無上正等正覺、誤導眾生的事情，重罪是最具足的；世間重罪之重，不過於此，那他們的果報當然不會少；因此他們在他方世界的大地獄之中「**無數百千萬億那由他歲**」受苦，這到底是幾歲？要繼續「**受大苦惱**」。講到這裡，腳底都涼了，萬一是自己呢？眞的不敢想！不可想像在大地獄裡多久，因爲這是無數的「**百千萬億那由他歲**」，不是有數的「**百千萬億那由他歲**」；在這麼長的時間，在不可想像的長時間都在接受大苦惱。

等到他們原來住的世界重新又出生了（因爲器世間也有輪迴：成、住、壞、空的過程都不中斷），來到成劫時他們又回來，成劫完成時這個世界的大地獄、阿鼻大地獄等全部都又有了，於是那四個惡比丘以及六百四萬億人以及其餘的人，罪如果還沒有畢竟的，在那個地方命終又回來生在這個世界的大地獄之中。也就是說那六百四萬億人雖然是從眾，但因爲同樣是推廣邪法邪見誤導眾生，罪特別重，那就一樣回生到娑婆世界的大地獄之中。

這麼久的時間以後，這四個大罪人以及六百四萬億的眾生，雖然經過很久以後免除地獄的苦惱，終於可以回到人間受生，應該高興了吧？可是不然，剛受生於人類之中的前五百世都是眼盲，假使耳聾不能說話，眼睛看得見都還幸福一點，因爲有很多事還是可以作，但眼盲就有很多事都不能作；而他們不幸的是最重的眼盲——「**從生而盲**」，一出生就是眼盲的人。這樣五百世過完了時（他們的那五百世可不是像我們人類一百歲的五百世，他們的壽命很長），終於值遇一切明佛。一切明佛十號具足，他的聲聞弟子有一億那由他（那由他是很大的數目，而且是一億的那由他，表示證得解脫果的人非常多），那麼多人證解脫果，其中他們都無分；所以說這些人在 一切明佛的法中出家，前後經過「**十萬億歲**」，非常精進甚至可能也有人修苦行，因爲他們是「**勤行精進**」而且「**如救頭然**」。假使現在有人修行「**如救頭然**」，你一定會讚歎他：「**你好精進，不得了啊！**」可是他們始終都沒有機會證菩提。

現代佛教中有沒有這樣的人？所在多有！他們修苦行，苦到令人欽佩，咱們看了都說作不到，眞的佩服他們。可是不要佩服他們的過去世，要記得；只佩服他們現在的表現就好。那麼「**勤行精進，如救頭然**」，卻是永遠都跟實證聲聞菩提乃至大乘菩提無因緣。當代佛教中這種人不在少數，那你也許想：「我應該想辦法救他們。」那就先看看你有沒有宿命智，如果有宿命智而不是宿命通（最好的宿命通只能看八萬大劫，得要宿命智），你來看他過去無數劫前是怎麼回事，導致他這一世「勤行精進，如救頭然」而竟然無法斷三縛結。等你看清楚了再來決定要不要幫他，否則你就只要把證果的種子幫他種下去就夠了——送他一套《阿含正義》也就夠了。因爲他過去世所造的業現在障礙了他，所以你對他是無可奈何的。

那麼他們這六百四萬億的眾生，在十萬億歲之中沒有一年一月一天是懈怠的，他們都是「勤行精進，如救頭然」，竟然不得順忍。諸位很難想像吧？進來同修會三年五載努力修福德、努力除性障、努力修定力，上了禪三縱使沒悟，至少也斷三縛結回來。但他們是十萬億歲「如救頭然」的精進，你進了正覺三年五載有「勤行精進，如救頭然」嗎？前一句有，後一句我想是沒有的。「如救頭然」是捨不得休息的，一直要到頭上的火滅了才敢休息的。可是他們這樣十萬億歲精進修行竟然「不得順忍」，連初果向都得不到，這是什麼原因？這就是業障，這才叫作業障。往世有謗法破法，被這個業所障住，怎麼努力都沒有用。

所以　如來說：「**況得道果？**」說他們根本不可能證得解脫道的果報，而這個原因就是以前生起了破壞　如來無上正等正覺的罪業因緣。所以破壞　如來無上正等正覺罪業的因緣，千萬不要讓它生起，一旦生起馬上就要砍掉，不能隨順它，因爲這種破法因緣的罪是非常重的，可是沒有多少人知道。而且愚癡人都只看現在：「**欸！你看我否定如來藏很多年了，現在又沒有怎麼樣，你看我不是活得好好的！**」是啊！是活得好好的，未來世也會活得好好的——在地獄活得好好的，永遠都住得很好，誰也沒有辦法把他拉出來。大家都只看現在，不知道死後會怎麼樣。假使你有如夢觀，看見過去世怎麼樣受報，嚇都嚇死了，還敢破法？連誹謗善知識都不敢。

如來又說：「**生起了破壞無上正等正覺的罪業因緣，在法中本來就應當這樣受報的；**」不是　如來規定、護法神規定，而是因果律上就是要這樣受報。因爲無上正等正覺是三界中至高至大之法，任何法無出其上，所以謗法破法、虛妄說法的果報就是這樣。破壞世間善法就已經要受報了，更別說這個世出世間無上妙法。例如在人間殺了人，那是誰處罰他下地獄？沒有誰處罰他下地獄啊！因果律上就這樣，該下就下。也不是玉皇上帝說：「**你殺了**

人，你得下地獄。」玉皇上帝也沒有這個權限。故意殺人的果報就是下地獄，要不然哪來的地獄眾生？有誰願意生在地獄？沒有人願意；可是地獄就是不會空掉，表示有個因果律在實行。如果不是因果律實行，大家都不願意去地獄，也不願去當畜生、餓鬼，一定會說：「我不要去地獄，縱使不能當人，不然我當條狗好多了。」可是因果律會理會他的請求嗎？不會啊！因果律就是因果律。

那麼因果律到底是什麼東西？有沒有想到這一點？因果律到底是什麼？摸不著看不見。因果律到底是什麼？對了！就是如來藏中的種子，祂的軌則就是這樣運作的。因果律不是由誰施設的，玉皇上帝也扯不上因果律，因爲他自己也在因果中，所以當釋提桓因五衰相現，就急急忙忙來求　佛，而他聽受佛法以後死了又隨即重生。因果律不是誰規定的，那耶和華、阿拉行不行？也不行！他們也在因果律之中，而且他們的層次更低。那因果律到底是什麼？顯然因果律是函蓋一切有情，把玉皇上帝或上帝、或耶和華、或阿拉、全都函蓋在內，顯然因果律是遍一切有情的。

那麼請問諸位：有哪個法是遍一切有情的？欸！正是如來藏。如來藏含藏的種子就是那樣運作，該下地獄的人死後就下地獄；臨命終時惡相現前時趕快跟如來藏求救說：「**你救我，你救我，不要讓我下地獄。**」他喊破了喉嚨也沒有用，如來藏從來都沒有耳朵，所以祂不會聽見。那破壞正法的人再怎麼大聲呼叫如來藏，他的如來藏也聽不見，就這樣受報了！破壞世間善法就得受報，如果破壞世出世間無上正法呢？當然受報更重。

正報受完了，還有餘報，因此 世尊說：「**這些人十萬億歲勤行精進，如救頭然，連初果向都證不得，何況是道果？**」這樣十萬億歲過完他們精進修行的一生了，好像可以結束受苦了吧？但 如來說不是這樣：「**命終之後還生阿鼻大地獄中，以先起重不善業因緣。**」所以破法者的罪業很重，在地獄中輪過一次所有痛苦以後，生到人間精進學法那麼久以後，又再來輪一次：他們是十萬億歲（如果留在娑婆世界一直都賴在正覺修學，十萬億歲修到什麼地步去了？）但他們十萬億歲努力修行連初果向都證不得，而且還要重新下墮阿鼻大地獄中，重新再受苦一遍。那麼到底是什麼因緣導致這樣的果報呢？依舊是「**先起重不善業因緣**」，是因為先前曾經生起過不善業的因緣，而那個不善業因緣是很重的。

所以謗法、謗賢聖的事情千千萬萬別去作，作過了就趕快去懺悔、求滅罪，一方面道業可以快速增長；假使道業沒有辦法快速增長，至少把以前不愼誤犯的罪業滅掉，保住人身，來世無妨還會是一個好的修行人；如果運氣好，來世遇上了蕭平實也就悟了，多好！所以千萬不要像那六百四萬億人一樣執迷不悟，那眞的是：苦哉！沒完沒了！接著 如來又開示說：

經文：【「舍利弗！是諸人等，如是展轉乃至我今，於其中間得值九十九億佛，於諸佛所不得順忍。何以故？佛說深經，是人不信，破壞違逆、謗毀賢聖持戒比丘，出其過惡，起破法業因緣，法當應爾。舍利弗！汝且觀之，誹謗聖人，不信聖語，受是無量無邊苦惱，不得解脫。舍利弗！有諸眾生起破法罪業，違逆不信者，其數無量；於九十九億佛所阿僧祇劫，乃至無一人入涅槃者。」】

語譯：【如來又開示說：「舍利弗！這四位惡比丘連同追隨他們的六百四萬億眾生，就這樣展轉修行、展轉受苦來到今天我釋迦牟尼佛的法中，在以前這個過程中曾經值遇九十九億佛，但在每一尊佛座下都沒有辦法得到順忍。這是什麼緣故呢？是因爲如來演說深妙的經法，而這一些人都不信受，他們破壞如來所說的正法、違逆如來所說的正法，還謗毀賢聖位的持戒比丘，還到處去宣揚持戒比丘的過惡，這樣生起了破法的種種業的因緣，所以他們依於佛法或者因果律法時就應當要如此。舍利弗！你再觀察看看，誹謗聖人，不信受聖者所說的言語，領受了這樣無量無邊的苦惱，始終不能得到解脫。舍利弗！有各種的眾生生起了破法罪業，違逆不信如來聖教的人，他們的數目是無量無邊的；這一些人在九十九億佛的座下歷經阿僧祇劫，直至而今依舊沒有一個人能夠入涅槃。」】

講義：世尊又說了，這一些人展轉乃至來到 釋迦如來應世的時間，這是已經很久的時間了，到底是多久？大莊嚴如來是過去久遠無量無邊不可思議阿僧祇劫之前的事。諸位想想看，假使（我說的是「假使」）你這一世才聽聞佛法，以前都沒有學過聽過，是這一世才第一次聽聞佛法，從初信位開始要修多久可以成佛？三大阿僧祇劫。但這一些人不斷受生來到 釋迦如來時，還算是修學佛法的人，因爲還沒有成佛；不說還沒有成佛，連證初果向都不可能。但他們修行多久了？是過去久遠無量無邊不可思議阿僧祇劫！這麼久了。你們只要三大阿僧祇劫就能成佛，何況還不必三大阿僧祇劫，因為你們有不少人已經過完六住位了，或者至少也待在六住位了，何況有人已經七住、八住、九住、十住甚至於初行位、二行位在救護眾生了，所以不用三大阿僧祇劫就可成佛。

但他們已經在過去久遠無量無邊不可思議阿僧祇劫時開始學佛，來到現在依舊證不得初果向。想想看那破法或支持破法者的果報何其之重！這個果報一旦開始了，未來就是沒完沒了。那他們後來值遇了一切明佛，在十萬億歲「勤行精進，如救頭然」之後，依舊不得證初果向——「不得順忍」；然後又生到阿鼻大地獄中，一直來到 釋迦如來應世的年代時，他們以前已經值遇九十九億佛了，來到現在都還沒有辦法證初果向。阿難尊者再經幾億佛？再六十二億佛之後成佛，是不是？《法華經》講的，他就可以成佛了。能值遇一千尊佛就已經不得了了，而他們已經值遇九十九億佛，然後來到 釋迦如來的年代時，都還無法證得初果向。

那麼 如來就舉示這個原因：對於諸佛如來演說的深妙經典，他們都不相信，才會有這個果報。不相信時果報就很重了，他們還「破壞違逆」。破壞就是向人倒說反說，或者加以否定。「違逆」的「違」，就是經典怎麼說的，他偏要換另一種不正確的內容來講，不依照經典的說法。「逆」就是乾脆否定，與諸佛說的經典內容牴觸。釋迦如來末法時代，不是常常有人主張「大乘非佛說」嗎？直到這五、六年來終於不再有人講「大乘非佛說」了！因為他們看到正覺弘揚大乘，結果沒有人敢說一句話來反對，他們就不敢再講了。

可是以前「大乘非佛說」的口號甚囂塵上，凡是學術研究者，幾乎每一個人都講「大乘非佛說」，只有少數人支持大乘法。佛教界也有許多人支持大乘佛法，但是都不敢出來講話，就由著他們去猖狂，那他們就是「破壞違逆」再加上「謗毀賢聖持戒比丘」；只要「賢聖持戒比丘」有個小小的過失，他們就放大了到處去宣揚，自己無量無邊的大過失從來都不提，就這樣子作，這叫作「謗毀賢聖持戒比丘，出其過惡」。那賢聖持戒比丘被毀謗了以後，他所說的法就少人信受了，信受的人少，就沒有辦法弘揚。

他們作的事情也就是「破法業」，這些全都是破法的業；由於這個因緣已經生起、已經造作了，在佛法中他們所受的果報就是應當如此。如來又教導舍利弗說：「你觀察看看吧，毀謗聖人、不信受賢聖的言教，所以要領受這樣無量無邊的苦惱，而最後還不得解脫。」所以世尊又說了：「有許多眾生生起了破法的罪業，對於賢聖的言教、對於如來的聖教違逆而不信受的人，他們的數目是非常多的，這麼多數目的人跟那六百四萬億人都一樣，於九十九億佛的座下禮拜供養、努力修行經過阿僧祇劫來到現在，竟然連一個人都沒有辦法入涅槃。」釋迦如來度眾生，那些不迴心的阿羅漢都入涅槃去了，不迴心阿羅漢的座下也有許多不迴心的阿羅漢也入涅槃去了，至於迴小向大的大阿羅漢們，後來能證涅槃又起惑潤生成爲菩薩，也是能入涅槃者。

但他們這麼多的人，經歷九十九億佛所的阿僧祇劫之後，來到 釋迦如來座下很精進修學，而竟然連一個人入涅槃都辦不到。那麼回頭來看末法時代，打從日本人倡議「大乘非佛說」，想要脫亞入歐，想跟歐洲人站在同一個平等的學術地位，故意創造這樣一個新說，想要揚名立萬，那其實是很大的罪業。學術界特重創見，要有新的見解，是以前都沒有人提出的，現在由你第一次提出來，就是創見，學術界就佩服你。但學術界有很多種學術界吧？因爲學術界的範圍很廣，也有佛學的部分，日本的佛學學術界就提出來「大乘非佛說」，臺灣的釋印順也許是耳聞或是誰轉述給他，他想：「有道理！很有創見，就是大乘非佛說。」他就一起應和，就呼應起來。但這是「不信聖語」而且「違逆」聖教，這個業是非常重的。可沒有人知道那個業很重，臺灣佛教界還讚歎他，稱呼他是佛法的導師；甚至他的門徒們這兩年來竟還說印順是「玄奘以來第一人」，眞是笑話！玄奘弘揚如來藏，而他否定如來藏；玄奘弘揚大乘般若，而他把般若的根本心第八識眞如橫加否定，還會是「玄奘以來第一人」？眞是笑話。但大家只看到他持戒清淨，不接受供養等外相，都沒看到他骨子裡是把三乘菩提從根給刨掉。

另外一個就是密宗假藏傳佛教的喇嘛們，以外道法取代佛法，還公然貶抑 釋迦世尊及正統佛教的正法，那是何等的重業！我們一定要設法阻止別人跟隨他們，否則將來果報會跟那六百四萬億人一樣，我們難道要眼睜睜看他們就這樣捨報以後去受那樣的果報嗎？想起來都覺得受不了；何況是會跟那六百四萬億人一樣果報的密宗喇嘛們！所以我們大家要努力救。將來書本印到今天講的這個部分，最好是各個顯密道場都寄，看能不能警覺他們趕快懺悔，這就是我們能夠爲他們作的事了。今天講到這裡。

《佛藏經》今天是一百四十九講，但才講到五十五頁，進度太慢了，所以我們應該要加快點腳步。今天要從五十五頁的第二段開始：

經文：【「舍利弗！誰能破諸佛教、不信、違逆？但凡夫愚癡及增上慢諸惡比丘，並諸不淨說法比丘。何以故？舍利弗！是三種人不名行者，不名得者；是人不信如來法故，毀謗、違逆。舍利弗！若汝謂何者是苦岸比丘不淨說法者？即調達癡人是。汝謂何者是一切有比丘不淨說法者？即拘迦離比丘是。舍利弗！汝謂何者是將去比丘不淨說法者？即迦羅比丘是。汝謂何者是跋難陀比丘不淨說法者？即裸形沙門波利摩陀是。」】

語譯：【世尊又開示說：「舍利弗！有誰能破壞諸佛的聖教，有誰對諸佛的聖教不信以及能夠加以違逆？就只有凡夫愚癡之人以及增上慢的各個惡比丘們，並且加上那些不淨說法的比丘。為何是這樣呢？舍利弗！這三種人不能成為佛法中的修行者，也不能稱為佛法中的得證者；這些人不相信如來正法的緣故，所以會毀謗也會違背以及拂逆如來的所說。舍利弗！如果你說什麼人是當年的苦岸比丘不淨說法的人呢？他就是今天的提婆達多愚癡人。你說哪個人是一切有比丘而為大眾不淨說法的呢？就是今天的拘迦離比丘。舍利弗！你說哪個人是將去比丘不淨說法的人呢？就是今天的迦羅比丘。你說哪個人是跋難陀比丘不淨說法的人呢？就是今天的裸形沙門波利摩陀。」

講義：這裡說的是，在那麼多劫之前的 大莊嚴如來的世代，他們不淨說法的人，流轉受生來到現在時，這中間已經有很多人成佛了，可是他們如今連順忍都得不到，就別說是見道。不管是大乘的見道或是二乘的見道都一樣不可得，正因爲他們當年不淨說法。那麼這一些人在 釋迦如來之世，一樣作了許多不如法的事，那我們今天就不再一一舉述；如果誰有興趣的話，去搜尋電子佛典一看就知道了，就不必我來浪費時間述說他們的往事。

但這段經文告訴我們說，不淨說法的人戕害了眾生的法身慧命，當然會耽誤他們自己的道業；至於要耽誤多久呢？想想看 大莊嚴如來之時到現在是多久了？乃至於見道前的順忍都得不到，就別提成佛的事了。所以假使有人演說無我、無所得法，他們連信都不信，就不要說是親證，這是多麼慘痛也是多麼長久的不可愛的果報，但他們就這樣很長時間領受下來。所以這在告訴我們說，爲人宣講佛法時，還是應當要依照孔老夫子講的那句話來作：

「知之為知之，不知為不知，是知（讀作智）也。」這樣才是真正的知道佛法，也才是聰明人。

但有些人就是好為人師，或者愛出風頭，或者喜歡拉幫結派、拉眷屬，因此他們不知而強以為知，「不淨說法」的結果就是經歷很多劫之後依舊「不得順忍」。這是 如來把往劫的事實來告訴我們，讓我們大家知道「不淨說法」的過失有多大。那「不淨說法」的事大家也別想說：「那是往昔很多劫、無量數劫之前的事，放眼現在的佛教界，『不淨說法者』比比皆是，那你能夠找得到幾個清淨說法、如實說法的人呢？」是很難得啊！那我們恭聆 如來的這一段聖教之後，就可以理解「不淨說法者」必然會戕害眾生的法身慧命，也必然會造成了義正法的無法弘傳，而被他們大量的「不淨說法」所掩蓋，導致正法逐漸消亡，那麼眾生的慧眼就無法出生了，所以「不淨說法者」的罪非常之重。

但是末法時代的大部分大法師、小法師們都不曾理解，或者說是不曾知道或想到這後果，所以希望這一部經典的講義將來流通出去以後，能促使他們趕快悔改，因此在這地球上的大乘佛弟子們的法身慧命就比較有所寄望，這就是我解說這一段經文主要的目的。那我們不把律部中那幾個人的事情舉例出來談，有興趣的人可以從電子佛典中自己搜尋就能讀到，所以我們不多作發揮，直接再來恭聆 如來的聖教：

經文：【「舍利弗！汝謂爾時清淨如實說諸佛菩提，利益無量眾生者，即是富樓那彌多羅尼子；所說清淨，諸隨學者得值五千佛，有六十八億那由他人皆已滅度。舍利弗！若人實語，何者為是最上法師、決了法義、清淨說法？當說富樓那是。舍利弗！富樓那定心決了，所說無難，無有所疑而生論議。舍利弗！若人實說何者是一切因緣法師，當說富樓那彌多羅尼子是。舍利弗！富樓那世世所生，常為眾生而作佛事；於九十億諸佛法中常作法師，清淨說法；皆於諸佛所盡其形壽常修梵行，清淨說法。舍利弗！富樓那亦於六佛法中而作法師，亦於我法中作大法師，成阿羅漢，心得解脫。若人實說何人世世供養諸佛種諸善根，當說富樓那是。舍利弗！富樓那於九十億諸佛法中勤心求學，決定議論，有深智慧，是故如來於諸法師說為第一。舍利弗！若我一日一夜稱說富樓那功德不盡，若過一日一夜亦復不盡，何以故？富樓那法

施，無俗因緣，不貪利養；富樓那法師得四無礙智，唯除如來，諸世界中言辭義理無能勝者。」】

語譯：【世尊又開示說：「舍利弗！你如果說當時那位清淨如實演說諸佛菩提，而利益無量眾生的人，那就是富樓那彌多羅尼子；他的所說都是清淨法，隨從他修學的人得以因此而值遇了五千佛，這一些無量的修學者中，有六十八億那由他人都已經滅度了。舍利弗！如果有人是演說如實語，到底什麼人才是最上的法師、能決定了知法義、而且是清淨說法呢？應當說富樓那就是。舍利弗！富樓那的定心已經是決了而無變異的，他的所說永遠都沒有任何困難，而且他是沒有任何所疑而為人出生了各種論議。舍利弗！如果有人真實指稱誰是一切因緣的法師，應當說富樓那彌多羅尼子就是。舍利弗！富樓那一世又一世之所出生，永遠都是為眾生來作佛事；於九十億諸佛的法中永遠都作說法之師，永遠清淨說法；他一直都是在諸佛座下盡其形壽而永遠都修清淨行，他也都是清淨說法。舍利弗！富樓那也於過去六佛法中而作法師，如今也在我的法中作大法師，成為阿羅漢，已經心得解脫。如果有人真實的說誰曾世世供養諸佛而種植了種種的善根，應當說富樓那就是。舍利弗！富樓那於九十億諸佛的法中以精勤的心努力求法修學，因此他心得決定於各種議論而無可改變，他有很深厚的智慧，由於這個緣故如來於諸法師之中說他是第一。舍利弗！如果我一日一夜來讚歎說明富樓那的功德也說不盡，或者超過一日一夜來讚歎說明一樣也說不盡，爲何這麼說呢？富樓那作佛法的布施，沒有落入世俗的因緣，也不貪求任何利養；富樓那法師得到四無礙智，除了如來以外，諸世界中在言辭義理上是沒有人能勝過他的。」】

講義：如來這是把他作一個對比，在阿含部的兩千多部經典中，如果諸位讀過了往往會覺得：「所有阿羅漢大概都是這樣，就只是這樣。」你的感覺會是如此，但實際上眞是這樣嗎？等你在大乘經中，例如般若部乃至來到方廣唯識的諸經中如實勝解了，才會發覺說：「原來佛世的大阿羅漢不是那樣而已。」所以一般人看舍利弗時，舍利弗就只是個阿羅漢；迦旃延，迦旃延也只是個阿羅漢；富樓那，他也只是個阿羅漢，看來好像都不如神通第一的大目犍連；當你剛讀《阿含經》之後，感覺會是這樣。可是等你到後來證悟佛菩提之後，再深入佛菩提而漸漸瞭解他們的本質時，你才會知道不是阿含部諸經所顯現的那樣。這是說，那些定性聲聞四十位阿羅漢，以及同樣是聲聞人的許多三果、二果、初果人，再加上聲聞凡夫，當他們五百結集時，對於 如來座下的大阿羅漢們的所知就只是如此；但是沒有多少人知道，其實不是如此。

那麼講過那四個誤導眾生的「**不淨說法**」惡比丘之後，如來說了富樓那彌多羅尼子的事來作一個對比，有對比才會顯示出 如來的弟子的證量；從如來的弟子證量有所理解了之後，就會瞭解 如來的證量是多麼高，然後也會瞭解說：假使自己要攝受佛土，將來要成佛時需要什麼樣的弟子。可能諸位都沒想過這個問題，但這個問題其實與諸位息息相關；假使你還在外面道場混，我不跟你談這個問題，因為跟你無關。但是你來到正覺是要實證的，三大阿僧祇劫中，至少這第一大阿僧祇劫，要設法在正覺同修會中過完三分之一，這是你應該立下的目標。那麼五億七千六百萬年後 彌勒尊佛成佛時，你要設法入地；因為那時成為阿羅漢是 如來已經應許的，你一定可以得到；但你要設法入地，不要當小阿羅漢。

那麼現在 如來把富樓那彌多羅尼子的證量提出來說了，那些六識論者不懂，就說：「**他不過就是阿羅漢。**」那你要責備他們嗎？不用！責備了也沒用，他們也不會改也不會信；因爲在他們的眼裡，如來只不過是阿羅漢，阿羅漢的證量相等於釋迦如來。但其實不然，差距太大了；即使有諸佛可以追隨、恭敬、供養、禮拜、受學，也得要三大阿僧祇劫才能成就佛果；何況釋迦如來是在「**過無量無邊百千萬億那由他劫**」之前成佛的，當時三界中的如來不多，能追隨的佛眞的不多；所以可能是經歷過幾百、幾千、幾萬、幾億阿僧祇劫才成佛的，不是修行三大阿僧祇劫成佛的，怎麼會跟一世成就的阿羅漢一樣？所以那些六識論者的知見眞膚淺，可說膚淺到無以復加了！直到這末法時代終於出了一個蕭平實，講出了佛菩提來函蓋了二乘菩提之後，她們才終於閉嘴不講。

因爲我說我的證量就只是如此，可是我又說我的證量距離佛地還是那麼遙遠；可是我又說：假使南洋有阿羅漢來到正覺講堂，在我面前沒有說話的餘地。對她們來講，我這話眞狂；對她們而言，我這話也眞讓她們憤恨不平。她們何嘗不想爲所謂的南洋阿羅漢打抱不平，但問題是她們找遍了南洋也找不到一個眞的阿羅漢，因爲那些所謂的阿羅漢，我都說他們我見俱在。那她們就想：「**那我找個什麼阿羅漢來還是沒得談，因爲蕭平實都說他們不是阿**

羅漢，都說他們的我見俱在，他一定有所本。」轉念一想：「假使連阿羅漢跟他都沒得談，我們去跟他談什麼？」於是她們默然。可就不是維摩詰大士那個默然，所以她們的知見是很膚淺的。

在我們出來弘法之前，大家都說佛法的修行最高果位就是阿羅漢，阿羅漢就是佛；等到我們提出來菩薩道的五十二個階位時，他們只能張口結舌，再也不能說一句話，因爲他們完全不懂佛菩提。現在如來在《佛藏經》這一段開示中告訴了我們，富樓那尊者在佛道上的實證，他的階位。想想看，如來座下五百第一大阿羅漢們各有第一，且不說五百，就說十大第一好了，也是各有第一，但是十大弟子中能找出幾個人可以和富樓那彌多羅尼子相提並論的？如來說他是說法第一；他說法時不必依據什麼經典、什麼論典來說，他從自己心中流露出來，可以爲人不斷演說而沒有人可以質疑他。所以如來晚年指派各阿羅漢到各處去，要大家分開同時各處弘法，後來有個地方都沒有人應許要去，富樓那就說：「我去。」如來說：「那個地方的人很惡劣。」富樓那說：「我去那裡說法，他們很惡劣，最多把我罵了；如果他們更惡劣，最多把我打了；如果他們更惡劣，最多把我殺了，沒有關係，我去。」結果他去了以後，因爲說法太勝妙，就度了一大票惡劣的人成爲菩薩。

《阿含經》只記載這樣，但沒有說到他的證量和本質。現在 如來明著告訴我們他的本質。首先說，富樓那彌多羅尼子就是當年 大莊嚴如來座下唯一的說法清淨比丘。那諸位想想看，到現在多久了？眞的太久了！不是三大阿僧祇劫，所以他應當是早就可以成佛的。到現在並不是三大阿僧祇劫，是久遠無量無邊不可思議的阿僧祇劫而來到今天，他卻還在當菩薩。所以 如來說當時如實清淨演說諸佛菩提，來利益無量眾生的人，那位清淨的普事比丘就是今天的富樓那彌多羅尼子；而他所說的法都是清淨法，他座下跟著隨學的人已經値遇五千佛了，而他所度無量無邊的人中，有六十八億那由他人已經取無餘涅槃了，這是多麼高的數目。

若只說當代佛法，大家如果看 釋迦如來座下到底有多少人取無餘涅槃？眞的沒有辦法相提並論；但他今天卻還在當 釋迦如來的弟子，那你想想看 釋迦如來的證量是怎麼樣？以這一些綠葉襯托出來，就知道這一朵紅花多寶貴。那諸位得要想想，將來你成佛時，你座下的弟子除了輔佐你的二位脇士——也就是兩位妙覺菩薩之外，還得要有一位一生補處的出家菩薩，你還得要有十地、九地、八地、七地下至凡夫十信位的許多眾生，既然需要這麼多的弟子，你就必須要能夠涵容。

涵容時該怎麼涵容？那些邪見你要破斥，讓他們改變過來；破斥當時他們很痛苦，久後還是會接受；因爲是你的緣故而修學大乘，所以他們改變了心性，將來就是你的弟子。如果他們能隨順你所說的正法，你得教導他們實證，實證之後你得教導他們一步一步往上升。不要像中國人對於功夫、技術，一代一代都要留一手；每一代都留一手，留到最後就失傳了。例如滿清末年或是民初，有一位武術高手，名不見經傳，個子不高而且瘦瘦的，聽說那年已經五、六十歲了，可是他打敗了全球體重最大號的世界高手，而他的體重不如人家一半，正因爲一代一代沒有各留一手而傳下來了。可是來到現在，這樣的中國奇人軼事安在？不見了，失傳了，只剩下宣傳出來的假功夫，這就是中國人的劣根性。抱歉！罵起中國人來了。

但我們是菩薩呀！菩薩不應該有這種劣根性。例如我弘法以來，尤其是早期，常常有同修背後私下說我一件事，他們都說：「**老師最好拐了，你跟他問一件法，他給你三件、五件法；隨便問一下他就給你很多，最好拐了！**」

我聽到了，可我沒想要改，爲什麼呢？因爲如果改了這習慣，我就不是菩薩了。菩薩是一心要把法給弟子們，如果吝法，首先布施度就是修不好，財施、無畏施就別提了，單說法施這一度他就沒修好。結果「很好拐」到現在是好的成績還是壞的成績？（大眾答：好的。）對喔！所以我們現在有這麼多的親教師、這麼多的助教老師，還有諸位跟著一步一步正在走上來。

因爲我將來成佛時，座下如果缺了十地、八地、七地、六地、五地的菩薩，全都是三賢位的菩薩，那我成個什麼佛？我還能成佛嗎？那時得要繼續再等，等大家再過兩大阿僧祇劫終於到了八地、九地、十地時我才能成佛。這樣算盤一打下來，眞的不划算，所以一定要盡量把隨學的大眾往上拉，不要離自己太遠，盡量拉近一點；能拉多近你就想辦法把他們拉多近，這樣你成佛才會快。要不然人家三大阿僧祇劫成佛，你是要三十或三百大阿僧祇劫？因爲你吝法呀！那麼弟子們成就慢，你成佛就跟著慢。

所以依照這個道理來看，在每次禪三時我特地找一些八分熟、九分熟的同修，就把他們拉上來，這樣到底對不對？對喔！你們也最喜歡聽這話，所以我是利益了你們沒有錯，但其實間接也利益了我自己；因爲你們道業進展快，我成佛就快，你們慢我就跟著慢。假使我只顧自己不斷地往前走，走過兩大阿僧祇劫的境界以後回頭看，你們還在很遠處，我還是不得不回來再拉你們，得要繼續調教，那我什麼時候成佛？道理是這樣的。

這是諸位應當要瞭解的，因爲你們進來正覺，於法的實證有因緣，有因緣時這個道理就同時要懂。不過你們大概沒地方去聽到這樣的開示，也無法出去告訴誰；因爲他們根本連我見都沒有斷，就自以爲成佛了，結果都沒想到這個問題。又如布袋和尚那麼辛苦、那麼忙，又是爲了什麼？不但是爲大家的道業，也是爲他自己；因爲他將來成佛時，龍華三會每一會都要有九十幾億的菩薩們成阿羅漢；接著轉《大般若經》、《小般若經》乃至方廣唯識諸經時，他所度的人得要有十地、九地、八地、七地乃至於初地、十迴向、十行……等，都得要有；所以他那麼辛苦，在兜率陀天說法以外，抽個空就來人間度幾個算幾個。而我們弘法的過程中，他也都在照看著；假使我有什麼困難，他還得來排解一下，這是眞的事情。所以成佛時各種弟子都要有，而釋迦如來在這一段經文中，告訴我們富樓那彌多羅尼子的證量。

我們接著再來看經文，如來說：「**如果有人說老實話，他用老實話來告**

訴大家釋迦如來座下什麼人是排第一的，沒有人能超越他而叫作最上的法師呢？又是什麼人對於三乘菩提一切法義都能決了？是什麼人可以絕對清淨的說法？這時他應當說富樓那就是。」那是爲什麼呢？如來就說明原因：「富樓那定心決了，」也就是說他對每一個法的認知與勝解，以及所演繹絕對是決定心，不帶有一絲一毫的猶豫，因爲他已經決了。決了就是徹底的了知，既然如此，「他的一切所說就沒有任何困難，」所以他想要說什麼法就說什麼法，不必再構思，更不用打草稿。甚至於像有一些凡夫大法師說法時，都要一個字一個字寫好照唸，連我都不用了，富樓那當然更不需要，隨時隨地想說什麼法就說，不會有任何的過失。因此當他爲別人說法時，心中「無有所疑」，都在沒有任何疑惑的情況下，把所有的法加以論議。「論」就是有系統的方式提出來解說，「議」就是把它加以演繹得更詳細，讓大眾更容易瞭解。而他作這一些事情時心中一點點的疑惑都沒有，無怪乎說他是說法第一。如果單單聽到他是說法第一，心裡大概想：「他大概就是最會說法的人。」就只是這樣的了知，但不知道他說法第一的實質是什麼，如今聽到這裡可以稍微瞭解一下他的說法第一了。

如來又說：「如果有人以如實語來說，什麼人是一切因緣的法師？應當說富樓那彌多羅尼子就是。」一切因緣，不論什麼樣的因緣，善因緣、惡因緣、大因緣、小因緣、正因緣、別因緣，他都能轉爲佛事來演說勝妙法，所以他去人家不敢去的地方，那是最壞的惡因緣，但他竟然能把那些人都度了成爲佛弟子，而且沒有一個成爲聲聞。沒有人料想到他能這樣，而那些人各個都成爲菩薩，而且被他度了以後都非常精進，法義都很精通，這不是沒來由的。也就是說他善用一切因緣，不管那個因緣是好、是壞，是多麼好、多麼壞，他都能善用。所以利用任何因緣都可以爲眾生說法，接引眾生各個都成爲菩薩。

那他爲什麼可以這樣？當然有過去世的因緣，因爲富樓那一世又一世不斷受生的過程中，他永遠都是在爲眾生作事。被他幫助過的人太多了，領受到他說法利益的人也太多了；即使是大惡人，一堆的大惡人，三堆、五堆、無量堆的大惡人都聽過他說法，所以沒有人敢去的地方，他去了就把那些人都度了，因爲往世都得過他說法的利益。所以他「常爲眾生而作佛事」，一世一世都如此。常，就是經常性而且永遠都不改變、永遠都是這樣作。世尊說：「他曾經在九十億諸佛的法中，也是經常性的作法師，都爲大衆清淨說法。」

不但如此，「他在諸佛所，盡其一生永遠都修清淨行，」修清淨行就不會侵害衆生，而且「永遠都是爲衆生清淨說法」。如來又說：「富樓那也曾經在過去六佛的法中作法師，到我釋迦牟尼佛這個世代，已經是第七佛，他一樣作大法師，」在　如來座下當法師很平常，可是當「大法師」不僅是少有其人，老實說就只有他一個人是「大法師」。如來說他是「大法師」，沒有說過別人是「大法師」；因爲　如來座下大阿羅漢一千兩百五十位，他們座下也都各有阿羅漢弟子，沒有一個人被　如來稱爲「大法師」，就他這麼一個人。當法師而能夠成爲大，一定有原由，就是說他於法義無比精通，又能有各種方便善巧說到讓大衆可以生起勝解。所以佛世最惡劣的地方、最惡劣的人，從來沒有聽聞過佛法，一聽到佛法就會生氣殺人的那一些惡人，都被他度了成爲精進的菩薩，因此他絕對有資格成爲「大法師」。

世尊說：「他於過去六佛座下同樣是大法師，」沒有人能勝過他，如今在第七佛　釋迦如來座下一樣是「大法師」。接著說他「成阿羅漢」，這只是顯示他的解脫果而已。但是「心得解脫」跟阿羅漢灰心泯智的解脫是不一樣的，「心得解脫」是意識等六心再加上意根恆處於解脫狀態。諸位想說：「這七識心不都是入涅槃時該要滅掉的嗎？」是啊！但那是阿羅漢，可是他這位阿羅漢同時是菩薩。諸位還記不記得《楞伽經詳解》中，我註解了如來的聖教，其中講到第七地菩薩滿心位時是「念念」怎麼樣？（大眾答：入滅盡定。）喔！可見諸位有好好讀了，七地滿心菩薩是念念入滅盡定，這是三明六通大阿羅漢怎麼想也想不通的：為什麼可以念念入滅盡定？但是「心得解脫」的大菩薩們就得是這樣。

阿羅漢們有好多人要入滅盡定時，還得要靜坐後作滅盡定加行，然後才能進去定中；是要經過等引位的，那個等引位可長了。平常住於初禪，當他上座以後要轉入二禪、三禪、四禪，再轉入四空定中，這些過程都是入滅盡定之前的等引。但七地滿心菩薩是「念念入滅盡定」，這是大菩薩們的「心得解脫」。那麼七地念入滅盡定，八地、九地呢？當然也有這個證量，並不是像世間人說：我有這個就把那個捨了！而是以前證得的都繼續擁有，而新的又繼續得、繼續證，所以說他「心得解脫」無所謂生死，對他而言根本沒有生死這回事。因爲世世爲眾生來人間受生，都是在解脫的境界中來受生的，這是他個人的自受用功德，當「大法師」爲人說法則是他受用功德。

接下來說：「如果有人如實地說，什麼人是世世供養諸佛而種植了無量無邊的善根呢？應當說富樓那就是。」想想看　大莊嚴如來的年代，他就已經是清淨說法的比丘了，經過那麼多阿僧祇劫之後來到今天，他依舊在當菩薩，那他到底值遇過多少諸佛了？所以　如來解釋說：「富樓那於九十億諸佛的法中以精勤心來求學，所以他是決定議論，有深智慧，」在諸佛的法中要經過不斷法義論證的過程，在這樣的過程中智慧不斷地增長，不斷地更加深厚，所以他「有深智慧」。當然，他經歷過這麼多佛而仍然在當菩薩，如來當然要說他「於諸法師說爲第一」。所以他經歷過每一尊如來座下都是當說法之師，既然「有深智慧」，世尊對於所有說法之師中，當然要說他是說法第一。

世尊又說：「如果我一日一夜來讚歎、來說明富樓那的功德，那是演說不盡的，」「稱說」，稱就是讚歎，說就是說明。如果超過一日一夜來說明與讚歎，也是講不完的，世尊說：「因爲他的佛法布施都沒有牽涉世俗因緣，」

純粹就是佛法布施，不管什麼樣的因緣、什麼樣的世俗惡劣狀況，再惡劣的因緣出現時他也是純說佛法，並且讓人信受；如來十大弟子中沒有人能這樣作到，所以說他的功德一日一夜或超過一日一夜，由世尊來讚歎、來說明也都講不完。而且他「不貪利養」，人家不願去的地方他都願意去，命都可以不要，還貪求什麼利養呢？所以他可以成為說法第一的人。

而且不只是在 如來座下說法第一，連過去六佛如來的座下他一樣是說法第一，同樣都是大法師，那背後當然有他的本質，而他的本質就是「得四無礙智」。底牌終於揭曉了！請問諸位：四無礙智是第幾地菩薩？（有人答：九地。）而且是九地滿心，因為具足四無礙智是九地滿心的事。但是這樣就夠讚歎他了嗎？還不夠，其實他早可以成佛了，因為我們都只要三大阿僧祇劫便可以成佛，他是已經奉侍過那麼多劫的諸佛了，不是三個大阿僧祇劫而已，而他都還在當菩薩，那就是他的願。所以十大弟子將來成佛時，不是他第一，諸位想到這一點時是不是有一個問號？對了！他不是大法師嗎？他不是最棒的嗎？為什麼將來成佛不是他最早？當然阿難除外，因為阿難是與如來同一個世代學佛的，但其他大部分人都不如富樓那，為什麼不是他最先成佛？

那諸位就得要探討一下富樓那將來成佛時，那個佛世界是什麼狀況？如果你對於將來成佛時的佛世界要求很高，而且民眾無量，各個都是善根深厚，你就要度更多更多的人，成佛當然要更久，這是必然的。那他已經「得四無礙智」，這是他現在於 如來座下的示現。如果將來諸位說：「**我成佛時，我的國度標準不要像他們那樣高。**」你把標準降低一點時，成佛當然可以快一點；但不論怎麼快，最快就是三大阿僧祇劫；反過來說，不論你標準怎麼降低，你一定要有一生補處菩薩的弟子，也一定要有兩個脇士妙覺菩薩，一定要有十地、九地、八地下至於各階位的菩薩；總不能說：「**我成佛時，我只有七地以下菩薩，欠了八地、九地、十地的菩薩弟子。**」佛法中沒有這樣的佛啊！所以能標準放低，但一定有一個基本的標準在。

所以出來當親教師以後也不應該吝法，弟子需要什麼法你就盡量教給他；他能得多少是他的事，你就盡量教給他；那你的弟子將來道業進展快，你成佛的時間就跟著快；因爲你利益了他們就有大福德，你有這些大福德作依憑，進步也就快了，這是相對的。那麼這樣看來，我這個被人家笑說要五毛給一塊，不！有時是要五毛給四塊錢的人，顯然不是傻瓜蛋。菩薩就是應該這樣，不該吝法。那富樓那尊者，如來告訴我們說他有「四無礙智」，可是如來並沒有說他不是十地菩薩，但我們都可以自行判斷一下就知道了。

譬如你有個兒子，他已經去美國哪一個有名的學府，比如說哈佛或者什麼大學拿個博士學位回來，但有時你遇到一個因緣要講臺大的事，你就說：「我兒子是臺大畢業的。」沒有智慧的人也許就想：「他兒子才臺大畢業？」可是你兒子其實不只是臺大畢業，只是因為談到與臺大的因緣而這樣講的。這個道理要懂喔！所以不要自作聰明說：「如來說他是九地菩薩，那他鐵定不是十地菩薩。」這會有問題的。就像《法華經》中那位龍女，她是文殊菩薩的弟子，文殊也是成佛後倒駕慈航再來，當時都還沒有示現成佛，她怎麼可以先成佛呢？大家都沒想到她一轉身到南方世界去成佛了。所以有些事情不能如表面所見一樣，就自己下決定；有時要認定某一件事情時，並不是那麼容易的。如來告訴我們說，他過去無量劫是這樣子，而現在他有四無礙智，表示他最少有九地滿心的智慧，但也許他可能是十地菩薩或者等覺菩薩，這都不一定。

現在我想到一個麻煩了，將來這講義整理成書出版以後，那些六識論的比丘尼們讀了大概又要把我罵翻了，因爲她們的心量就是那麼小。臺灣鄉下有些老人家罵人罵得很好：「某某人？他那個人就是雞腸鳥肚。」有沒有？是說他的心量就那麼小——肚量太小。可是諸位進得正覺來，心量一定要夠大，因爲如來所說的法，背後的涵義大家應該要去體會；如來說法時不可能講一個法時把很多細部都告訴你，但是你要好好自己去體會出來；有一些言外之意，是在講時就寓含在裡面。但有一些是可以另外再作說明的，只因再作說明時就會變成長篇累牘，讓大家尋枝摘葉而忽略掉了枝與幹乃至於樹根，所以那個部分就不講，但是我們得要好好去瞭解。

也許有人對這一點還有一些懷疑，沒關係，我們再來看如來怎麼結論。世尊說：「唯除如來，諸世界中言辭義理無能勝者。」十地菩薩也無能勝他，除了如來，這樣瞭解喔！欸，這個說法很含蓄。可是背地裡面顯示出他的具足十地的內涵，因爲除了如來以外沒有人能勝過他呀，那不是十地滿心了嗎？所以他有四無礙智只是一個形容，形容他的智慧非常好，但他的證量到哪裡呢？世尊說：「唯除如來，諸世界中言辭義理無能勝者。」因爲諸世界的十地滿心菩薩來了也只是跟他一樣而已，哪能勝他？就只有諸佛如來能夠勝過他。你們看世尊說法太妙了，我們得要學！但你要學之前得要先瞭解如來這樣說是什麼意涵，知道這個意涵之後才說：「唉！如來說法太妙了，這樣不著痕跡就把他的證量帶出來。」古來好多人讀過《佛藏經》，誰知道富樓那的證量是十地滿心？沒有人知道，但世尊言外之意就帶出來了。所以如來說法勝妙，這部分我們也得學。接下來世尊開示說：

經文：【「舍利弗！我今告汝，若人欲得阿耨多羅三藐三菩提爲人說法，則得無量無邊福德，亦能利益無量眾生。舍利弗！若人破壞、違逆，不言是法者，則起無量重罪因緣。何以故？舍利弗！惡有惡報，善有善報；我以此故，今以是經囑累於汝，當爲四眾廣說分明。舍利弗！若聞是經，心信歡喜，即得無量無邊福德；若聞不信，心不喜樂，即得無量無邊重罪；舍利弗！當知是人名爲破戒比丘，若增上慢不淨說法者。舍利弗！若人違逆如是經者，世世所生常盲無目。」】

語譯：【世尊又說：「舍利弗！我如今告訴你，如果有人想要得到無上正等正覺而爲他人演說佛法，他就會得到無量無邊的福德，也能利益無量的眾生。舍利弗！如果有人破壞這個法、違逆這個法，而不告訴人家說這是眞正的法，那麼他就會生起無量的重罪因緣。爲何是這樣的呢？舍利弗！造作了惡事就會有惡報，造作了善事就會有善報；我就因爲這個緣故，如今以這一部經付囑勞累於你，將來你應當爲四眾廣作說明把它講清楚。舍利弗！如果聽聞這一部經，心中信受而產生了歡喜，就會得到無量無邊的福德；如果聽聞之後心中不信受，而且他心中也不喜樂，就會得到無量無邊的重罪；舍利弗！應當知道這樣的人就稱爲破戒的比丘，或者是增上慢的不淨說法者。舍利弗！如果有人違逆這樣的經典，在他一世又一世出生的地方所獲得的五蘊經常都是眼盲而沒有慧目。」

講義：世尊這一段聖教講得更白了，我們佛法中，不論在學法或者持戒上面，都說根本、方便與成已，世間法中也如是；譬如在法律上先講他的動機，動機放在最前頭；雖然實際上有的法官不講動機，跟你亂搞一通，但我們不管他；實際上立法時還是以動機爲先而確定刑責。恐龍法官多了，是末法時代的現象，我們就不談他。我們說動機最重要，因爲動機就是一切身口意行的根本，所以佛法中把它叫作根本。假使一個人殺害了一百多個人，表面看來應該是罪大惡極，可是詳細探究他殺害這一百多個人的原因，是為了拯救幾百萬人、幾千萬人，那不應該判他有罪，因為他是救人而不是殺人。因為那一百多個人弄個原子彈或什麼毒物，要去消滅一個族群或一個國家；如果他把這幾個人殺了，只是死一百多個人，這個事情終於阻止了，幾百萬人、幾千萬人便得救，那他殺人是事實，有成已之罪；他有方便罪也是事實，但他廣設方便才終於把很多人救了，由於這方便而最後把一百個壞人殺掉，所以有方便、有成已罪。

那麼該不該判他的罪？我認為不該。因為他救了幾百萬人、幾千萬人，他的根本（動機）是救人而不是殺人。就像畢陵尊者從騙子手上把那兩個孩子救回來，有比丘去向佛陀舉發說他竊盜孩子，說他從騙子那裡把孩子偷盜回來。如來問畢陵說：「你是為了偷盜那兩個孩子回來，還是為了救他們回到父母身邊？」「我救他們回父母身邊。」如來就判無罪。所以有個比丘很迂腐，只看事件發生的表相而不看事件背後的眞相；那是從兩個壞蛋手中把孩子救回來，竟從表相上說是偷回來而犯了偷盜罪，這就是迂腐。想來那個比丘根本沒學好戒律，因爲他弄不懂什麼叫根本、方便、成已。畢陵是救人而不是偷盜，由於他的根本是救人，所以雖然巧設方便讓那兩個騙子忽略了狀況，然後把孩子帶回來時雖有成已——從騙子那邊偷了回來，但他的本質是救人，不是竊盜，佛法應當這樣看。所以應該先看根本而不是先看方便與成已。

那麼 如來告訴我們說：如果有人生起動機，想要得到無上正等正覺以後可以爲人說法——想要幫助眾生修學正法；這就是動機，所以他想得到無上正等正覺而有能力爲人說法，他不是爲了自己得證；他是想要利益別人，想要利益眾生，所以他來求無上正等正覺；佛說他起這個善心時，就得到無量無邊的福德。因爲他是以善的動機去求無上正等正覺，將來就有因爲善心生起的福德而幫他得到實證的智慧或者果位，將來他就可以去利益無量的眾生。

反過來假使有人說：「**我要去得到無上正等正覺，因爲我得了以後大家就恭敬禮拜供養於我。**」這個動機不善，因爲他爲了得到更多的我所，所以動機不善，這就是不善心。不善心的結果，實證時所生的福德就大大損減，不但沒有無量無邊福德，而且還損減實證時應有的福德。可想而知，他想要得到無上正等正覺的機會反而更少。這就是討論他的動機是什麼？是善是惡？

如來又說：「如果有人破壞正法、違逆正法，不告訴人家這就是正法，他就已經生起無量重罪的因緣；以後各種各樣重罪的因緣都會出現，使他去造作各種不同的重罪，他會出現惡因緣。」這還只是不告訴人家這是正法，暗地裡作手腳，「破壞、違逆」，然後明明是正法他不置可否，不告訴人家是正法；如果反過來口出惡言：「這是外道神我啦！這是常見外道法啦！這如來藏是自性見。」這些話一出口，可不是只有生起無量重罪因緣，而是無量重罪已經成就。前面那個人是遮止人家學習，故意遮蓋著不讓人家知道這是正法，就有未來世或者在今世未來的日子裡生起無量重罪的因緣，那一些因緣會促使他成就各種重罪，但這還只是因緣，重罪還沒有成就。但如果加以否定，重罪已經現前成就了！可是有多少人知道這個道理呢？今天就藉著《佛藏經》來跟大家說明，希望將來整理出去以後佛教界有更多人可以瞭解；當他們瞭解了，不再誹謗正法時，他們得到利益，眾生也得到利益。

所以眞正的佛法中其實沒有忌妒這一件事情，不會說：「他就是因爲什麼因緣，所以他本來應該下三惡道的，現在免了，好狗命。」有人會這樣想，可是這不對。假使我是這樣想的，可就夠笨的了；因爲他們不下三惡道，是由於我來救他們，所以他們不下三惡道。這如來藏種子相應的結果他們未來世就會是我將來成佛時座下的弟子之一，跑不掉的，這歸結到最後還是我的利益，那爲什麼要起幸災樂禍的心？所以佛法中沒有幸災樂禍這回事，能救的就是要想辦法去救他們；因爲你救了他們以後，將來利益還是回到你身上——成就自己的佛土。

就好像澳洲有迴旋鏢，丟出去以後會回到自己身上來；所以惡業出去以後回來時也是惡果，善業出去以後回來時就是善果，果報如影隨形，昭昭不爽。我們可以把它加上一句「功不唐捐」。所以他的動機是善，將來所得就是善；動機是惡，將來所得即是惡。如來也解說這個道理，因爲在法界中「惡有惡報，善有善報」，這是永遠逃不掉的。那麼世俗人會加上兩句：「不是不報，時候未到。」說的也有道理，但這是爲愚癡人講的；若是爲聰明人，隨便講一講就知道「善有善報，惡有惡報」，否則哪來的三惡道？蛇願意當蛇嗎？蠍子願意當蠍子嗎？魚願意當魚嗎？狗願意當狗嗎？牠們見了人類，難道不羨慕說：「當人多好！」

爲什麼牠們想離開惡道，結果一世又一世仍然在惡道之中？一定是有因果的。否則眾生同樣都是如來藏所生，爲什麼牠們的如來藏偏要把牠們生爲狗等？一定有背後的道理。至於說牠生爲狗，要當多久？人在人間，當人要當多久？那就是背後如來藏含藏的那些業種來現行，由如來藏來執行，所以因果是絕對存在的。只是因果牽涉的範圍太深、太廣、太遠、太久，所以一般人無法理解，乃至於十地菩薩依舊有所不知。因此有的人不信因果，因爲他們只看眼前，或者只看見這一世，那就沒有因果可談了。

如果只看一世，那些大法師們都要趕快自裁了，因爲想起來：「蕭平實這一世學佛才不過五年，怎麼明心又見性了？後來還會有道種智，眞奇怪！而他學的佛法，跟他後來所悟的又不一樣；那我少小出家到現在，八十幾歲了，爲什麼都還被他說悟錯？」他們如果只看這一世，得要趕快自殺了，眞的活不下去。可是他們如果懂得從過去的無量世來看，他可以爲自己解開那個迷惑和滿肚的怨氣：「人家可能過去無量劫已經修學很久了，而我可能修學佛法以來才不過一、兩千萬劫。」如果懂得這樣理解，滿肚的怨氣也就消了，就可以好好學佛而作補救了。所以學佛這件事情眞的不能只看一世，更不能只看眼前。因此「惡有惡報，善有善報」，往往是無量無邊的過去劫累積而延續下來的。

所以當鴿子的，你去觀察牠八萬大劫前還是鴿子；當螞蟻的，八萬大劫前還是螞蟻；那麼大家想想看：在水裡游的魚大約也如是，不是牠想要轉換就可以轉換的。因此 如來告訴我們說：「因果能夠窮究源底，這是唯佛與佛乃能知之。」只有修到了如來地，才能具足了知因果，是因爲如來有十力，十力中有一個宿住隨念智力；祂對於每一個有情，不論牠是螞蟻或者是蚯蚓，一見當下就知道牠們過往的無量世，不侷限於一劫、兩劫、八萬大劫，無量世、無量劫前都知道。所以這因果只有得到「宿住隨念智力」的人才能具足了知，因此說「惡有惡報，善有善報」，這是鐵律，絕對不會改易的正理。

若非如此，不可能有三惡道有情；如果不是這樣，也不會有人類，因爲大家都要生天，誰要留在人間？如果不是有因果律存在，忉利天子也不會有五百天女、七個婢女；誰要去當那天女、婢女？一定會想：「我們五百個女人奉侍他一個天人，多倒楣！」那婢女更倒楣，一定想：「我還沒有辦法奉侍天人，我只能奉侍他所擁有的一位天女。」那爲什麼會這樣？因果啊！所以「惡有惡報，善有善報」，這是法界中的鐵律，假使不是因爲這樣，就不可能有三界中的形形色色。

所以懷疑因果律的人其實是腦袋很差的人，表示他沒有什麼邏輯概念；邏輯好的人，這麼一推理就知道其中一定有因果。不然誰願意去當三惡道的有情？如果不是有因果存在，爲什麼我生來不是當王永慶？而王永慶搞不好也要抱怨：「爲什麼我生來這麼辛苦？要這麼辛勤奮鬥？人家生來就含著金湯匙。對！一定是有因果存在。」所以「惡有惡報，善有善報」，這是不用懷疑的。

如來又說了這兩句話告訴大家：「我以此故，今以是經囑累於汝，當爲四眾廣說分明。」就囑累給舍利弗，希望他在如來滅度以後，要爲四眾廣說分明，也就是說：「這個『惡有惡報，善有善報』的道理是不應該懷疑的。但是眾生愚癡所以有所懷疑，舍利弗你應該把這個道理告訴大眾。」

如來又說了：「如果聽聞這樣的經典，心中信受而且起了歡喜心，他就得到無量無邊的福德；」福德是無量無邊的，假使有人淺智老是要把福德量化說：「我如果聽聞這一部經中所說的各種道理，心中相信生起歡喜心，那我這無量無邊的福德是怎麼回事？是未來世得到一座金山嗎？還是未來世娶五個老婆？」眞要是如此，眞的給他一座金山和五位老婆，就變成有量，終究花得完；假設一生花不完，也被人家搶完了，因爲是有量的。如果以福德的形態存在，你要用時再去把它實現，不需要的就把它留住；所有的福德不必全部實現，那你就有越來越多的福德，未來要什麼就有什麼，都不必強求。這個「無量無邊」才是好的，假使你把它全部實現了，不免就會揮霍。

有錢而不花很難，所以你現在一個月花五萬塊錢，因爲你實現的福德就是那麼多；假使你實現的福德是一百億元，那你一個月會花多少錢？不會再花五萬塊錢，可能一個月花上五十萬、兩百萬、三百萬元不等，因爲你覺得花不完；那你把福德全部實現了，這一世花完了以後，未來世沒有福德，就去當窮人。假使聰明，實現了那些福德，把它拿一半再來布施再修集福德，無形的存起來，那未來一世又一世如法炮製，永遠用不完。所以福德無量也無邊才好，不應該有量又有邊，量化不是好事。

比如《優婆塞戒經》如來開示說：「假使我們布施給一條狗（譬如十塊錢的食物），那未來世可以得一百倍的回報。」於是心中就想著：「我未來世怎麼樣把它實現？」那就笨了！應該把它存在無量無邊的福德中，不要去實現它；應該實現的就只是一部分，不要大部分，夠用就好——你想要作事時夠用。那這一些福德存著一直累積下去，成佛才會快。如果把它實現，一定是為了弘法、為了護法、為了正法久住的需要，才去實現它。你這福德一實現，都用在護持正法、修行上面，那你增長的福德更多；繼續把它存在「無量無邊」的那個部分，這才是聰明人。所以賺錢賺到足夠修道了，足夠用來布施，足夠用來利樂有情時，就到此為止，開始去作應該作的事，不再實現福德，這才是聰明人。

那麼 世尊說：「如果聽聞這一部經，心中信受又產生了歡喜，他可以得到無量和無邊的福德；」這福德沒有邊也沒有量，表示它隨著你的眞如心而存在，將來就是在你未來世會跟你繼續存在。所以未來世你又遇到這個法時，終於又修學又實證，然後福德依舊「無量無邊」而不要全部實現，都只實現一小部分，同樣證悟以後再來利樂有情，你又可以增長更多「無量無邊」的福德。

譬如說，你這一世不久的將來證悟了，隨即出來弘法或者出來護法；或者未來世證悟了，出來護法、弘法；想想看你這樣幫助了別人在正法中證悟，不是只有發菩提心，而是證悟，那我們回想一下：幫助一個人、教導一個人發四宏誓願，成爲眞正的佛弟子，勝過度一大部洲的眾生成爲阿羅漢。而你現在幫助一個人進入正法中而且證得無上正等正覺，這個福德難道不能說無量無邊嗎？這樣想通了就知道該怎麼辦；這時因此「心信歡喜」，福德也是「無量無邊」的。因爲這是你這一世將來十年、二十年或者未來十世、二十世證悟的因緣，如果不是這一世心中聽聞之後心中歡喜信受，未來世就沒有證悟的因緣。那你想要未來幾年可以證悟，或者未來世或者未來劫可以證悟，都得從這個「心信歡喜」的因緣而來。而證悟後的福德是「無量無邊」的，可以想見你信受這個正法，歡喜接受，這個福德當然也是「無量無邊」的。因爲這是一個基礎，沒有這一個信受與歡喜心，就沒有未來實證的因緣。那你若是這一世可以實證，也一定因爲往世多劫前聽聞這樣的正法而信受、而歡喜，才會有今天的證悟。

不要以爲說：「**我來到正覺同修會，五年後、十年後我就證悟了，好像覺得沒什麼呀！**」其實不然，自己往世的事情你都還不知道呢！假使沒有往世的因緣或者甚至往世護持了正法，對正法的信受歡喜，然後又努力修學，就不可能有這一世的證悟，因爲這一世的證悟要推溯到往世往劫。證悟是在第七住位，是第一大阿僧祇劫的三十分之七的果位，那麼一大阿僧祇劫是多久？而現在住在第七住位，可見過去已經很多劫修學過來了。應當如是觀，應當如是瞭解，所以證悟後不應該妄自菲薄。

正在四加行的階段努力時，也不應該妄自菲薄；剛進入禪淨班時也不應該妄自菲薄，因爲能進入禪淨班就不容易了。有不少人心中想著：「**我應該去正覺修學。**」可是進不來，你就知道這是不容易的。但是這一些都要追溯到很多劫前聽聞過這樣的經典，當時心中信受了，也生起歡喜心了，得要追溯到那個時劫去；憑著那時的信受與歡喜，有了無量無邊的福德，所以今天可以進入正法中修學，乃至可以實證。

但是反過來說：「**若聞不信，心不喜樂，即得無量無邊重罪；**」也許有人想：「有這麼嚴重嗎？」眞的有這麼嚴重！我舉例來說吧，例如那些六識論的比丘尼們，聽聞到人家在講第八識如來藏時，她們第一個念頭就是：「我不相信。」第二個念頭生起來，而且還有語言文字在心中出現：「那是自性見。」不然就想：「那就是外道神我。」那她們一定會不經意地顯示出來，她們的臉色是不歡喜的；甚至可能搖搖頭或者撇著嘴，這已經不是只有心行，已經有口行、身行出現了，這就是重罪了——「即得無量無邊重罪」。單是意行「即得無量無邊重罪」了，何況她們不經意之中已經示現那樣輕微的口行以及身行！這身、口、意三行都有了，怎麼可能沒有無量無邊重罪呢？

接著在後面她們會幹什麼事？她們不只是在你面前時就會否定、誹謗，也會轉而去跟別人講：「那某某人某一天跟我講了什麼如來藏法義，那根本就是外道神我；講什麼如來藏、什麼勝妙法？全都是自性見外道。」不經意之中就會講出來，這一講了出來就是誹謗勝妙法、誹謗菩薩藏；在《楞伽經》中 世尊早講過了，謗菩薩藏者是什麼人？啊？（有人答話……。）諸位都知道了，就是一闡提人，善根當時立刻斷盡。善根很不容易才培養和修集起來，就這麼一句話斷盡，何等嚴重！那麼這樣子謗菩薩藏的人，她們還能好好受持菩薩戒嗎？不可能！一定會謗法，接著就是不經意中毀謗勝義僧與謗佛，所以如來就說：「舍利弗！當知是人名爲破戒比丘，若增上慢不淨說法者。」「若」就是「或者」，古時這個若字就是或者的用意。

這個人如果不是破戒比丘，那他就是增上慢的「不淨說法者」。因爲他謗菩薩藏，謗菩薩藏時一定會毀破了四宏誓願，一定也會毀破了菩薩戒；因爲菩薩戒中禁止毀謗大乘法，那他當然是破戒比丘。那他爲什麼會成爲增上慢「不淨說法者」？且聽下回分解。

《佛藏經》今天是一百五十講了，上週講到五十六頁倒數第一行：「當知是人名爲破戒比丘，」這破戒比丘四個字，對於佛教中的任何一位出家人而言，都是一句很嚴重的指控；但是時至末法，現在這已經不是指控，現在是一種現象了。破戒的比丘是一種現象而不是指控了，因爲密宗假藏傳佛教滲入正統佛教已經很久了，已經在正統佛教中幾乎是蔚成風氣了。經過我們十幾年、將近二十年的努力，在臺灣算是大部分扭轉過來，但是過往已經存在的現象是不可能立即消失的，現在只會是新增的部分被抑制下來。

可是在西邊的大陸目前的狀態，仍然一樣沒有改善，幾乎全面淪陷在密宗假藏傳佛教的邪法中了，這就有待我們觀察時勢加緊腳步來作；但卻不能一味加緊腳步去作，還要觀察時勢，因爲這事情很複雜。密宗假藏傳佛教－喇嘛教－是天下特大號的邪教，不幸的是中國的法律保護它，難就難在這裡；因此我們在臺灣可以轟轟烈烈（大陸叫作紅紅火火）去幹，但是在大陸不行。那麼「**破戒比丘**」在末法時代的中國已經是普遍的現象而不單是一種指控，追究根本原因就是密宗假藏傳佛教——喇嘛教。而我們得要努力在大陸繼續作，能作到哪裡就算到哪裡，作什麼事情也不能公開，就是鴨子划水，緩步前進，表面看是沒什麼動作的，只能這樣作。

至於「**增上慢不淨說法者**」大致上也相同，臺灣以前「**增上慢不淨說法者**」比比皆是，可以說到處可見；大法師、小法師、大居士、小居士都說他們開悟了，但開悟的境界都是識陰的境界；等而上者是意識長時間離念的境界，等而中者是意識短時間的離念境界，譬如五分鐘、十分鐘的離念；等而下之是不用修行就有的：前念已過、後念未起中間的離念靈知，這是阿貓阿狗都有的，所有世俗人都有的，眞是等而下之。

也許有人想：「**那密宗假藏傳佛教您怎麼沒談到？**」我說密宗假藏傳佛

教，他們連等而下之都排不上，他們是外道。他們已經不是佛門中的「增上慢不淨說法者」，那根本就是外道，徹頭徹尾徹裡徹外的仿冒佛法的外道。所以臺灣當初「增上慢不淨說法者」比比皆是，大陸更加熾盛。因此當年我們剛開始弘法時，說證悟之標的只有一種，就是第八識如來藏，當然招來正統佛教跟喇嘛教一致的攻擊；當時也有正統佛教的法師、居士們提出來評論說：「佛法有八萬四千法門，門門都可以證悟，爲什麼一定要依照正覺所謂證如來藏才算是開悟的法呢？」那我的回應很簡單：「其實不然！門門都可以證悟，但門門入了以後所悟的內容都一樣是第八識如來藏。如來藏是證悟之標的，不是修證的法門。」

假使門門證悟的內容都不一樣，就表示證悟的內容有八萬四千種，哪一種才是實相般若？如果要說八萬四千種都是實相般若，就表示實相非絕待，表示實相是可以有八萬四千種，那應該也有八萬四千種的開悟菩薩，也有八萬四千種的佛了。可是爲什麼 如來說「佛佛道同」呢？又說一切諸佛無有高下差別？如果八萬四千種的開悟內容，一樣都是成佛，那成佛的標準應該不會只有一個，就應該有八萬四千個成佛的標準；那麼八萬四千種成佛的內涵，應該拿來評比一下，看哪一種是最高的？哪一種是最低的？那麼請問哪一種佛要排在第八萬四千種？所以我說了：「門門可入，可是入得佛法大殿來，所悟都是同樣一種，就是如來藏，沒有別的。」後來他們也無法推翻，最後只好默然，就等於默認了！

這就是說，以前那一些所謂開悟的人，都是「增上慢不淨說法者」，但是我們也不氣餒，至少遇到一個能夠公開懺悔的人，其他就沒有了，他就是唯一的一條英雄好漢。所以連「增上慢不淨說法者」的懺悔，都是極難可得，也是很值得珍惜的。他後來迴向往生極樂世界，想來 阿彌陀佛等候他花開見佛以後應該會好好教導他，應該會加持他早點斷我見、早一點證悟；因為他有對整個佛教界懺悔過，而他是唯一的一個。

那麼「增上慢」而說法時一定是「不淨說法」，因為一定是間接謗佛與謗法，那他當時也一定不是菩薩，眞正的菩薩不會謗佛、不會謗法。也許有人說：「那他什麼地方謗佛、謗法了？」很簡單！當他說那是佛法時，就是謗佛也是謗法，因為諸佛都不是那樣講的，而他說那是佛法。就等於指控說：「如來也是那樣講。」或者指控說：「這是佛講的。」那就是謗佛。他說那是佛法，可是佛法明明不是那樣，所以同時也是謗法呀！因此他說法時一定是不淨的。所以增上慢而說法的人，一定是「不淨說法」，而且他們常常會以臆想猜測而說；如果是實證者，就不會臆想猜測而說。

假使有人問我什麼法，我以前可能沒有在經上、論上讀過，但我會直接答覆他。直接答覆他，表示我不是用思惟想像來的，而是我往世的種子直接流注出來直接就答了；但後來也證明古時菩薩們寫的論中或者 如來有講過，後來也如是證明了，就不會構成「不淨說法」，因爲我說法時是依現量而說的，是如實的。那麼 如來說：「如果聽聞『此經』（『此經』不單指《佛藏經》，還包括如來藏這個法），心中信受歡喜，可以得到無量無邊的福德；如果聽聞不信，心不喜樂，就會得到無量無邊的重罪。」在這裡是指佛門中的出家人，就是指比丘或者比丘尼。如果對於「此經」第八識如來藏，或對於《佛藏經》這〈淨法品〉等所說的法義，聽聞之後「心不喜樂」，他就會得到無量無邊的重罪。

但是爲什麼會得到無量無邊的重罪？一定有道理的，不會是無緣無故由於他不信就得重罪吧？道理很簡單：因爲他聽聞之後不信，然後又披著僧衣爲人說法，就會成爲「增上慢不淨說法者」，那他也會抵制如來所說的大乘經論，同時違背了菩薩戒，又成爲破戒的比丘。道理就在這裡。那麼如來又說：「舍利弗！若人違逆如是經者，世世所生常盲無目。」這後果很嚴重的。

如來講到這麼清楚明白了：「此經」是「無名相法」、是「無分別法」第八識。結果出家人要爲人說法時老是否定「此經」，對於「此經」的說法老是違背或加以否定，專對「此經」行違逆行。例如那些一直主張「大乘非佛說」、主張人間佛教而認定天界沒有佛教、他方世界也沒有佛教的人；又如主張「彌陀信仰是太陽神崇拜」，又主張「東方琉璃光如來淨土思想、藥師佛思想，是天界十二星宿崇拜轉化」的人，不都是在違逆「此經」嗎？他們這一世講得很痛快，讓人家覺得他們膽雄氣壯，敢否定大乘法眞有氣魄。可是有氣魄的結果是未來「世世所生常盲無目」。他們未來是一世又一世經常都是眼盲而沒有好的眼根，是生來就是個盲人。假使受傷變成盲人，還可以用器官移植的方式救回來；但他們不是，是生來就盲，是勝義根有問題，醫學再發達也救不了他們，合該他們沒有眼睛可以讀經典。

為什麼果報這麼重？只是「違逆如是經」而已。但因為「此經」所說是了義、是究竟、是眾生的眼目，而他們把「此經」否定了，否定之後所說的法一定會誤導眾生，並且他們否定時還會戕害眾生的法身慧命，所以他們的果報就是「常盲無目」；特別是不信邪還寫成著作流傳後世，貽害更多的世人，那他們「世世所生常盲無目」的時間還會拉得更長，所以這不是小事。因此我說那一些人在臺灣風光了幾十年，一天到晚高聲疾呼：「大乘非佛說，而唯識經典的唯識是虛妄法，講的都是虛妄心，所以叫作『虛妄唯識』。」他們講得振振有詞，也弄得臺灣佛教幾乎都信他們了，那時他們好風光。可風光幾十年之後遇到了正覺同修會，再也風光不起來了，因為他們「違逆如是經」第八識，而正覺實證「此經」並且演述出來，證明為眞，證明他們所說錯誤。

（未完，詳第十七輯中續說。）

佛教正覺同修會〈修學佛道次第表〉

第一階段

* 以憶佛及拜佛方式修習動中定力。
* 學第一義佛法及禪法知見。
* 無相拜佛功夫成就。
* 具備一念相續功夫—動靜中皆能看話頭。
* 努力培植福德資糧，勤修三福淨業。

第二階段

* 參話頭，參公案。
* 開悟明心，一片悟境。
* 鍛鍊功夫求見佛性。
* 眼見佛性〈餘五根亦如是〉親見世界如幻，成就如幻觀。
* 學習禪門差別智。
* 深入第一義經典。
* 修除性障及隨分修學禪定。
* 修證十行位陽焰觀。

第三階段

* 學一切種智真實正理—楞伽經、解深密經、成唯識論…。
* 參究末後句。
* 解悟末後句。
* 透牢關—親自體驗所悟末後句境界，親見實相，無得無失。
* 救護一切眾生迴向正道。護持了義正法，修證十迴向位如夢觀。
* 發十無盡願，修習百法明門，親證猶如鏡像現觀。
* 修除五蓋，發起禪定。持一切善法戒。親證猶如光影現觀。
* 進修四禪八定、四無量心、五神通。進修大乘種智，求證猶如谷響現觀。

佛菩提二主要道次第概要表——二道並修，以外無別佛法

佛菩提道——大菩提道

遠波羅蜜多

資糧位（外門廣修六度萬行）

- 十信位修集信心——一劫乃至一萬劫
- 初住位修集布施功德（以財施爲主）。
- 二住位修集持戒功德。
- 三住位修集忍辱功德。
- 四住位修集精進功德。
- 五住位修集禪定功德。
- 六住位修集般若功德（熏習般若中觀及斷我見，加行位也）。

見道位（內門廣修六度萬行）

- 七住位明心般若正觀現前，親證本來自性清淨涅槃。
- 八住位起於一切法現觀般若中道。漸除性障。
- 十住位眼見佛性，世界如幻觀成就。
- 一至十行位，於廣行六度萬行中，依般若中道慧，現觀陰處界猶如陽焰，至第十行滿心位，陽焰觀成就。
- 一至十迴向位熏習一切種智；修除性障，唯留最後一分思惑不斷。第十迴向滿心位成就菩薩道如夢觀。

初地：第十迴向位滿心時，成就道種智一分（八識心王一一親證後，領受五法、三自性、七種第一義、七種性自性、二種無我法）復由勇發十無盡願，成通達位菩薩。復又永伏性障而不具斷，能證慧解脫而不取證，由大願故留惑潤生。此地主修法施波羅蜜多及百法明門。證「猶如鏡像」現觀，故滿初地心。

二地：初地功德滿足以後，再成就道種智一分而入二地；主修戒波羅蜜多及一切種智。滿心位成就「猶如光影」現觀，戒行自然清淨。

解脫道：二乘菩提

- 斷三縛結，成初果解脫
- 薄貪瞋癡，成二果解脫
- 斷五下分結，成三果解脫
- 入地前的四加行令煩惱障現行悉斷，成四果解脫，留惑潤生。分段生死已斷，煩惱障習氣種子開始斷除，兼斷無始無明上煩惱。

近波羅蜜多　大波羅蜜多　圓滿波羅蜜多

修道位　究竟位

三地：二地滿心再證道種智一分，故入三地。此地主修忍波羅蜜多及四禪八定、四無量心、五神通。能成就俱解脫果而不取證，留惑潤生。滿心位成就「猶如谷響」現觀及無漏妙定意生身。

四地：由三地再證道種智一分故入四地。主修精進波羅蜜多，於此土及他方世界廣度有緣，無有疲倦。進修一切種智，滿心位成就「如水中月」現觀。

五地：由四地再證道種智一分故入五地。主修禪定波羅蜜多及一切種智，斷除下乘涅槃貪。滿心位成就「變化所成」現觀。

六地：由五地再證道種智一分故入六地。此地主修般若波羅蜜多——依道種智現觀十二因緣一一有支及意生身化身，皆自心眞如變化所現，「非有似有」，成就細相觀，不由加行而自然證得滅盡定，成俱解脫大乘無學。

七地：由六地「非有似有」現觀，再證道種智一分故入七地。此地主修一切種智及方便波羅蜜多，由重觀十二有支一一支中之流轉門及還滅門一切細相，成就方便善巧，念念隨入滅盡定。滿心位證得「如犍闥婆城」現觀。

八地：由七地極細相觀成就故再證道種智一分而入八地。此地主修一切種智及願波羅蜜多。至滿心位純無相觀任運恆起，故於相土自在，滿心位復證「如實覺知諸法相意生身」故。

九地：由八地再證道種智一分故入九地。主修力波羅蜜多及一切種智，成就四無礙，滿心位證得「種類俱生無行作意生身」。

十地：由九地再證道種智一分故入此地。此地主修一切種智——智波羅蜜多。滿心位起大法智雲，及現起大法智雲所含藏種種功德，成受職菩薩。

等覺：由十地道種智成就故入此地。此地應修一切種智，圓滿等覺地無生法忍；於百劫中修集極廣大福德，以之圓滿三十二大人相及無量隨形好。

妙覺：示現受生人間已斷盡煩惱障一切習氣種子，並斷盡所知障一切隨眠，永斷變易生死無明，成就大般涅槃，四智圓明。人間捨壽後，報身常住色究竟天利樂十方地上菩薩；以諸化身利樂有情，永無盡期，成就究竟佛道。

七地滿心斷除故意保留之最後一分思惑時，煩惱障所攝色、受、想三陰有漏習氣種子全部斷盡。→

煩惱障所攝行、識二陰無漏習氣種子任運漸斷，所知障所攝上煩惱任運漸斷。→

斷盡變易生死成就大般涅槃

圓滿成就究竟佛果

佛子蕭平實　謹製
（二〇〇九、〇二　修訂）
（二〇一二、〇二　增補）

佛教正覺同修會 共修現況 及 招生公告　2021/04/21

一、共修現況：（請在共修時間來電，以免無人接聽。）

台北正覺講堂 103 台北市承德路三段 277 號九樓 捷運淡水線圓山站旁

Tel..**總機** 02-25957295（晚上）（**分機：九樓**辦公室 10、11；知客櫃檯 12、13。 **十樓**知客櫃檯 15、16；書局櫃檯 14。 **五樓**辦公室 18；知客櫃檯 19。**二樓**辦公室 20；知客櫃檯 21。）

Fax..25954493

第一講堂　台北市承德路三段 277 號九樓

禪淨班：週一晚班、週三晚班、週四晚班、週五晚班、週六下午班、週六上午班（共修期間二年半，全程免費。皆須報名建立學籍後始可參加共修，欲報名者詳見本公告末頁。）

增上班：瑜伽師地論詳解：單週六晚班。雙週六晚班（重播班）。17.50～20.50。平實導師講解，2003 年 2 月開講至今，僅限已明心之會員參加。

禪門差別智：每月第一週日全天　平實導師主講（事冗暫停）。

解深密經詳解　本經從六度波羅蜜多談到八識心王，再詳論大乘見道所證眞如，然後論及悟後進修的相見道位所觀七眞如，以及入地後的十地所修，乃至成佛時的四智圓明一切種智境界，皆是可修可證之法，流傳至今依舊可證，顯示佛法眞是義學而非玄談，淺深次第皆所論及之第一義諦妙義。已於 2021 年三月下旬起開講，由 平實導師詳解。每逢週二晚上開講，第一至第六講堂都可同時聽聞，歡迎菩薩種性學人，攜眷共同參與此殊勝法會現場聞法，不限制聽講資格。本會學員憑上課證進入第一至第四講堂聽講，會外學人請以身分證件換證進入聽講（此爲大樓管理處安全管理規定之要求，敬請諒解）；第五及第六講堂（B1、B2）對外開放，不需出示任何證件，請由大樓側門直接進入。

第二講堂　台北市承德路三段 267 號十樓。

禪淨班：週一晚班。

進階班：週三晚班、週四晚班、週五晚班、週六早班、週六下午班。禪淨班結業後轉入共修。

解深密經詳解：平實導師講解。每週二 18.50~20.50 影像音聲即時傳輸

第三講堂　台北市承德路三段 277 號五樓。

禪淨班：週六下午班。

進階班：週一晚班、週三晚班、週四晚班、週五晚班。

解深密經詳解：平實導師講解。每週二 18.50~20.50 影像音聲即時傳輸

第四講堂　台北市承德路三段 267 號二樓。

進階班：週一晚班、週三晚班、週四晚班（禪淨班結業後轉入共修）。

解深密經詳解：平實導師講解。每週二 18.50~20.50 影像音聲即時傳輸

第五、第六講堂

念佛班 每週日晚上，第六講堂共修（B2），一切求生極樂世界的三寶弟子皆可參加，不限制共修資格。

進階班：週一晚班、週三晚班、週四晚班。

解深密經詳解：平實導師講解。每週二 18.50~20.50 影像音聲即時傳輸。第五、第六講堂爲**開放式講堂**，不需以身分證件換證即可進入聽講，台北市承德路三段 267 號地下一樓、地下二樓。每逢週二晚上講經時段開放給會外人士自由聽經，請由大樓側面梯階逕行進入聽講。**聽講者請尊重講者的著作權及肖像權，請勿錄音錄影，以免違法；若有錄音錄影被查獲者，將依法處理。**

正覺祖師堂 大溪區美華里信義路 650 巷坑底 5 之 6 號（台 3 號省道 34 公里處 妙法寺對面斜坡道進入）電話 03-3886110 傳眞 03-3881692 本堂供奉 克勤圓悟大師，專供會員每年四月、十月各三次精進禪三共修，兼作本會出家菩薩掛單常住之用。開放參訪日期請參見本會公告。教內共修團體或道場，得另申請其餘時間作團體參訪，務請事先與常住確定日期，以便安排常住菩薩接引導覽，亦免妨礙常住菩薩之日常作息及修行。

桃園正覺講堂（第一、第二講堂）：桃園市介壽路 286、288 號 10 樓（陽明運動公園對面）電話：03-3749363（請於共修時聯繫，或與台北聯繫）

禪淨班：週一晚班（1）、週一晚班（2）、週三晚班、週四晚班、週五晚班。

進階班：週四晚班、週五晚班、週六上午班。

增上班：雙週六晚班（增上重播班）。

解深密經詳解：平實導師講解。每週二晚上，以台北正覺講堂所錄 DVD 放映；歡迎會外學人共同聽講，不需出示身分證件。

新竹正覺講堂 新竹市東光路 55 號二樓之一　電話 03-5724297（晚上）

第一講堂：

禪淨班：週五晚班。

進階班：週三晚班、週四晚班、週六上午班。由禪淨班結業後轉入共修

增上班：單週六晚班。雙週六晚班（重播班）。

解深密經詳解：平實導師講解。每週二晚上，以台北正覺講堂所錄 DVD 放映。歡迎會外學人共同聽講，不需出示身分證件。

第二講堂：

禪淨班：週一晚班、週三晚班、週四晚班、週六上午班。

解深密經詳解：每週二晚上與第一講堂同步播放講經 DVD。

第三、第四講堂：裝修完畢，即將開放。

台中正覺講堂 04-23816090（晚上）

第一講堂 台中市南屯區五權西路二段 666 號 13 樓之四（國泰世華銀行樓上。鄰近縣市經第一高速公路前來者，由五權西路交流道可以快速到達，大樓旁有停車場，對面有素食館）。

禪淨班：週四晚班、週五晚班。

進階班：週一晚班、週三晚班、週六上午班（由禪淨班結業後轉入共修）。

增上班：單週六晚班。雙週六晚班（重播班）。

解深密經詳解：平實導師講解。每週二晚上，以台北正覺講堂所錄 DVD 放映。歡迎會外學人共同聽講，不需出示身分證件。

第二講堂　台中市南屯區五權西路二段 666 號 4 樓

禪淨班：週一晚班、週三晚班。

第三講堂台中市南屯區五權西路二段 666 號 4 樓

禪淨班：週一晚班。

第四講堂台中市南屯區五權西路二段 666 號 4 樓。

進階班：週一晚班、週四晚班、週六上午班，由禪淨班結業後轉入共修

解深密經詳解：每週二晚上與第一講堂同步播放講經 DVD。

嘉義正覺講堂　嘉義市友愛路 288 號八樓之一　電話：05–2318228

第一講堂：

禪淨班：週四晚班、週五晚班、週六上午班。

進階班：週一晚班、週三晚班（由禪淨班結業後轉入共修）。

增上班：單週六晚班。雙週六晚班（重播班）。

解深密經詳解：平實導師講解。每週二晚上，以台北正覺講堂所錄 DVD 放映。歡迎會外學人共同聽講，不需出示身分證件。

第二講堂　嘉義市友愛路 288 號八樓之二。

第三講堂　嘉義市友愛路 288 號四樓之七。

禪淨班：週一晚班、週三晚班。

台南正覺講堂

第一講堂　台南市西門路四段 15 號 4 樓。06-2820541（晚上）

禪淨班：週一晚班、週三晚班、週四晚班、週五晚班、週六下午班。

增上班：單週六晚班。雙週六晚班（重播班）。

第二講堂　台南市西門路四段 15 號 3 樓。

解深密經詳解：每週二晚上與第三講堂同步播放講經 DVD。

第三講堂　台南市西門路四段 15 號 3 樓。

進階班：週一晚班、週三晚班、週四晚班、週五晚班（由禪淨班結業後轉入共修）。

解深密經詳解：平實導師講解。每週二晚上，以台北正覺講堂所錄 DVD 放映。歡迎會外學人共同聽講，不需出示身分證件。。

高雄正覺講堂　高雄市新興區中正三路 45 號五樓 07-2234248（晚上）

第一講堂（五樓）：

禪淨班：週一晚班、週三晚班、週四晚班、週五晚班、週六上午班。

增上班：單週六晚班。雙週六晚班（重播班）。

解深密經詳解：平實導師講解。每週二晚上，以台北正覺講堂所錄 DVD 放映。歡迎會外學人共同聽講，不需出示身分證件。

第二講堂（四樓）：

進階班：週三晚班、週四晚班、週六上午班（由禪淨班結業後轉入共修）。

解深密經詳解：每週二晚上與第一講堂同步播放講經 DVD。

第三講堂（三樓）：

進階班：週四晚班（由禪淨班結業後轉入共修）。

香港正覺講堂

香港新界葵涌打磚坪街 93 號維京科技商業中心A 座 18 樓。

電話：(852) 23262231

英文地址：18/F, Tower A, Viking Technology & Business Centre, 93 Ta Chuen Ping Street, Kwai Chung, N.T., Hong Kong.

禪淨班：雙週六下午班、雙週日下午班、單週六下午班、單週日下午班

進階班：雙週五晚上班、雙週日早上班（由禪淨班結業後轉入共修）。

增上班：每月第一週週日，以台北增上班課程錄成 DVD 放映之。

增上重播班：每月第一週週六，以台北增上班課程錄成 DVD 放映之。

大法鼓經詳解：平實導師講解。每週六、日 19:00～21:00，以台北正覺講堂所錄 DVD 放映;歡迎會外學人共同聽講,不需出示身分證件。

美國洛杉磯正覺講堂　☆已遷移新址☆

825 S. Lemon Ave Diamond Bar, CA 91789 U.S.A.

Tel. (909) 595-5222（請於週六 9:00~18:00 之間聯繫）

Cell. (626) 454-0607

禪淨班：每逢週末 16：00~18：00 上課。

進階班：每逢週末上午 10：00~12：00 上課。

解深密經詳解：平實導師講解。每週六下午 13：30~15：30 以台北所錄 DVD 放映。歡迎各界人士共享第一義諦無上法益，不需報名。

二、招生公告　本會台北講堂及全省各講堂、香港講堂，每逢四月、十月下旬開新班，每週共修一次（每次二小時。開課日起三個月內仍可插班）；但美國洛杉磯共修處之禪淨班得隨時插班共修。各班共修期間皆爲二年半，全程免費，欲參加者請向本會函索報名表（各共修處皆於共修時間方有人執事，非共修時間請勿電詢或前來洽詢、請書），或直接從本會官方網站(http://www.enlighten.org.tw/newsflash/class)或成佛之道網站下載報名表。共修期滿時，若經報名禪三審核通過者，可參加四天三夜之禪三精進共修，有機會明心、取證如來藏，發起般若實相智慧，成爲實義菩薩，脫離凡夫菩薩位。

三、新春禮佛祈福 農曆年假期間停止共修：自農曆新年前七天起停止共修與弘法，正月 8 日起回復共修、弘法事務。新春期間正月初一～初七 9.00～17.00 開放台北講堂、正月初一~初三開放新竹、台中、嘉義、台南、高雄講堂，以及大溪禪三道場（正覺祖師堂），方便會員供佛、祈福及會外人士請書。美國洛杉磯共修處之休假時間，請逕詢該共修處。

密宗四大派修雙身法，是外道性力派的邪法；又以生滅的識陰作為常住法，是常見外道，是假的藏傳佛教。

西藏覺囊巴以他空見弘揚第八識如來藏勝法，才是真藏傳佛教

佛教正覺同修會　弘法行事表　2021/04/21

1、**禪淨班**　以無相念佛及拜佛方式修習動中定力，實證一心不亂功夫。傳授解脫道正理及第一義諦佛法，以及參禪知見。共修期間：二年六個月。每逢四月、十月開新班，詳見招生公告表。

2、**進階班**　禪淨班畢業後得轉入此班，進修更深入的佛法，期能證悟明心。各地講堂各有多班，繼續深入佛法、增長定力，悟後得轉入增上班修學道種智，期能證得無生法忍。

3、**增上班 瑜伽師地論**詳解　詳解論中所言凡夫地至佛地等 17 師之修證境界與理論，從凡夫地、聲聞地……宣演到諸地所證無生法忍、一切種智之眞實正理。由平實導師開講，每逢一、三、五週之週末晚上開示，僅限已明心之會員參加。2003 年二月開講至今，預定 2021 年講畢。

4、**解深密經**詳解　本經所說妙法極爲甚深難解，非唯論及佛法中心主旨的八識心王及般若實證之標的，亦論及眞見道之後轉入相見道位中應該修學之法，即是七眞如之觀行內涵，然後始可入地。亦論及見道之後，如何與解脫及佛菩提智相應，兼論十地進修之道，末論如來法身及四智圓明的一切種智境界。如是眞見道、相見道、諸地修行之義，傳至今時仍然可證，顯示佛法眞是義學而非玄談或思想，有實證之標的與內容，非諸思惟研究者之所能到，乃是離言絕句之第八識第一義諦妙義。已於 2021 年三月下旬開講，由平實導師詳解。不限制聽講資格。

5、**精進禪三**　主三和尚：平實導師。於四天三夜中，以克勤圓悟大師及大慧宗杲之禪風，施設機鋒與小參、公案密意之開示，幫助會員剋期取證，親證不生不滅之眞實心——人人本有之如來藏。每年四月、十月各舉辦三個梯次；平實導師主持。僅限本會會員參加禪淨班共修期滿，報名審核通過者，方可參加。並選擇會中定力、慧力、福德三條件皆已具足之已明心會員，給以指引，令得眼見自己無形無相之佛性遍佈山河大地，眞實而無障礙，得以肉眼現觀世界身心悉皆如幻，具足成就如幻觀，圓滿十住菩薩之證境。

6、**阿含經**詳解　選擇重要之阿含部經典，依無餘涅槃之實際而加以詳解，令大眾得以現觀諸法緣起性空，亦復不墮斷滅見中，顯示經中所隱說之涅槃實際—如來藏—確實已於四阿含中隱說；令大眾得以聞後觀行，確實斷除我見乃至我執，證得**見到**眞現觀，乃至**身證**……等眞現觀；已得大乘或二乘見道者，亦可由此聞熏及聞後之觀行，除斷我所之貪著，成就慧解脫果。由平實導師詳解。不限制聽講資格。

7、**成唯識論**詳解　詳解一切種智眞實正理，詳細剖析一切種智之微細深妙廣大正理；並加以舉例說明，使已悟之會員深入體驗所證如來藏之微密行相；及證驗見分相分與所生一切法，皆由如來藏—阿賴耶識一直接或展轉而生，因此證知一切法無我，證知無餘涅槃之本際。將於增上班《瑜伽師地論》講畢後，由平實導師重講。僅限已明心之會員參加。

8、**精選如來藏系經典**詳解　精選如來藏系經典一部，詳細解說，以此完全印證會員所悟如來藏之眞實，得入不退轉住。另行擇期詳細解說之，由平實導師講解。僅限已明心之會員參加。

9、**禪門差別智**　藉禪宗公案之微細淆訛難知難解之處，加以宣說及剖析，以增進明心、見性之功德，啓發差別智，建立擇法眼。每月第一週日全天，由平實導師開示，僅限破參明心後，復又眼見佛性者參加（事冗暫停）。

10、**枯木禪**　先講智者大師的《小止觀》，後說《釋禪波羅蜜》，詳解四禪八定之修證理論與實修方法，細述一般學人修定之邪見與岔路，及對禪定證境之誤會，消除枉用功夫、浪費生命之現象。已悟般若者，可以藉此而實修初禪，進入大乘通教及聲聞教的三果心解脫境界，配合應有的大福德及後得無分別智、十無盡願，即可進入初地心中。親教師：平實導師。未來緣熟時將於正覺寺開講。不限制聽講資格。

註：本會例行年假，自 2004 年起，改為每年農曆新年前七天開始停息弘法事務及共修課程，農曆正月 8 日回復所有共修及弘法事務。新春期間（每日 9.00~17.00）開放台北講堂，方便會員禮佛祈福及會外人士請書。大溪區的正覺祖師堂，開放參訪時間，詳見〈正覺電子報〉或成佛之道網站。本表得因時節因緣需要而隨時修改之，不另作通知。

佛教正覺同修會　贈閱書籍 目錄　　2021/8/30

1.**無相念佛**　平實導師著　回郵 36 元
2.**念佛三昧修學次第**　平實導師述著　回郵 52 元
3.**正法眼藏—護法集**　平實導師述著　回郵 76 元
4.**真假開悟簡易辨正法&佛子之省思**　平實導師著　回郵 26 元
5.**生命實相之辨正**　平實導師著　回郵 31 元
6.**如何契入念佛法門**（附：印順法師否定極樂世界）平實導師著　回郵 26 元
7.**平實書箋**—答元覽居士書　平實導師著　回郵 52 元
8.**三乘唯識**—如來藏系經律彙編　平實導師編　回郵 80 元
（精裝本　長 27 cm　寬 21 cm　高 7.5 cm　重 2.8 公斤）
9.**三時繫念全集**—修正本　回郵掛號 52 元（長 26.5 cm×寬 19 cm）
10.**明心與初地**　平實導師述　回郵 31 元
11.**邪見與佛法**　平實導師述著　回郵 36 元
12.**甘露法雨**　平實導師述　回郵 36 元
13.**我與無我**　平實導師述　回郵 36 元
14.**學佛之心態**—修正錯誤之學佛心態始能與正法相應 孫正德老師著 回郵52元
附錄：平實導師著**《略說八、九識並存…等之過失》**
15.**大乘無我觀**—《悟前與悟後》別說　平實導師述著　回郵 36 元
16.**佛教之危機**—中國台灣地區現代佛教之真相（附錄：公案拈提六則）
平實導師著　回郵 52 元
17.**燈　影**—燈下黑（覆「求教後學」來函等）　平實導師著　回郵 76 元
18.**護法與毀法**—覆上平居士與徐恒志居士網站毀法二文
張正圜老師著　回郵 76 元
19.**淨土聖道**—兼評**選擇本願念佛**　正德老師著　**由正覺同修會購贈**　回郵 52 元
20.**辨唯識性相**—對「紫蓮心海《辯唯識性相》書中否定阿賴耶識」之回應
正覺同修會 台南共修處法義組 著　回郵 52 元
21.**假如來藏**—對法蓮法師《如來藏與阿賴耶識》書中否定阿賴耶識之回應
正覺同修會 台南共修處法義組 著　回郵 76 元
22.**入不二門**—公案拈提集錦 第一輯（於平實導師公案拈提諸書中選錄約二十則，
合輯爲一冊流通之）平實導師著　回郵 52 元
23.**真假邪說**—西藏密宗索達吉喇嘛《破除邪說論》真是邪說
釋正安法師著　上、下冊回郵各 52 元
24.**真假開悟**—真如、如來藏、阿賴耶識間之關係　平實導師述著　回郵 76 元
25.**真假禪和**—辨正釋傳聖之謗法謬說　孫正德老師著　回郵 76 元
26.**眼見佛性**—駁慧廣法師**眼見佛性的含義**文中謬說
游正光老師著　回郵 52 元

27.**普門自在**—公案拈提集錦 第二輯（於平實導師公案拈提諸書中選錄約二十則，合輯爲一冊流通之）平實導師著　回郵52元

28.**印順法師的悲哀**—以現代禪的質疑為線索　恒毓博士著　回郵52元

29.**識蘊真義**—現觀識蘊內涵、取證初果、親斷三縛結之具體行門。
—依《成唯識論》及《唯識述記》正義，略顯安慧《大乘廣五蘊論》之邪謬
平實導師著　回郵76元

30.**正覺電子報** 各期紙版本　免附回郵　每次最多函索三期或三本。
（已無存書之較早各期，不另增印贈閱）

31.**現代人應有的宗教觀**　蔡正禮老師 著　回郵31元

32.**遠惑趣道**—正覺電子報般若信箱問答錄　第一輯　回郵52元

33.**遠惑趣道**—正覺電子報般若信箱問答錄　第二輯　回郵52元

34.**確保您的權益**—器官捐贈應注意自我保護　游正光老師 著　回郵31元

35.**正覺教團電視弘法三乘菩提 DVD 光碟（一）**
由正覺教團多位親教師共同講述錄製 DVD 8 片，MP3 一片，共 9 片。有二大講題：一爲「三乘菩提之意涵」，二爲「學佛的正知見」。內容精闢，深入淺出，精彩絕倫，幫助大眾快速建立三乘法道的正知見，免被外道邪見所誤導。有志修學三乘佛法之學人不可不看。（製作工本費 100 元，回郵 52 元）

36.**正覺教團電視弘法 DVD 專輯（二）**
總有二大講題：一爲「三乘菩提之念佛法門」，一爲「學佛正知見（第二篇）」，由正覺教團多位親教師輪番講述，內容詳細闡述如何修學念佛法門、實證念佛三昧，以及學佛應具有的正確知見，可以幫助發願往生西方極樂淨土之學人，得以把握往生，更可令學人快速建立三乘法道的正知見，免於被外道邪見所誤導。有志修學三乘佛法之學人不可不看。（一套 17 片，工本費 160 元。回郵 76 元）

37.**喇嘛性世界**—揭開假藏傳佛教譚崔瑜伽的面紗　張善思 等人合著
由正覺同修會購贈　回郵52元

38.**假藏傳佛教的神話**—性、謊言、喇嘛教　張正玄教授編著
由正覺同修會購贈　回郵52元

39.**隨 緣**—理隨緣與事隨緣　平實導師述　回郵52元。

40.**學佛的覺醒**　正枝居士 著　回郵52元

41.**導師之真實義**　蔡正禮老師 著　回郵31元

42.**淺談達賴喇嘛之雙身法**—兼論解讀「密續」之達文西密碼
吳明芷居士 著　回郵31元

43.**魔界轉世**　張正玄居士 著　回郵31元

44.**一貫道與開悟**　蔡正禮老師 著　回郵31元

45.**博愛**—愛盡天下女人　正覺教育基金會 編印　回郵36元

46.**意識虛妄經教彙編**—實證解脫道的關鍵經文　正覺同修會編印　回郵36元

47.**邪箭囈語**—破斥藏密外道多識仁波切《破魔金剛箭雨論》之邪說
陸正元老師著　上、下冊回郵各 52 元
48.**真假沙門**—依 佛聖教闡釋佛教僧寶之定義
蔡正禮老師著　俟正覺電子報連載後結集出版
49.**真假禪宗**—藉評論釋性廣《印順導師對變質禪法之批判
及對禪宗之肯定》以顯示真假禪宗
附論一：凡夫知見 無助於佛法之信解行證
附論二：世間與出世間一切法皆從如來藏實際而生而顯
余正偉老師著　俟正覺電子報連載後結集出版　回郵未定

★ 上列贈書之郵資，係台灣本島地區郵資，大陸、港、澳地區及外國地區，請另計酌增（大陸、港、澳、國外地區之郵票不許通用）。尚未出版之書，請勿先寄來郵資，以免增加作業煩擾。

★ 本目錄若有變動，唯於後印之書籍及「成佛之道」網站上修正公佈之，不另行個別通知。

函索書籍請寄：佛教正覺同修會　103 台北市承德路 3 段 277 號 9 樓
台灣地區函索書籍者請附寄郵票，無時間購買郵票者可以等值現金抵用，但不接受郵政劃撥、支票、匯票。大陸地區得以人民幣計算，國外地區請以美元計算（請勿寄來當地郵票，在台灣地區不能使用）。欲以掛號寄遞者，請另附掛號郵資。

親自索閱：正覺同修會各共修處。　★請於共修時間前往取書，餘時無人在道場，請勿前往索取；共修時間與地點，詳見書末正覺同修會共修現況表（以近期之共修現況表為準）。

註：正智出版社發售之局版書，請向各大書局購閱。若書局之書架上已經售出而無陳列者，請向書局櫃台指定洽購；若書局不便代購者，請於正覺同修會共修時間前往各共修處請購，正智出版社已派人於共修時間送書前往各共修處流通。 郵政劃撥購書及 大陸地區 購書，請詳別頁正智出版社發售書籍目錄最後頁之說明。

成佛之道 網站：http://www.a202.idv.tw　正覺同修會已出版之結緣書籍，多已登載於 成佛之道 網站，若住外國、或住處遙遠，不便取得正覺同修會贈閱書籍者，可以從本網站閱讀及下載。

＊＊假藏傳佛教修雙身法，非佛教＊＊

正智出版社 籌募弘法基金發售書籍目錄 2021/12/28

1.**宗門正眼**—公案拈提 第一輯 重拈 平實導師著 500 元

因重寫內容大幅度增加故，字體必須改小，並增為 576 頁 主文 546 頁。比初版更精彩、更有內容。初版《禪門摩尼寶聚》之讀者，可寄回本公司免費調換新版書。免附回郵，亦無截止期限。（2007 年起，每冊附贈本公司精製公案拈提〈超意境〉CD 一片。市售價格 280 元，多購多贈。）

2.**禪淨圓融** 平實導師著 200 元（第一版舊書可換新版書。）

3.**真實如來藏** 平實導師著 400 元

4.**禪—悟前與悟後** 平實導師著 上、下冊，每冊 250 元

5.**宗門法眼**—公案拈提 第二輯 平實導師著 500 元
（2007 年起，每冊附贈本公司精製公案拈提〈超意境〉CD 一片）

6.**楞伽經詳解** 平實導師著 全套共 10 輯 每輯 250 元

7.**宗門道眼**—公案拈提 第三輯 平實導師著 500 元
（2007 年起，每冊附贈本公司精製公案拈提〈超意境〉CD 一片）

8.**宗門血脈**—公案拈提 第四輯 平實導師著 500 元
（2007 年起，每冊附贈本公司精製公案拈提〈超意境〉CD 一片）

9.**宗通與說通**—成佛之道 平實導師著 主文 381 頁 全書 400 頁售價 300 元

10.**宗門正道**—公案拈提 第五輯 平實導師著 500 元
（2007 年起，每冊附贈本公司精製公案拈提〈超意境〉CD 一片）

11.**狂密與真密 一～四輯** 平實導師著 西藏密宗是人間最邪淫的宗教，本質不是佛教，只是披著佛教外衣的印度教性力派流毒的喇嘛教。此書中將西藏密宗密傳之男女雙身合修樂空雙運所有祕密與修法，毫無保留完全公開，並將全部喇嘛們所不知道的部分也一併公開。內容比大辣出版社喧騰一時的《西藏慾經》更詳細。並且函蓋藏密的所有祕密及其錯誤的中觀見、如來藏見……等，藏密的所有法義都在書中詳述、分析、辨正。每輯主文三百餘頁 每輯全書約 400 頁 售價每輯 300 元

12.**宗門正義**—公案拈提 第六輯 平實導師著 500 元
（2007 年起，每冊附贈本公司精製公案拈提〈超意境〉CD 一片）

13.**心經密意**—心經與解脫道、佛菩提道、祖師公案之關係與密意 平實導師述 300 元

14.**宗門密意**—公案拈提 第七輯 平實導師著 500 元
（2007 年起，每冊附贈本公司精製公案拈提〈超意境〉CD 一片）

15.**淨土聖道**—兼評「選擇本願念佛」 正德老師著 200 元

16.**起信論講記** 平實導師述著 共六輯 每輯三百餘頁 售價各 250 元

17.**優婆塞戒經講記** 平實導師述著 共八輯 每輯三百餘頁 售價各 250 元

18.**真假活佛**—略論附佛外道盧勝彥之邪說（對前岳靈犀網站主張「盧勝彥是證悟者」之修正） 正犀居士（岳靈犀）著 流通價 140 元

19.**阿含正義**—唯識學探源 平實導師著 共七輯 每輯 300 元

20.**超意境** CD 以平實導師公案拈提書中超越意境之頌詞，加上曲風優美的旋律，錄成令人嚮往的超意境歌曲，其中包括正覺發願文及平實導師親自譜成的黃梅調歌曲一首。詞曲雋永，殊堪翫味，可供學禪者吟詠，有助於見道。內附設計精美的彩色小冊，解說每一首詞的背景本事。每片 280 元。【每購買公案拈提書籍一冊，即贈送一片。】

21.**菩薩底憂鬱** CD 將菩薩情懷及禪宗公案寫成新詞，並製作成超越意境的優美歌曲。 1.主題曲〈菩薩底憂鬱〉，描述地後菩薩能離三界生死而迴向繼續生在人間，但因尚未斷盡習氣種子而有極深沈之憂鬱，非三賢位菩薩及二乘聖者所知，此憂鬱在七地滿心位方才斷盡；本曲之詞中所說義理極深，昔來所未曾見；此曲係以優美的情歌風格寫詞及作曲，聞者得以激發嚮往諸地菩薩境界之大心，詞、曲都非常優美，難得一見；其中勝妙義理之解說，已印在附贈之彩色小冊中。 2.以各輯公案拈提中直示禪門入處之頌文，作成各種不同曲風之超意境歌曲，值得玩味、參究；聆聽公案拈提之優美歌曲時，請同時閱讀內附之印刷精美說明小冊，可以領會超越三界的證悟境界；未悟者可以因此引發求悟之意向及疑情，眞發菩提心而邁向求悟之途，乃至因此眞實悟入般若，成眞菩薩。 3.正覺總持咒新曲，總持佛法大意；總持咒之義理，已加以解說並印在隨附之小冊中。本 CD 共有十首歌曲，長達 63 分鐘。每盒各附贈二張購書優惠券。每片 280 元。

22.**禪意無限** CD 平實導師以公案拈提書中偈頌寫成不同風格曲子，與他人所寫不同風格曲子共同錄製出版，幫助參禪人進入禪門超越意識之境界。盒中附贈彩色印製的精美解說小冊，以供聆聽時閱讀，令參禪人得以發起參禪之疑情，即有機會證悟本來面目而發起實相智慧，實證大乘菩提般若，能如實證知般若經中的眞實意。本 CD 共有十首歌曲，長達 69 分鐘，每盒各附贈二張購書優惠券。每片 280 元。

23.**我的菩提路**第一輯　釋悟圓、釋善藏等人合著　售價 300 元

24.**我的菩提路**第二輯　郭正益等人合著　售價 300 元

25.**我的菩提路**第三輯　王美伶等人合著　售價 300 元

26.**我的菩提路**第四輯　陳晏平等人合著　售價 300 元

27.**我的菩提路**第五輯　林慈慧等人合著　售價 300 元

28.**我的菩提路**第六輯　劉惠莉等人合著　售價 300 元

29.**我的菩提路**第七輯　余正偉等人合著　售價 300 元

30.**鈍鳥與靈龜**—考證後代凡夫對大慧宗杲禪師的無根誹謗。

平實導師著 共 458 頁 售價 350 元

31.**維摩詰經講記** 平實導師述 共六輯 每輯三百餘頁 售價各 250 元

32.**真假外道**—破劉東亮、杜大威、釋證嚴常見外道見 正光老師著 200 元

33.**勝鬘經講記**—兼論印順《勝鬘經講記》對於《勝鬘經》之誤解。

平實導師述　共六輯　每輯三百餘頁　售價250 元

34.**楞嚴經講記** 平實導師述 共**15**輯，每輯三百餘頁 售價300元
35.**明心與眼見佛性**—駁慧廣〈蕭氏「眼見佛性」與「明心」之非〉文中謬說
正光老師著 共448頁 售價300元
36.**見性與看話頭** 黃正倖老師 著，本書是禪宗參禪的方法論。
內文375頁，全書416頁，售價300元。
37.**達賴真面目**—玩盡天下女人 白正偉老師 等著 中英對照彩色精裝大本 800元
38.**喇嘛性世界**—揭開假藏傳佛教譚崔瑜伽的面紗 張善思 等人著 200元
39.**假藏傳佛教的神話**—性、謊言、喇嘛教 正玄教授編著 200元
40.**金剛經宗通** 平實導師述 共九輯 每輯售價250元。
41.**空行母**—性別、身分定位，以及藏傳佛教。
珍妮·坎貝爾著 呂艾倫 中譯 售價250元
42.**末代達賴**—性交教主的悲歌 張善思、呂艾倫、辛燕編著 售價250元
43.**霧峰無霧**—給哥哥的信 辨正釋印順對佛法的無量誤解
游宗明 老師著 售價250元
44.**霧峰無霧**—第二輯—救護佛子向正道 細說釋印順對佛法的各類誤解
游宗明 老師著 售價250元
45.**第七意識與第八意識？**—穿越時空「超意識」
平實導師述 每冊300元
46.**黯淡的達賴**—失去光彩的諾貝爾和平獎
正覺教育基金會編著 每冊250元
47.**童女迦葉考**—論呂凱文〈佛教輪迴思想的論述分析〉之謬。
平實導師 著 定價180元
48.**人間佛教**—實證者必定不悖三乘菩提
平實導師 述，定價400元
49.**實相經宗通** 平實導師述 共八輯 每輯250元
50.**真心告訴您(一)**—達賴喇嘛在幹什麼？
正覺教育基金會編著 售價250元
51.**中觀金鑑**—詳述應成派中觀的起源與其破法本質
孫正德老師著 分為上、中、下三冊，每冊250元
52.**藏傳佛教要義**—《狂密與真密》之簡體字版 平實導師 著 上、下冊
僅在大陸流通 每冊300元
53.**法華經講義** 平實導師述 共二十五輯 每輯300元
已於2015/05/31起開始出版，每二個月出版一輯
54.**西藏「活佛轉世」制度**—附佛、造神、世俗法
許正豐、張正玄老師合著 定價150元
55.**廣論三部曲** 郭正益老師著 定價150元
56.**真心告訴您(二)**—達賴喇嘛是佛教僧侶嗎？
—補祝達賴喇嘛八十大壽
正覺教育基金會編著 售價300元

57.**次法**—實證佛法前應有的條件

張善思居士著　分爲上、下二冊，每冊 250 元

58.**涅槃**—解說四種涅槃之實證及內涵　平實導師著 上、下冊 各 350 元

59.**山法**—西藏關於他空與佛藏之根本論

篤補巴·喜饒堅贊著　　傑弗里·霍普金斯英譯

張火慶教授、呂艾倫老師中譯　精裝大本 1200 元

60.**佛藏經講義**　平實導師述　2019 年 7 月 31 日開始出版　共 21 輯

每二個月出版一輯，每輯 300 元。

61.**成唯識論**　大唐 玄奘菩薩所著經本，重新正確斷句，並以不同字體及標點符號顯示質疑文，令得易讀。全書 288 頁，精裝大本 400 元

62.**假鋒虛焰金剛乘**—揭示顯密正理，兼破索達吉師徒《般若鋒兮金剛焰》

釋正安法師著 簡體字版 即將出版 售價未定

63.**廣論之平議**—宗喀巴《菩提道次第廣論》之平議　正雄居士著

約二或三輯　俟正覺電子報連載後結集出版　書價未定

64.**大法鼓經講義**　平實導師講述　《佛藏經講義》出版後發行，每輯 300 元

65.**不退轉法輪經講義**　平實導師講述　《大法鼓經講義》出版後發行

66.**八識規矩頌**詳解　○○居士 註解　出版日期另訂　書價未定。

67.**中觀正義**—註解平實導師《中論正義頌》。

○○法師（居士）著　出版日期未定　書價未定

68.**中論正義**—釋龍樹菩薩《中論》頌正理。

孫正德老師著　出版日期未定　書價未定

69.**成唯識論釋**—詳解大唐玄奘菩薩所著的《成唯識論》，平實導師述著。總共十輯，於每講完一輯的分量以後即予出版，預計 2022 年十月出版第一輯，以後每七個月出版一輯，每輯 400 元。

70.**中國佛教史**—依中國佛教正法史實而論。 ○○老師 著　書價未定。

71.**印度佛教史**—法義與考證。依法義史實評論印順《印度佛教思想史、佛教史地考論》之謬說　正偉老師著　出版日期未定　書價未定

72.**阿含經講記**—將選錄四阿含中數部重要經典全經講解之，講後整理出版。

平實導師述　約二輯　每輯 300 元　出版日期未定

73.**寶積經講記**　平實導師述　每輯三百餘頁 優惠價 300 元 出版日期未定

74.**解深密經講義**　平實導師述 約四輯　將於重講後整理出版

75.**修習止觀坐禪法要講記**　平實導師述　每輯三百餘頁

將於正覺寺建成後重講、以講記逐輯出版　出版日期未定

76.**無門關**—《無門關》公案拈提　平實導師著　出版日期未定

77.**中觀再論**—兼述印順《中觀今論》謬誤之平議。 正光老師著 出版日期未定

78.**輪迴與超度**—佛教超度法會之真義。

○○法師（居士）著　出版日期未定　書價未定

79.**《釋摩訶衍論》平議**—對偽稱龍樹所造《釋摩訶衍論》之平議

○○法師（居士）著　出版日期未定　書價未定

80.**正覺發願文**註解—以真實大願為因 得證菩提
正德老師著　出版日期未定　書價未定
81.**正覺總持咒**—佛法之總持　正圜老師著　出版日期未定　書價未定
82.**三自性**—依四食、五蘊、十二因緣、十八界法，說三性三無性。
作者未定　出版日期未定
83.**道品**—從三自性說大小乘三十七道品　作者未定　出版日期未定
84.**大乘緣起觀**—依四聖諦七真如現觀十二緣起 作者未定　出版日期未定
85.**三德**—論解脫德、法身德、般若德。　作者未定　出版日期未定
86.**真假如來藏**—對印順《如來藏之研究》謬說之平議　作者未定 出版日期未定
87.**大乘道次第**　作者未定　出版日期未定　書價未定
88.**四緣**—依如來藏故有四緣。　作者未定　出版日期未定
89.**空之探究**—印順《空之探究》謬誤之平議　作者未定 出版日期未定
90.**十法義**—論阿含經中十法之正義　作者未定　出版日期未定
91.**外道見**—論述外道六十二見　作者未定　出版日期未定

正智出版社有限公司 書籍介紹

禪淨圓融：言淨土諸祖所未曾言，示諸宗祖師所未曾示；禪淨圓融，另闢成佛捷徑，兼顧自力他力，闡釋淨土門之速行易行道，亦同時揭櫫聖教門之速行易行道；令廣大淨土行者得免緩行難證之苦，亦令聖道門行者得以藉著淨土速行道而加快成佛之時劫。乃前無古人之超勝見地，非一般弘揚禪淨法門典籍也，先讀爲快。平實導師著 200元。

宗門正眼—公案拈提第一輯：繼承克勤圜悟大師碧巖錄宗旨之禪門鉅作。先則舉示當代大法師之邪說，消弭當代禪門大師鄉愿之心態，摧破當今禪門「世俗禪」之妄談；次則旁通教法，表顯宗門正理；繼以道之次第，消弭古今狂禪；後藉言語及文字機鋒，直示宗門入處。悲智雙運，禪味十足，數百年來難得一睹之禪門鉅著也。平實導師著 500元（原初版書《禪門摩尼寶聚》，改版後補充爲五百餘頁新書，總計多達二十四萬字，內容更精彩，並改名爲《宗門正眼》，讀者原購初版《禪門摩尼寶聚》皆可寄回本公司免費換新，免附回郵，亦無截止期限）（2007年起，凡購買公案拈提第一輯至第七輯，每購一輯皆贈送本公司精製公案拈提〈超意境〉CD一片，市售價格280元，多購多贈）。

禪—悟前與悟後：本書能建立學人悟道之信心與正確知見，圓滿具足而有次第地詳述禪悟之功夫與禪悟之內容，指陳參禪中細微淆訛之處，能使學人明自眞心、見自本性。若未能悟入，亦能以正確知見辨別古今中外一切大師究係眞悟？或屬錯悟？便有能力揀擇，捨名師而選明師，後時必有悟道之緣。一旦悟道，遲者七次人天往返，便出三界，速者一生取辦。學人欲求開悟者，不可不讀。　平實導師著。上、下冊共500元，單冊250元。

真實如來藏：如來藏眞實存在，乃宇宙萬有之本體，並非印順法師、達賴喇嘛等人所說之「唯有名相、無此心體」。如來藏是涅槃之本際，是一切有智之人竭盡心智、不斷探索而不能得之生命實相；是古今中外許多大師自以爲悟而當面錯過之生命實相。如來藏即是阿賴耶識，乃是一切有情本自具足、不生不滅之眞實心。當代中外大師於此書出版之前所未能言者，作者於本書中盡情流露、詳細闡釋。眞悟者讀之，必能增益悟境、智慧增上；錯悟者讀之，必能檢討自己之錯誤，免犯大妄語業；未悟者讀之，能知參禪之理路，亦能以之檢查一切名師是否眞悟。此書是一切哲學家、宗教家、學佛者及欲昇華心智之人必讀之鉅著。　平實導師著　售價400元。

宗門法眼—公案拈提第二輯：列舉實例，闡釋土城廣欽老和尚之悟處；並直示這位不識字的老和尚妙智橫生之根由，繼而剖析禪宗歷代大德之開悟公案，解析當代密宗高僧卡盧仁波切之錯悟證據，並例舉當代顯宗高僧、大居士之錯悟證據（凡健在者，爲免影響其名聞利養，皆隱其名）。藉辨正當代名師之邪見，向廣大佛子指陳禪悟之正道，彰顯宗門法眼。悲勇兼出，強捋虎鬚；慈智雙運，巧探驪龍；摩尼寶珠在手，直示宗門入處，禪味十足；若非大悟徹底，不能爲之。禪門精奇人物，允宜人手一冊，供作參究及悟後印證之圭臬。本書於2008年4月改版，增寫爲大約500頁篇幅，以利學人研讀參究時更易悟入宗門正法，以前所購初版首刷及初版二刷舊書，皆可免費換取新書。平實導師著　500元（2007年起，凡購買公案拈提第一輯至第七輯，每購一輯皆贈送本公司精製公案拈提〈超意境〉CD一片，市售價格280元，多購多贈）。

宗門道眼—公案拈提第三輯：繼宗門法眼之後，再以金剛之作略、慈悲之胸懷、犀利之筆觸，舉示寒山、拾得、布袋三大士之悟處，消弭當代錯悟者對於寒山大士……等之誤會及誹謗。　亦舉出民初以來與虛雲和尚齊名之蜀郡鹽亭袁煥仙夫子——南懷瑾老師之師，其「悟處」何在？並蒐羅許多眞悟祖師之證悟公案，顯示禪宗歷代祖師之睿智，指陳部分祖師、奧修及當代顯密大師之謬悟，作爲殷鑑，幫助禪子建立及修正參禪之方向及知見。假使讀者閱此書已，一時尚未能悟，亦可一面加功用行，一面以此宗門道眼辨別眞假善知識，避開錯誤之印證及歧路，可免大妄語業之長劫慘痛果報。欲修禪宗之禪者，務請細讀。平實導師著　售價500元（2007年起，凡購買公案拈提第一輯至第七輯，每購一輯皆贈送本公司精製公案拈提〈超意境〉CD一片，市售價格280元，多購多贈）。

楞伽經詳解：本經是禪宗見道者印證所悟眞僞之根本經典，亦是禪宗見道者悟後起修之依據經典；故達摩祖師於印證二祖慧可大師之後，將此經典連同佛缽祖衣一併交付二祖，令其依此經典佛示金言、進入修道位，修學一切種智。由此可知此經對於眞悟之人修學佛道，是非常重要之一部經典。此經能破外道邪說，亦破佛門中錯悟名師之謬說，亦破禪宗部分祖師之狂禪：不讀經典、一向主張「一悟即成究竟佛」之謬執。並開示愚夫所行禪、觀察義禪、攀緣如禪、如來禪等差別，令行者對於三乘禪法差異有所分辨；亦糾正禪宗祖師古來對於如來禪之誤解，嗣後可免以訛傳訛之弊。此經亦是法相唯識宗之根本經典，禪者悟後欲修一切種智而入初地者，必須詳讀。　平實導師著，全套共十輯，已全部出版完畢，每輯主文約320頁，每冊約352頁，定價250元。

宗門血脈—公案拈提第四輯：末法怪象—許多修行人自以爲悟，每將無念靈知認作眞實；崇尚二乘法諸師及其徒衆，則將外於如來藏之緣起性空—無因論之無常空、斷滅空、一切法空—錯認爲 佛所說之般若空性。這兩種現象已於當今海峽兩岸及美加地區顯密大師之中普遍存在；人人自以爲悟，心高氣壯，便敢寫書解釋祖師證悟之公案，大多出於意識思惟所得，言不及義，錯誤百出，因此誤導廣大佛子同陷大妄語之地獄業中而不能自知。彼等書中所說之悟處，其實處處違背第一義經典之聖言量。彼等諸人不論是否身披袈裟，都非佛法宗門血脈，或雖有禪宗法脈之傳承，亦只徒具形式；猶如螟蛉，非眞血脈，未悟得根本眞實故。禪子欲知 佛、祖之眞血脈者，請讀此書，便知分曉。平實導師著，主文452頁，全書464頁，定價500元（2007年起，凡購買公案拈提第一輯至第七輯，每購一輯皆贈送本公司精製公案拈提〈超意境〉CD一片，市售價格280元，多購多贈）。

宗通與說通：古今中外，錯誤之人如麻似粟，每以常見外道所說之靈知心，認作眞心；或妄想虛空之勝性能量爲眞如，或錯認物質四大元素藉冥性（靈知心本體）能成就吾人色身及知覺，或認初禪至四禪中之了知心爲不生不滅之涅槃心。此等皆非通宗者之見地。復有錯悟之人一向主張「宗門與教門不相干」，此即尚未通達宗門之人也。其實宗門與教門互通不二，宗門所證者乃是眞如與佛性，教門所說者乃說宗門證悟之眞如佛性，故教門與宗門不二。本書作者以宗教二門互通之見地，細說「宗通與說通」，從初見道至悟後起修之道、細說分明；並將諸宗諸派在整體佛教中之地位與次第，加以明確之教判，學人讀之即可了知佛法之梗概也。欲擇明師學法之前，允宜先讀。平實導師著，主文共381頁，全書392頁，只售成本價300元。

宗門正道—公案拈提第五輯：修學大乘佛法有二果須證—解脫果及大菩提果。二乘人不證大菩提果，唯證解脫果；此果之智慧，名爲聲聞菩提、緣覺菩提。大乘佛子所證二果之菩提果爲佛菩提，故名大菩提果，其慧名爲一切種智—函蓋二乘解脫果。然此大乘二果修證，須經由禪宗之宗門證悟方能相應。而宗門證悟極難，自古已然；其所以難者，咎在古今佛教界普遍存在三種邪見：1.以修定認作佛法，2.以無因論之緣起性空—否定涅槃本際如來藏以後之一切法空作爲佛法，3.以常見外道邪見（離語言妄念之靈知性）作爲佛法。如是邪見，或因自身正見未立所致，或因邪師之邪教導所致，或因無始劫來虛妄熏習所致。若不破除此三種邪見，永劫不悟宗門眞義、不入大乘正道，唯能外門廣修菩薩行。平實導師於此書中，有極爲詳細之說明，有志佛子欲摧邪見、入於內門修菩薩行者，當閱此書。主文共496頁，全書512頁。售價500元（2007年起，凡購買公案拈提第一輯至第七輯，每購一輯皆贈送本公司精製公案拈提〈超意境〉CD一片，市售價格280元，多購多贈）。

狂密與眞密：密教之修學，皆由有相之觀行法門而入，其最終目標仍不離顯教經典所說第一義諦之修證；若離顯教第一義經典、或違背顯教第一義經典，即非佛教。西藏密教之觀行法，如灌頂、觀想、遷識法、寶瓶氣、大聖歡喜雙身修法、喜金剛、無上瑜伽、大樂光明、樂空雙運等，皆是印度教兩性生生不息思想之轉化，自始至終皆以如何能運用交合淫樂之法達到全身受樂爲其中心思想，純屬欲界五欲的貪愛，不能令人超出欲界輪迴，更不能令人斷除我見；何況大乘之明心與見性，更無論矣！故密宗之法絕非佛法也。而其明光大手印、大圓滿法教，又皆同以常見外道所說離語言妄念之無念靈知心錯認爲佛地之眞如，不能直指不生不滅之眞如。西藏密宗所有法王與徒衆，都尚未開頂門眼，不能辨別眞僞，以依人不依法、依密續不依經典故，不肯將其上師喇嘛所說對照第一義經典，純依密續之藏密祖師所說爲準，因此而誇大其證德與證量，動輒謂彼祖師上師爲究竟佛、爲地上菩薩；如今台海兩岸亦有自謂其師證量高於　釋迦文佛者，然觀其師所述，猶未見道，仍在觀行即佛階段，尚未到禪宗相似即佛、分證即佛階位，竟敢標榜爲究竟佛及地上法王，誑惑初機學人。凡此怪象皆是狂密，不同於眞密之修行者。近年狂密盛行，密宗行者被誤導者極衆，動輒自謂已證佛地眞如，自視爲究竟佛，陷於大妄語業中而不知自省，反謗顯宗眞修實證者之證量粗淺；或如義雲高與釋性圓…等人，於報紙上公然誹謗眞實證道者爲「騙子、無道人、人妖、癩蛤蟆…」等，造下誹謗大乘勝義僧之大惡業；或以外道法中有爲有作之甘露、魔術……等法，誑騙初機學人，狂言彼外道法爲眞佛法。如是怪象，在西藏密宗及附藏密之外道中，不一而足，舉之不盡，學人宜應愼思明辨，以免上當後又犯毀破菩薩戒之重罪。密宗學人若欲遠離邪知邪見者，請閱此書，即能了知密宗之邪謬，從此遠離邪見與邪修，轉入眞正之佛道。平實導師著　共四輯，每輯約400頁（主文約340頁）每輯售價300元。

宗門正義—公案拈提第六輯：佛教有六大危機，乃是藏密化、世俗化、膚淺化、學術化、宗門密意失傳、悟後進修諸地之次第混淆；其中尤以宗門密意之失傳，爲當代佛教最大之危機。由宗門密意失傳故，易令 世尊本懷普被錯解，易令 世尊正法被轉易爲外道法，以及加以淺化、世俗化，是故宗門密意之廣泛弘傳與具緣佛弟子，極爲重要。然而欲令宗門密意之廣泛弘傳予具緣之佛弟子者，必須同時配合錯誤知見之解析、普令佛弟子知之，然後輔以公案解析之直示入處，方能令具緣之佛弟子悟入。而此二者，皆須以公案拈提之方式爲之，方易成其功、竟其業，是故平實導師續作宗門正義一書，以利學人。　全書500餘頁，售價500元（2007年起，凡購買公案拈提第一輯至第七輯，每購一輯皆贈送本公司精製公案拈提〈超意境〉CD一片，市售價格280元，多購多贈）。

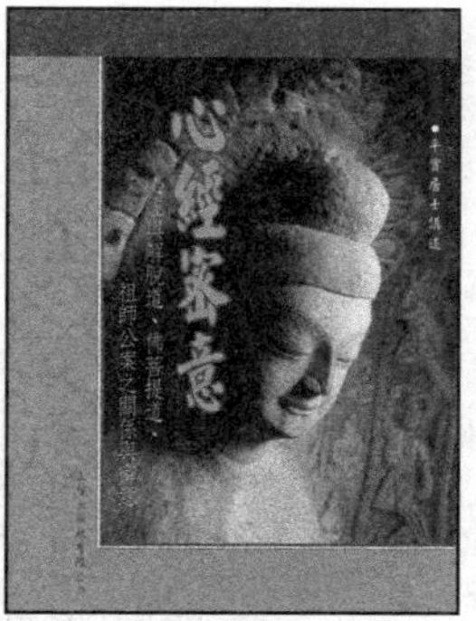

心經密意—心經與解脫道、佛菩提道、祖師公案之關係與密意。　二乘菩提所證之解脫道，實依第八識心之斷除煩惱障現行而立解脫之名；大乘菩提所證之佛菩提道，實依親證第八識如來藏之涅槃性、清淨自性、及其中道性而立般若之名；禪宗祖師公案所證之眞心，即是此第八識如來藏；是故三乘佛法所修所證之三乘菩提，皆依此如來藏心而立名也。此第八識心，即是《心經》所說之心也。證得此如來藏已，即能漸入大乘佛菩提道，亦可因證知此心而了知二乘無學所不能知之無餘涅槃本際，是故《心經》之密意，與三乘佛菩提之關係極爲密切、不可分割，三乘佛法皆依此心而立名故。今者平實導師以其所證解脫道之無生智及佛菩提之般若種智，將《心經》與解脫道、佛菩提道、祖師公案之關係與密意，以演講之方式，用淺顯之語句和盤托出，發前人所未言，呈三乘菩提之眞義，令人藉此《心經密意》一舉而窺三乘菩提之堂奧，迥異諸方言不及義之說；欲求眞實佛智者、不可不讀！主文317頁，連同跋文及序文…等共384頁，售價300元。

宗門密意—公案拈提第七輯：佛教之世俗化，將導致學人以信仰作爲學佛，則將以感應及世間法之庇祐，作爲學佛之主要目標，不能了知學佛之主要目標爲親證三乘菩提。大乘菩提則以般若實相智慧爲主要修習目標，以二乘菩提解脫道爲附帶修習之標的；是故學習大乘法者，應以禪宗之證悟爲要務，能親入大乘菩提之實相般若智慧中故，般若實相智慧非二乘聖人所能知故。此書則以台灣世俗化佛教之三大法師，說法似是而非之實例，配合眞悟祖師之公案解析，提示證悟般若之關節，令學人易得悟入。平實導師著，全書五百餘頁，售價500元（2007年起，凡購買公案拈提第一輯至第七輯，每購一輯皆贈送本公司精製公案拈提〈超意境〉CD一片，市售價格280元，多購多贈）。

淨土聖道—兼評選擇本願念佛：佛法甚深極廣，般若玄微，非諸二乘聖僧所能知之，一切凡夫更無論矣！所謂一切證量皆歸淨土是也！是故大乘法中「聖道之淨土、淨土之聖道」，其義甚深，難可了知；乃至眞悟之人，初心亦難知也。今有正德老師眞實證悟後，復能深探淨土與聖道之緊密關係，憐憫衆生之誤會淨土實義，亦欲利益廣大淨土行人同入聖道，同獲淨土中之聖道門要義，乃振奮心神、書以成文，今得刊行天下。主文279頁，連同序文等共301頁，總有十一萬六千餘字，正德老師著，成本價200元。

起信論講記：詳解大乘起信論心生滅門與心眞如門之眞實意旨，消除以往大師與學人對起信論所說心生滅門之誤解，由是而得了知眞心如來藏之非常非斷中道正理；亦因此一講解，令此論以往隱晦而被誤解之眞實義，得以如實顯示，令大乘佛菩提道之正理得以顯揚光大；初機學者亦可藉此正論所顯示之法義，對大乘法理生起正信，從此得以眞發菩提心，眞入大乘法中修學，世世常修菩薩正行。平實導師演述，共六輯，都已出版，每輯三百餘頁，售價各250元。

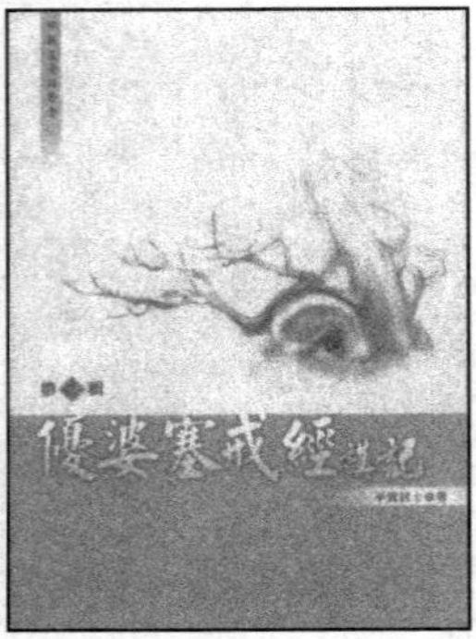

優婆塞戒經講記：本經詳述在家菩薩修學大乘佛法，應如何受持菩薩戒？對人間善行應如何看待？對三寶應如何護持？應如何正確地修集此世後世證法之福德？應如何修集後世「行菩薩道之資糧」？並詳述第一義諦之正義：五蘊非我非異我、自作自受、異作異受、不作不受……等深妙法義，乃是修學大乘佛法、行菩薩行之在家菩薩所應當了知者。出家菩薩今世或未來世登地已，捨報之後多數將如華嚴經中諸大菩薩，以在家菩薩身而修行菩薩行，故亦應以此經所述正理而修之，配合《楞伽經、解深密經、楞嚴經、華嚴經》等道次第正理，方得漸次成就佛道；故此經是一切大乘行者皆應證知之正法。平實導師講述，每輯三百餘頁，售價各250元；共八輯，已全部出版。

真假活佛—略論附佛外道盧勝彥之邪說：人人身中都有真活佛，永生不滅而有大神用，但眾生都不了知，所以常被身外的西藏密宗假活佛籠罩欺瞞。本來就真實存在的真活佛，才是真正的密宗無上密！諾那活佛因此而說禪宗是大密宗，但藏密的所有活佛都不知道、也不曾實證自身中的真活佛。本書詳實宣示真活佛的道理，舉證盧勝彥的「佛法」不是真佛法，也顯示盧勝彥是假活佛，直接的闡釋第一義佛法見道的真實正理。真佛宗的所有上師與學人們，都應該詳細閱讀，包括盧勝彥個人在內。正犀居士著，優惠價140元。

阿含正義—唯識學探源：廣說四大部《阿含經》諸經中隱說之真正義理，一一舉示佛陀本懷，令阿含時期初轉法輪根本經典之真義，如實顯現於佛子眼前。並提示末法大師對於阿含真義誤解之實例，一一比對之，證實唯識增上慧學確於原始佛法之阿含諸經中已隱覆密意而略說之，證實 世尊確於原始佛法中已曾密意而說第八識如來藏之總相；亦證實 世尊在四阿含中已說此藏識是名色十八界之因、之本—證明如來藏是能生萬法之根本心。佛子可據此修正以往受諸大師（譬如西藏密宗應成派中觀師：印順、昭慧、性廣、大願、達賴、宗喀巴、寂天、月稱、……等人）誤導之邪見，建立正見，轉入正道乃至親證初果而無困難；書中並詳說三果所證的心解脫，以及四果慧解脫的親證，都是如實可行的具體知見與行門。全書共七輯，已出版完畢。平實導師著，每輯三百餘頁，售價300元。

超意境CD：以平實導師公案拈提書中超越意境之頌詞，加上曲風優美的旋律，錄成令人嚮往的超意境歌曲，其中包括正覺發願文及平實導師親自譜成的黃梅調歌曲一首。詞曲雋永，殊堪翫味，可供學禪者吟詠，有助於見道。內附設計精美的彩色小冊，解說每一首詞的背景本事。每片280元。【每購買公案拈提書籍一冊，即贈送一片。】

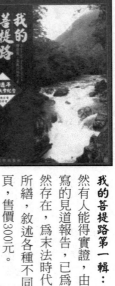

我的菩提路第一輯：凡夫及二乘聖人不能實證的佛菩提證悟，末法時代的今天仍然有人能得實證，由正覺同修會釋悟圓、釋善藏法師等二十餘位實證如來藏者所寫的見道報告，已爲當代學人見證宗門正法之絲縷不絕，證明大乘義學的法脈仍然存在，爲末法時代求悟般若之學人照耀出光明的坦途。由二十餘位大乘見道者所繕，敘述各種不同的學法、見道因緣與過程，參禪求悟者必讀。全書三百餘頁，售價300元。

我的菩提路第二輯：由郭正益老師等人合著，書中詳述彼等諸人歷經各處道場學法，一一修學而加以檢擇之不同過程以後，因閱讀正覺同修會、正智出版社書籍而發起抉擇分，轉入正覺同修會中修學；乃至學法及見道之過程，都一一詳述之。

我的菩提路第三輯：由王美伶老師等人合著。自從正覺同修會成立以來，每年夏初、冬初都舉辦精進禪三共修，藉以助益會中同修們得以證悟明心發起般若實相智慧；凡已實證而被平實導師印證者，皆書具見道報告用以證明佛法之眞實可證而非玄學，證明佛法並非純屬思想、理論而無實質，是故每年都能有人證明正覺同修會的「實證佛教」主張並非虛語。特別是眼見佛性一法，自古以來中國禪宗祖師實證者極寡，較之明心開悟的證境更難令人信受；至2017年初，正覺同修會中的證悟明心者已近五百人，然而其中眼見佛性者至今唯十餘人爾，可謂難能可貴，是故明心後欲冀眼見佛性者實屬不易。黃正倖老師是懸絕七年無人見性後的第一人，她於2009年的見性報告刊於本書的第二輯中，爲大衆證明佛性確實可以眼見；其後七年之中求見性者都屬解悟佛性而無人眼見，幸而又經七年後的2016冬初，以及2017夏初的禪三，復有三人眼見佛性，希冀鼓舞四衆佛子求見佛性之大心，今則具載一則於書末，顯示求見佛性之事實經歷，供養現代佛教界欲得見性之四衆弟子。全書四百頁，售價300元，已於2017年6月30日發行。

我的菩提路第四輯：由陳晏平等人著。中國禪宗祖師往往有所謂「見性」之言，所言多屬看見如來藏具有能令人發起成佛之自性，並非《大般涅槃經》中 如來所說之眼見佛性。眼見佛性者，於親見佛性之時，即能於山河大地眼見自己佛性，亦能於他人身上眼見自己佛性及對方之佛性，如是境界無法為尚未實證者解釋；勉強說之，縱使真實明心證悟之人聞之，亦只能以自身明心之境界想像之，但不論如何想像多屬非量，能有正確之比量者亦是稀有，故說眼見佛性極為困難。眼見佛性之人若所見極分明時，在所見佛性之境界下所眼見之山河大地、自己五蘊身心皆是虛幻，自有異於明心者之解脫功德受用，此後永不思證二乘涅槃，必定邁向成佛之道而進入第十住位中，已超第一阿僧祇劫三分有一，可謂之為超劫精進也。今又有明心之後眼見佛性之人出於人間，將其明心及後來見性之報告，連同其餘證悟明心者之精彩報告一同收錄於此書中，供養真求佛法實證之四眾佛子。全書380頁，售價300元，已於2018年6月30日發行。

我的菩提路第五輯：林慈慧老師等人著，本輯中所舉學人從相似正法中來到正覺同修會的過程，各人都有不同，發生的因緣亦是各有差別，然而都會指向同一個目標——證實生命實相的源底，確證自己生從何來、死往何去的事實，所以最後都證明佛法真實而可親證，絕非玄學；本書將彼等諸人的始修及末後證悟之實例，羅列出來以供學人參考。本期亦有一位會裡的老師，是從1995年即開始追隨 平實導師修學，1997年明心後持續進修不斷，直到2017年眼見佛性之實例，足可證明《大般涅槃經》中世尊開示眼見佛性之法正真無訛，第十住位的實證在末法時代的今天仍有可能，如今一併具載於書中以供學人參考，並供養現代佛教界欲得見性之四眾弟子。全書四百頁，售價300元，已於2019年12月31日發行。

我的菩提路第六輯：劉惠莉老師等人著，本輯中舉示劉老師明心多年以後的眼見佛性實錄，供末法時代學人了知明心之異於見性本質，足可證明《大般涅槃經》中世尊開示眼見佛性之法正真無訛。亦列舉多篇學人從各道場來到正覺學法之不同過程，以及如何發覺邪見之異於正法的所在，最後終能在正覺禪三中悟入的實況，以證明佛教正法仍在末法時代的人間繼續弘揚的事實，鼓舞一切真實學法的菩薩大眾思之：我等諸人亦可有因緣證悟，絕非空想自思。約四百頁，售價300元，已於2020年6月30日發行。

我的菩提路第七輯：余正偉老師等人著，本輯中舉示余老師明心二十餘年以後的眼見佛性實錄，供末法時代學人了知明心異於見性之本質，並且舉示其見性後與平實導師互相討論眼見佛性之諸多疑訛處；除了證明《大般涅槃經》中世尊開示眼見佛性之法正真無訛以外，亦得一解明心後尚未見性者之所未知處，甚為精彩。此外亦列舉多篇學人從各不同宗教進入正覺學法之不同過程，以及發覺諸方道場邪見之內容與過程，最終得於正覺精進禪三中悟入的實況，足供末法精進學人借鑑，以彼鑑已而生信心，得以投入了義正法中修學及實證。凡此，皆足以證明不唯明心所證之第七住位般若智慧及解脫功德仍可實證，乃至第十住位的實證與當場發起如幻觀之實證，於末法時代的今天皆仍有可能。本書約四百頁，售價300元。

鈍鳥與靈龜：鈍鳥及靈龜二物，被宗門證悟者說為二種人：前者是精修禪定而無智慧者，也是以定為禪的愚癡禪人；後者是或有禪定、或無禪定的宗門證悟者，凡已證悟者皆是靈龜。但後者被人虛造事實，用以嘲笑大慧宗杲禪師，說他雖是靈龜，卻不免被天童禪師預記「患背」痛苦而亡：「鈍鳥離巢易，靈龜脫殼難。」藉以貶低大慧宗杲的證量。同時將天童禪師實證如來藏的證量，曲解為意識境界的離念靈知。自從大慧禪師入滅以後，錯悟凡夫對他的不實毀謗就一直存在著，不曾止息，並且捏造的假事實也隨著年月的增加而越來越多，終至編成「鈍鳥與靈龜」的假公案、假故事。本書是考證大慧與天童之間的不朽情誼，顯現這件假公案的虛妄不實；更見大慧宗杲面對惡勢力時的正直不阿，亦顯示大慧對天童禪師的至情深義，將使後人對大慧宗杲的誣謗至此而止，不再有人誤犯毀謗賢聖的惡業。書中亦舉證宗門的所悟確以第八識如來藏為標的，詳讀之後必可改正以前被錯悟大師誤導的參禪知見，日後必定有助於實證禪宗的開悟境界，得階大乘真見道位中，即是實證般若之賢聖。全書459頁，售價350元。

維摩詰經講記：本經係 世尊在世時，由等覺菩薩維摩詰居士藉疾病而演說之大乘菩提無上妙義，所說函蓋甚廣，然極簡略，是故今時諸方大師與學人讀之悉皆錯解，何況能知其中隱含之深妙正義，是故普遍無法為人解說；若強為人說，則成依文解義而有諸多過失。今由平實導師公開宣講之後，詳實解釋其中密意，令維摩詰菩薩所說大乘不可思議解脫之深妙正法得以正確宣流於人間，利益當代學人及與諸方大師。書中詳實演述大乘佛法深妙不共二乘之智慧境界，顯示諸法之中絕待之實相境界，建立大乘菩薩妙道於永遠不敗不壞之地，以此成就護法偉功，欲冀永利娑婆人天。已經宣講圓滿整理成書流通，以利諸方大師及諸學人。全書共六輯，每輯三百餘頁，售價各250元。

真假外道：本書具體舉證佛門中的常見外道知見實例，並加以教證及理證上的辨正，幫助讀者輕鬆而快速的了知常見外道的錯誤知見，進而遠離佛門內外的常見外道知見，因此即能改正修學方向而快速實證佛法。游正光老師著 。成本價200元。

勝鬘經講記：如來藏爲三乘菩提之所依，若離如來藏心體及其含藏之一切種子，即無三界有情及一切世間法，亦無二乘菩提緣起性空之出世間法；本經詳說無始無明、一念無明皆依如來藏而有之正理，藉著詳解煩惱障與所知障間之關係，令學人深入了知二乘菩提與佛菩提相異之妙理；聞後即可了知佛菩提之特勝處及三乘修道之方向與原理，邁向攝受正法而速成佛道的境界中。平實導師講述，共六輯，每輯三百餘頁，售價各250元。

楞嚴經講記：楞嚴經係密教部之重要經典，亦是顯教中普受重視之經典；經中宣說明心與見性之內涵極爲詳細，將一切法都會歸如來藏及佛性—妙眞如性；亦闡釋五陰區宇及五陰盡的境界，作諸地菩薩自我檢驗證量之依據，旁及佛菩提道修學過程中之種種魔境，以及外道誤會涅槃之狀況，亦兼述明三界世間之起源。然因言句深澀難解，法義亦復深妙寬廣，學人讀之普難通達，是故讀者大多誤會，不能如實理解佛所說之明心與見性內涵，亦因是故多有悟錯之人引爲開悟之證言，成就大妄語罪。今由平實導師詳細講解之後，整理成文，以易讀易懂之語體文刊行天下，以利學人。全書十五輯，全部出版完畢。每輯三百餘頁，售價每輯300元。

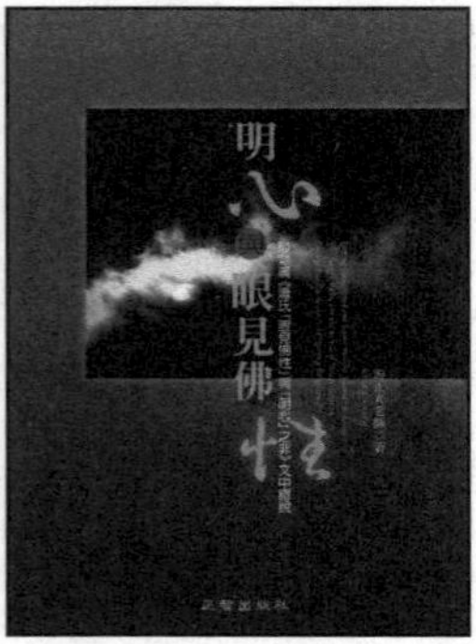

明心與眼見佛性：本書細述明心與眼見佛性之異同，同時顯示了中國禪宗破初參明心與重關眼見佛性二關之間的關聯；書中又藉法義辨正而旁述其他許多勝妙法義，讀後必能遠離佛門長久以來積非成是的錯誤知見，令讀者在佛法的實證上有極大助益。也藉慧廣法師的謬論來教導佛門學人回歸正知正見，遠離古今禪門錯悟者所墮的意識境界，非唯有助於斷我見，也對未來的開悟明心實證第八識如來藏有所助益，是故學禪者都應細讀之。游正光老師著　共448頁　售價300元。

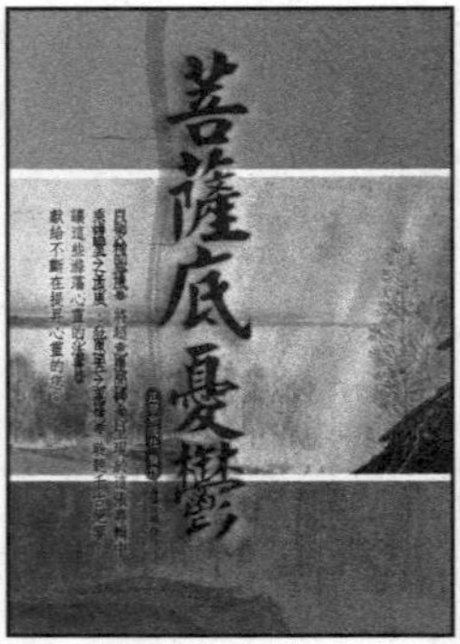

菩薩底憂鬱CD：將菩薩情懷及禪宗公案寫成新詞，並製作成超越意境的優美歌曲。1.主題曲〈菩薩底憂鬱〉，描述地後菩薩能離三界生死而迴向繼續生在人間，但因尚未斷盡習氣種子而有極深沈之憂鬱，非三賢位菩薩及二乘聖者所知，此憂鬱在七地滿心位方才斷盡；本曲之詞中所說義理極深，昔來所未曾見；此曲係以優美的情歌風格寫詞及作曲，聞者得以激發嚮往諸地菩薩境界之大心，詞、曲都非常優美，難得一見；其中勝妙義理之解說，已印在附贈之彩色小冊中。2.以各輯公案拈提中直示禪門入處之頌文，作成各種不同曲風之超意境歌曲，值得玩味、參究；聆聽公案拈提之優美歌曲時，請同時閱讀內附之印刷精美說明小冊，可以領會超越三界的證悟境界；未悟者可以因此引發求悟之意向及疑情，眞發菩提心而邁向求悟之途，乃至因此眞實悟入般若，成眞菩薩。3.正覺總持咒新曲，總持佛法大意；總持咒之義理，已加以解說並印在隨附之小冊中。本CD共有十首歌曲，長達63分鐘，附贈二張購書優惠券。每片280元。

金剛經宗通：三界唯心，萬法唯識，是成佛之修證內容，是諸地菩薩之所修；般若則是成佛之道（實證三界唯心、萬法唯識）的入門，若未證悟實相般若，即無成佛之可能，必將永在外門廣行菩薩六度，永在凡夫位中。然而實相般若的發起，全賴實證萬法的實相；若欲證知萬法的眞相，則必須探究萬法之所從來，則須實證自心如來—金剛心如來藏，然後現觀這個金剛心的金剛性、眞實性、如如性、清淨性、涅槃性、能生萬法的自性性、本住性，名爲證眞如；進而現觀三界六道唯是此金剛心所成，人間萬法須藉八識心王和合運作方能現起。如是實證《華嚴經》的「三界唯心、萬法唯識」以後，由此等現觀而發起實相般若智慧，繼續進修第十住位的如幻觀、第十行位的陽焰觀、第十迴向位的如夢觀，再生起增上意樂而勇發十無盡願，方能滿足三賢位的實證，轉入初地；自知成佛之道而無偏倚，從此按部就班、次第進修乃至成佛。第八識自心如來是般若智慧之所依，般若智慧的修證則要從實證金剛心自心如來開始；《金剛經》則是解說自心如來之經典，是一切三賢位菩薩所應進修之實相般若經典。這一套書，是將平實導師宣講的《金剛經宗通》內容，整理成文字而流通之；書中所說義理，迥異古今諸家依文解義之說，指出大乘見道方向與理路，有益於禪宗學人求開悟見道，及轉入內門廣修六度萬行。已於2013年9月出版完畢，總共9輯，每輯約三百餘頁，售價各250元。

禪意無限CD：平實導師以公案拈提書中偈頌寫成不同風格曲子，與他人所寫不同風格曲子共同錄製出版，幫助參禪人進入禪門超越意識之境界。盒中附贈彩色印製的精美解說小冊，以供聆聽時閱讀，令參禪人得以發起參禪之疑情，即有機會證悟本來面目，實證大乘菩提般若。本CD共有十首歌曲，長達69分鐘，每盒各附贈二張購書優惠券。每片280元。

空行母—性別、身分定位，以及藏傳佛教：本書作者爲蘇格蘭哲學家，因爲嚮往佛教深妙的哲學內涵，於是進入當年盛行於歐美的假藏傳佛教密宗，擔任卡盧仁波切的翻譯工作多年以後，被邀請成爲卡盧的空行母（又名佛母、明妃），開始了她在密宗裡的實修過程；後來發覺在密宗雙身法中的修行，其實無法使自己成佛，也發覺密宗對女性岐視而處處貶抑，並剝奪女性在雙身法中擔任一半角色時應有的身分定位。當她發覺自己只是雙身法中被喇嘛利用的工具，沒有獲得絲毫應有的尊重與基本定位時，發現了密宗的父權社會控制女性的本質；於是作者傷心地離開了卡盧仁波切與密宗，但是卻被恐嚇不許講出她在密宗裡的經歷，也不許她說出自己對密宗的教義與教制下對女性剝削的本質，否則將被咒殺死亡。後來她去加拿大定居，十餘年後方才擺脫這個恐嚇陰影，下定決心將親身經歷的實情及觀察到的事實寫下來並且出版，公諸於世。出版之後，她被流亡的達賴集團人士大力攻訐，誣指她爲精神狀態失常、說謊……等。但有智之士並未被達賴集團的政治操作及各國政府政治運作吹捧達賴的表相所欺，使她的書銷售無阻而又再版。正智出版社鑑於作者此書是親身經歷的事實，所說具有針對「藏傳佛教」而作學術研究的價值，也有使人認清假藏傳佛教剝削佛母、明妃的男性本位實質，因此洽請作者同意中譯而出版於華人地區。珍妮·坎貝爾女士著，呂艾倫 中譯，每冊250元。

霧峰無霧—給哥哥的信 本書作者藉兄弟之間信件往來論義，略述佛法大義；並以多篇短文辨義，舉出釋印順對佛法的無量誤解證據，並一一給予簡單而清晰的辨正，令人一讀即知。久讀、多讀之後即能認清楚釋印順的六識論見解，與眞實佛法之牴觸是多麼嚴重；於是在久讀、多讀之後，於不知不覺之間提升了對佛法的極深入理解，正知正見就在不知不覺間建立起來了。當三乘佛法的正知見建立起來之後，對於三乘菩提的見道條件便將隨之具足，於是聲聞解脫道的見道也就水到渠成；接著大乘見道的因緣也將次第成熟，未來自然也會有親見大乘菩提之道的因緣，悟入大乘實相般若也將自然成功，自能通達般若系列諸經而成實義菩薩。作者居住於南投縣霧峰鄉，自喻見道之後不復再見霧峰之霧，故鄉原野美景一一明見，於是立此書名爲《霧峰無霧》；讀者若欲撥霧見月，可以此書爲緣。游宗明 老師著 已於2015年出版 售價250元。

霧峰無霧—第二輯—救護佛子向正道　本書作者藉釋印順著作中之各種錯謬法義提出辨正，以詳實的文義一一提出理論上及實證上之解析，列舉釋印順對佛法的無量誤解證據，藉此教導佛門大師與學人釐清佛法義理，遠離岐途轉入正道，然後知所進修，久之便能見道明心而入大乘勝義僧數。被釋印順誤導的大師與學人極多，很難救轉，是故作者大發悲心深入解說其錯謬之所在，佐以各種義理辨正而令讀者在不知不覺之間轉歸正道。如是久讀之後欲得斷身見、證初果，即不為難事；乃至久之亦得大乘見道而得證眞如，脫離空有二邊而住中道，實相般若智慧生起，於佛法不再茫然，漸漸亦知悟後進修之道。屆此之時，對於大乘般若等深妙法之迷雲暗霧亦將一掃而空，生命及宇宙萬物之故鄉原野美景一一明見，是故本書仍名《霧峰無霧》，為第二輯；讀者若欲撥雲見日、離霧見月，可以此書為緣。游宗明　老師著　已於2019年出版　售價250元。

假藏傳佛教的神話—性、謊言、喇嘛教：本書編著者是由一首名為「阿姊鼓」的歌曲為緣起，展開了序幕，揭開假藏傳佛教—喇嘛教—的神秘面紗。其重點是蒐集、摘錄網路上質疑「喇嘛教」的帖子，以揭穿「假藏傳佛教的神話」為主題，串聯成書，並附加彩色插圖以及說明，讓讀者們瞭解西藏密宗及相關人事如何被操作為「神話」的過程，以及神話背後的眞相。作者：張正玄教授。售價200元。

達賴真面目—玩盡天下女人：假使您不想戴綠帽子，請記得詳細閱讀此書；假使您不想讓好朋友戴綠帽子，請您將此書介紹給您的好朋友。假使您想保護家中的女性，也想要保護好朋友的女眷，請記得將此書送給家中的女性和好友的女眷都來閱讀。本書為印刷精美的大本彩色中英對照精裝本，為您揭開達賴喇嘛的眞面目，內容精彩不容錯過，為利益社會大眾，特別以優惠價格嘉惠所有讀者。編著者：白志偉等。大開版雪銅紙彩色精裝本。售價800元。

童女迦葉考—論呂凱文〈佛教輪迴思想的論述分析〉之謬：童女迦葉是佛世率領五百大比丘遊行於人間的歷史事實，是以童貞行而依止菩薩戒弘化於人間的大菩薩，不依別解脫戒（聲聞戒）來弘化於人間。這是大乘佛教與聲聞佛教同時存在於佛世的歷史明證，證明大乘佛教不是從聲聞法中分裂出來的部派佛教的產物，卻是聲聞佛教分裂出來的部派佛教聲聞凡夫僧所不樂見的史實；於是古今聲聞法中的凡夫都欲加以扭曲而作詭說，更是末法時代高聲大呼「大乘非佛說」的六識論聲聞凡夫極力想要扭曲的佛教史實之一，於是想方設法扭曲迦葉菩薩爲聲聞僧，以及扭曲迦葉童女爲比丘僧等荒謬不實之論著便陸續出現，古時聲聞僧寫作的《分別功德論》是最具體之事例，現代之代表作則是呂凱文先生的〈佛教輪迴思想的論述分析〉論文。鑑於如是假藉學術考證以籠罩大衆之不實謬論，未來仍將繼續造作及流竄於佛教界，繼續扼殺大乘佛教學人法身慧命，必須舉證辨正之，遂成此書。平實導師 著，每冊180元。

末代達賴—性交教主的悲歌：簡介從藏傳僞佛教（喇嘛教）的修行核心—性力派男女雙修，探討達賴喇嘛及藏傳僞佛教的修行內涵。書中引用外國知名學者著作、世界各地新聞報導，包含：歷代達賴喇嘛的祕史、達賴六世修雙身法的事蹟，以及《時輪續》中的性交灌頂儀式……等；達賴喇嘛書中開示的雙修法、達賴喇嘛的黑暗政治手段；達賴喇嘛所領導的寺院爆發喇嘛性侵兒童；新聞報導《西藏生死書》作者索甲仁波切性侵女信徒、澳洲喇嘛秋達公開道歉、美國最大假藏傳佛教組織領導人邱陽創巴仁波切的性氾濫，等等事件背後眞相的揭露。作者：張善思、呂艾倫、辛燕。售價250元。

黯淡的達賴—失去光彩的諾貝爾和平獎：本書舉出很多證據與論述，詳述達賴喇嘛不爲世人所知的一面，顯示達賴喇嘛並不是眞正的和平使者，而是假借諾貝爾和平獎的光環來欺騙世人；透過本書的說明與舉證，讀者可以更清楚的瞭解，達賴喇嘛是結合暴力、黑暗、淫欲於喇嘛教裡的集團首領，其政治行爲與宗教主張，早已讓諾貝爾和平獎的光環染污了。 本書由財團法人正覺教育基金會寫作、編輯，由正覺出版社印行，每冊250元。

第七意識與第八意識？—穿越時空「超意識」：「三界唯心，萬法唯識」是佛教中應該實證的聖教，也是《華嚴經》中明載而可以實證的法界實相。唯心者，三界一切境界、一切諸法唯是一心所成就，即是每一個有情的第八識如來藏，不是意識心。唯識者，即是人類各各都具足的八識心王——眼識、耳鼻舌身意識、意根、阿賴耶識，第八阿賴耶識又名如來藏，人類五陰相應的萬法，莫不由八識心王共同運作而成就，故說萬法唯識。依聖教量及現量、比量，都可以證明意識是二法因緣生，是由第八識藉意根與法塵二法爲因緣而出生，又是夜夜斷滅不存之生滅心，即無可能反過來出生第七識意根、第八識如來藏，當知不可能從生滅性的意識心中，細分出恆審思量的第七識意根，更無可能細分出恆而不審的第八識如來藏。本書是將演講內容整理成文字，細說如是內容，並已在〈正覺電子報〉連載完畢，今彙集成書以廣流通，欲幫助佛門有緣人斷除意識我見，跳脫於識陰之外而取證聲聞初果；嗣後修學禪宗時即得不墮外道神我之中，得以求證第八識金剛心而發起般若實智。平實導師 述，每冊300元。

中觀金鑑—詳述應成派中觀的起源與其破法本質：學佛人往往迷於中觀學派之不同學說，被應成派與自續派所迷惑；修學般若中觀二十年後自以爲實證般若中觀了，卻仍不曾入門，甫聞實證般若中觀者之所說，則茫無所知，迷惑不解；隨後信心盡失，不知如何實證佛法；凡此，皆因惑於這二派中觀學說所致。自續派中觀所說同於常見，以意識境界立爲第八識如來藏之境界，應成派所說則同於斷見，但又同立意識爲常住法，故亦具足斷常二見。今者孫正德老師有鑑於此，乃將起源於密宗的應成派中觀學說，追本溯源，詳考其來源之外，亦一一舉證其立論內容，詳加辨正，令密宗雙身法祖師以識陰境界而造之應成派中觀學說本質，詳細呈現於學人眼前，令其維護雙身法之目的無所遁形。若欲遠離密宗此二大派中觀謬說，欲於三乘菩提有所進道者，允宜具足閱讀並細加思惟，反覆讀之以後將可捨棄邪道返歸正道，則於般若之實證即有可能，證後自能現觀如來藏之中道境界而成就中觀。本書分上、中、下三冊，每冊250元，全部出版完畢。

人間佛教—實證者必定不悖三乘菩提：「大乘非佛說」的講法似乎流傳已久，卻只是日本人企圖擺脫中國正統佛教的影響，而在明治維新時期才開始提出來的說法；台灣佛教、大陸佛教的淺學無智之人，由於未曾實證佛法而迷信日本人錯誤的學術考證，錯認爲這些別有用心的日本佛學考證的講法爲天竺佛教的眞實歷史；甚至還有更激進的反對佛教者提出「釋迦牟尼佛並非眞實存在，只是後人捏造的假歷史人物」，竟然也有少數佛教徒願意跟著「學術」的假光環而信受不疑，亦導致部分台灣佛教界人士，造作了反對中國大乘佛教而推崇南洋小乘佛教的行爲，使台灣佛教的信仰者難以檢擇，亦導致一般大陸人士開始轉入基督教的盲目迷信中。在這些佛教及外教人士之中，也就有一分人根據此邪說而大聲主張「大乘非佛說」的謬論，這些人以「人間佛教」的名義來抵制中國正統佛教，公然宣稱中國的大乘佛教是由聲聞部派佛教的凡夫僧所創造出來的。這樣的說法流傳於台灣及大陸佛教界凡夫僧之中已久，卻非眞正的佛教歷史中曾經發生過的事，只是繼承六識論的聲聞法中凡夫僧，以及別有居心的日本佛教界，依自己的意識境界立場，純憑臆想而編造出來的妄想說法，卻已經影響許多無智之凡夫僧俗信受不移。本書則是從佛教的經藏法義實質及實證的現量內涵本質立論，證明大乘佛法本是佛說，是從《阿含正義》尚未說過的不同面向來討論「人間佛教」的議題，證明「大乘眞佛說」。閱讀本書可以斷除六識論邪見，迴入三乘菩提正道發起實證的因緣；也能斷除禪宗學人學禪時普遍存在之錯誤知見，對於建立參禪時的正知見有很深的著墨。平實導師 述，內文488頁，全書528頁，定價400元。

喇嘛性世界
—揭開假藏傳佛教譚崔瑜伽的面紗
The Sexual World of Lamas
-Unveiling the Truth about Tantric Yoga in Tibetan Buddhism
正智出版社

喇嘛性世界—揭開假藏傳佛教譚崔瑜伽的面紗：這個世界中的喇嘛，號稱來自世外桃源的香格里拉，穿著或紅或黃的喇嘛長袍，散布於我們的身邊傳教灌頂，吸引了無數的人嚮往學習；這些喇嘛虔誠地爲大衆祈福，手中拿著寶杵（金剛）與寶鈴（蓮花），口中唸著咒語：「唵．嘛呢．叭咪．吽……」，咒語的意思是說：「我至誠歸命金剛杵上的寶珠伸向蓮花寶穴之中」！「喇嘛性世界」是什麼樣的「世界」呢？本書將爲您呈現喇嘛世界的面貌。當您發現眞相以後，您將會唸：「噢！喇嘛．性．世界，譚崔性交嘛！」作者：張善思、呂艾倫。售價200元。

見性與看話頭：黃正倖老師的《見性與看話頭》於《正覺電子報》連載完畢，今結集出版。書中詳說禪宗看話頭的詳細方法，並細說看話頭與眼見佛性的關係，以及眼見佛性者求見佛性前必須具備的條件。本書是禪宗實修者追求明心開悟時參禪的方法書，也是求見佛性者作功夫時必讀的方法書，內容兼顧眼見佛性的理論與實修之方法，是依實修之體驗配合理論而詳述，條理分明而且極爲詳實、周全、深入。本書內文375頁，全書416頁，售價300元。

實相經宗通：學佛之目的在於實證一切法界背後之實相，禪宗稱之爲本來面目或本地風光，佛菩提道中稱之爲實相法界；此實相法界即是金剛藏，又名佛法之祕密藏，即是能生有情五陰、十八界及宇宙萬有（山河大地、諸天、三惡道世間）的第八識如來藏，又名阿賴耶識心，即是禪宗祖師所說的眞如心，此心即是三界萬有背後的實相。證得此第八識心時，自能瞭解般若諸經中隱說的種種密意，即得發起實相般若——實相智慧。每見學佛人修學佛法二十年後仍對實相般若茫然無知，亦不知如何入門，茫無所趣；更因不知三乘菩提的互異互同，是故越是久學者對佛法越覺茫然，都肇因於尚未瞭解佛法的全貌，亦未瞭解佛法的修證內容即是第八識心所致。本書對於修學佛法者所應實證的實相境界提出明確解析，並提示趣入佛菩提道的入手處，有心親證實相般若的佛法實修者，宜詳讀之，於佛菩提道之實證即有下手處。平實導師述著，共八輯，已於2016年出版完畢，每輯成本價250元。

真心告訴您(一)**——達賴喇嘛在幹什麼？**這是一本報導篇章的選集，更是「破邪顯正」的暮鼓晨鐘。「破邪」是戳破假象，說明達賴喇嘛及其所率領的密宗四大派法王、喇嘛們，弘傳的佛法是仿冒的佛法；他們是假藏傳佛教，是坦特羅(譚崔性交)外道法和藏地崇奉鬼神的苯教混合成的「喇嘛教」，推廣的是以所謂「無上瑜伽」的男女雙身法冒充佛法的假佛教，詐財騙色誤導眾生，常常造成信徒家庭破碎、家中兒少失怙的嚴重後果。「顯正」是揭櫫眞相，指出眞正的藏傳佛教只有一個，就是覺囊巴，傳的是　釋迦牟尼佛演繹的第八識如來藏妙法，稱爲他空見大中觀。正覺教育基金會即以此古今輝映的如來藏正法正知見，在眞心新聞網中逐次報導出來，將箇中原委「眞心告訴您」，如今結集成書，與想要知道密宗眞相的您分享。售價250元。

法華經講義：此書爲平實導師始從2009/7/21演述至2014/1/14之講經錄音整理所成。世尊一代時教，總分五時三教，即是華嚴時、聲聞緣覺教、般若教、種智唯識教、法華時；依此五時三教區分爲藏、通、別、圓四教。本經是最後一時的圓教經典，圓滿收攝一切法教於本經中，是故最後的圓教聖訓中，特地指出無有三乘菩提，其實唯有一佛乘；皆因衆生愚迷故，方便區分爲三乘菩提以助衆生證道。世尊於此經中特地說明如來示現於人間的唯一大事因緣，便是爲有緣衆生「開、示、悟、入」諸佛的所知所見——第八識如來藏妙眞如心，並於諸品中隱說「妙法蓮花」如來藏心的密意。然因此經所說甚深難解，眞義隱晦，古來難得有人能窺堂奧；平實導師以知如是密意故，特爲末法佛門四衆演述《妙法蓮華經》中各品蘊含之密意，使古來未曾被古德註解出來的「此經」密意，如實顯示於當代學人眼前。乃至〈藥王菩薩本事品〉、〈妙音菩薩品〉、〈觀世音菩薩普門品〉、〈普賢菩薩勸發品〉中的微細密意，亦皆一併詳述之，可謂開前人所未曾言之密意，示前人所未見之妙法。最後乃至以〈法華大義〉而總其成，全經妙旨貫通始終，而依佛旨圓攝於一心如來藏妙心，厥爲曠古未有之大說也。平實導師述，共有25輯，已於2019/05/31出版完畢。每輯300元。

西藏「活佛轉世」制度—附佛、造神、世俗法：歷來關於喇嘛教活佛轉世的研究，多針對歷史及文化兩部分，於其所以成立的理論基礎，較少系統化的探討。尤其是此制度是否依據「佛法」而施設？是否合乎佛法眞實義？現有的文獻大多含糊其詞，或人云亦云，不曾有明確的闡釋與如實的見解。因此本文先從活佛轉世的由來，探索此制度的起源、背景與功能，並進而從活佛的尋訪與認證之過程，發掘活佛轉世的特徵，以確認「活佛轉世」在佛法中應具足何種果德。定價150元。

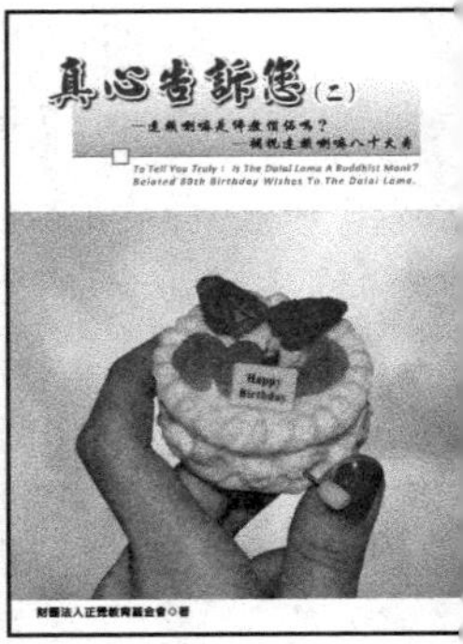

真心告訴您（二）—達賴喇嘛是佛教僧侶嗎？補祝達賴喇嘛八十大壽：這是一本針對當今達賴喇嘛所領導的喇嘛教，冒用佛教名相、於師徒間或師兄姊間，實修男女邪淫，而從佛法三乘菩提的現量與聖教量，揭發其謊言與邪術，證明達賴及其喇嘛教是仿冒佛教的外道，是「假藏傳佛教」。藏密四大派教義雖有「八識論」與「六識論」的表面差異，然其實修之內容，皆共許「無上瑜伽」四部灌頂爲究竟「成佛」之法門，也就是共以男女雙修之邪淫法爲「即身成佛」之密要，雖美其名曰「欲貪爲道」之「金剛乘」，並誇稱其成就超越於（應身佛）釋迦牟尼佛所傳之顯教般若乘之上；然詳考其理論，則或以意識離念時之粗細心爲第八識如來藏，或以中脈裡的明點爲第八識如來藏，或如宗喀巴與達賴堅決主張第六意識爲常恆不變之眞心者，分別墮於外道之常見與斷見中；全然違背 佛說能生五蘊之如來藏的實質。售價300元。

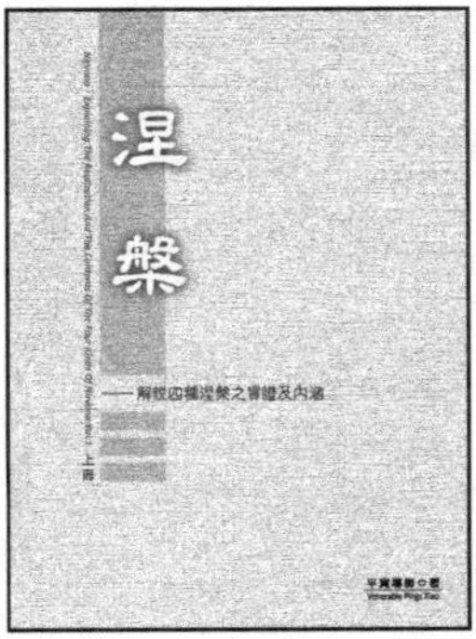

涅槃—解說四種涅槃之實證及內涵：眞正學佛之人，首要即是見道，由見道故方有涅槃之實證，證涅槃者方能出生死，但涅槃有四種：二乘聖者的有餘涅槃、無餘涅槃，以及大乘聖者的本來自性清淨涅槃、佛地的無住處涅槃。大乘聖者實證本來自性清淨涅槃，入地前再取證二乘涅槃，然後起惑潤生捨離二乘涅槃，繼續進修而在七地心前斷盡三界愛之習氣種子，依七地無生法忍之具足而證得念念入滅盡定；八地後進斷異熟生死，直至妙覺地下生人間成佛，具足四種涅槃，方是眞正成佛。此理古來少人言，以致誤會涅槃正理者比比皆是，今於此書中廣說四種涅槃、如何實證之理、實證前應有之條件，實屬本世紀佛教界極重要之著作，令人對涅槃有正確無訛之認識，然後可以依之實行而得實證。本書共有上下二冊，每冊各四百餘頁，對涅槃詳加解說，每冊各350元。

佛藏經講義：本經說明爲何佛菩提難以實證之原因，都因往昔無數阿僧祇劫前的邪見，引生此世求證時之業障而難以實證。即以諸法實相詳細解說，繼之以念佛品、念法品、念僧品，說明諸佛與法之實質；然後以淨戒品之說明，期待佛弟子四眾堅持清淨戒而轉化心性，並以往古品的實例說明歷代學佛人在實證上的業障由來，教導四眾務必滅除邪見轉入正見中，不再造作謗法及謗賢聖之大惡業，以免未來世尋求實證之時被業障所障；然後以了戒品的說明和囑累品的付囑，期望末法時代的佛門四眾弟子皆能清淨知見而得以實證。平實導師於此經中有極深入的解說，總共21輯，每輯300元，於2019/07/31開始每二個月發行一輯。

大法鼓經講義：本經解說佛法的總成：法、非法。由開解法、非法二義，說明了義佛法與世間戲論法的差異，指出佛法實證之標的即是法——第八識如來藏；並顯示實證後的智慧，如實擊大法鼓、演深妙法，演說如來祕密教法，非二乘定性及諸凡夫所能得聞，唯有具足菩薩性者方能得聞。正聞之後即得依於 世尊大願而拔除邪見，入於正法而得實證；深解不了義經之方便說，亦能實解了義經所說之眞實義，得以證法——如來藏，而得發起根本無分別智，乃至進修而發起後得無分別智；並堅持布施及受持清淨戒而轉化心性，得以現觀眞我眞法如來藏之各種層面。此爲第一義諦聖教，並授記末法最後餘四十年時，一切世間樂見離車童子將繼續護持此經所說正法。平實導師於此經中有極深入的解說，總共六輯，每輯300元，於《佛藏經講義》出版完畢後開始發行，每二個月發行一輯。

解深密經講義：本經是所有尋求大乘見道及悟後欲入地者所應詳習串習的三經之一，即是《楞伽經》、《解深密經》、《楞嚴經》三經中的一經，亦可作爲見道眞假的自我印證依據。此經是 世尊晚年第三轉法輪時，宣說地上菩薩所應熏修之無生法忍唯識正義經典；經中總說眞見道位所見的智慧總相，兼及相見道位所應熏修的七眞如等法，以及入地應修之十地眞如等義理，乃是大乘一切種智增上慧學，以阿陀那識—如來藏—阿賴耶識爲成佛之道的主體。禪宗之證悟者，若欲修證初地無生法忍乃至八地無生法忍者，必須修學《楞伽經、解深密經、楞嚴經》所說之八識心王一切種智。此三經所說正法，方是眞正成佛之道；印順法師否定第八識如來藏之後所說萬法緣起性空之法，墮於六識論中而著作的《成佛之道》，乃宗本於密宗宗喀巴六識論邪思而寫成的邪見，是以誤會後之二乘解脫道取代大乘眞正成佛之道，承襲自古天竺部派佛教聲聞凡夫論師的邪見，尚且不符二乘解脫道正理，亦已墮於斷滅見及常見中，所說全屬臆想所得的外道見，不符本經中佛所說的正義。平實導師曾於本會郭故理事長往生時，於喪宅中從首七開始宣講此經，於每一七起各宣講三小時，至第十七而快速略講圓滿，作爲郭老之往生後的佛事功德，迴向郭老早證八地、速返娑婆住持正法。茲爲今時後世學人故，已經開始重講《解深密經》，以淺顯之語句講畢後，將會整理成文並梓行流通，用供證悟者進道；亦令諸方未悟者，據此經中佛語正義修正邪見，依之速能入道。平實導師述著，全書輯數未定，每輯三百餘頁，將於未來重講完畢後逐輯陸續出版。

成唯識論釋：本論係大唐玄奘菩薩揉合當時天竺十大論師的說法加以辨正而著成，攝盡佛門證悟菩薩及部派佛教聲聞凡夫論師對佛法的論述，並函蓋當時天竺諸大外道對生命實相的錯誤論述加以辨正，是由玄奘大師依據無生法忍證量加以評論確定而成爲此論。平實導師弘法初期即已依於證量略講過一次，歷時大約四年，當時正覺同修會規模尚小，聞法成員亦多尚未證悟，是故並未整理成書；如今正覺同修會中的證悟同修已超過六百人，鑑於此論在護持正法、實證佛法及悟後進修上的重要性，擬於2022年初重講，並已經預先註釋完畢編輯成書，名爲《成唯識論釋》，總共十輯，每輯目次41頁、序文7頁、內文370頁；於增上班宣講時的內容將會更詳細於書中所說，涉及佛法密意的詳細內容只於增上班中宣講，於書中皆依佛誡隱覆密意而說，攝屬判教的〈目次〉已經詳盡判定論中諸段句義，用供學人參考；是故讀者閱完此論之釋，即可深解成佛之道的正確內涵；預定將於每一輯內容講述完畢時即予出版，預計每七個月出版一輯，每輯定價400元。

修習止觀坐禪法要講記：修學四禪八定之人，往往錯會禪定之修學知見，欲以無止盡之坐禪而證禪定境界，卻不知修除性障之行門才是修證四禪八定不可或缺之要素，故智者大師云「性障初禪」；性障不除，初禪永不現前，云何修證二禪等？又：行者學定，若唯知數息，而不解六妙門之方便善巧者，欲求一心入定，未到地定極難可得，智者大師名之爲「事障未來」：障礙未到地定之修證。又禪定之修證，不可違背二乘菩提及第一義法，否則縱使具足四禪八定，亦不能實證涅槃而出三界。此諸知見，智者大師於《修習止觀坐禪法要》中皆有闡釋。作者平實導師以其第一義之見地及禪定之實證證量，曾加以詳細解析。將俟正覺寺竣工啓用後重講，不限制聽講者資格；講後將以語體文整理出版。欲修習世間定及增上定之學者，宜細讀之。平實導師述著。

阿含經講記—小乘解脫道之修證：數百年來，南傳佛法所說證果之不實，所說解脫道之虛妄，所弘解脫道法義之世俗化，皆已少人知之；從南洋傳入台灣與大陸之後，所說法義虛謬之事，亦復少人知之；今時台灣全島印順系統之法師居士，多不知南傳佛法數百年來所說解脫道之義理已然偏斜、已然世俗化、已非眞正之二乘解脫正道，猶極力推崇與弘揚。彼等南傳佛法近代所謂之證果者皆非眞實證果者，譬如阿迦曼、葛印卡、帕奧禪師、一行禪師……等人，悉皆未斷我見故。近年更有台灣南部大願法師，高抬南傳佛法之二乘修證行門爲「捷徑究竟解脫之道」者，然而南傳佛法縱使眞修實證，得成阿羅漢，至高唯是二乘菩提解脫之道，絕非究竟解脫，無餘涅槃中之實際尚未得證故，法界之實相尚未了知故，習氣種子待除故，一切種智未實證故，焉得謂爲「究竟解脫」？即使南傳佛法近代眞有實證之阿羅漢，尚且不及三賢位中之七住明心菩薩本來自性清淨涅槃智慧境界，則不能知此賢位菩薩所證之無餘涅槃實際，仍非大乘佛法中之見道者，何況普未實證聲聞果乃至未斷我見之人？謬充證果已屬逾越，更何況是誤會二乘菩提之後，以未斷我見之凡夫知見所說之二乘菩提解脫偏斜法道，焉可高抬爲「究竟解脫」？而且自稱「捷徑之道」？又妄言解脫之道即是成佛之道，完全否定般若實智、否定三乘菩提所依之如來藏心體，此理大大不通也！平實導師爲令修學二乘菩提欲證解脫果者，普得迴入二乘菩提正見、正道中，是故選錄四阿含諸經中，對於二乘解脫道法義有具足圓滿說明之經典，預定未來十年內將會加以詳細講解，令學佛人得以了知二乘解脫道之修證理路與行門，庶免被人誤導之後，未證言證，梵行未立，干犯道禁自稱阿羅漢或成佛，成大妄語，欲升反墮。本書首重斷除我見，以助行者斷除我見而實證初果爲著眼之目標，若能根據此書內容，配合平實導師所著《識蘊眞義》《阿含正義》內涵而作實地觀行，實證初果非爲難事，行者可以藉此三書自行確認聲聞初果爲實際可得現觀成就之事。此書中除依二乘經典所說加以宣示外，亦依斷除我見等之證量，及大乘法中道種智之證量，對於意識心之體性加以細述，令諸二乘學人必定得斷我見、常見，免除三縛結之繫縛。次則宣示斷除我執之理，欲令升進而得薄貪瞋痴，乃至斷五下分結…等。平實導師將擇期講述，然後整理成書。共二冊，每冊三百餘頁。每輯300元。

＊喇嘛教修外道雙身法，墮識陰境界，非佛教＊

＊弘揚如來藏他空見的覺囊派才是真正藏傳佛教＊

總經銷： 聯合發行股份有限公司

231 新北市新店區寶橋路 235 巷 6 弄 6 號 4F

Tel.02－2917-8022（代表號） Fax.02－2915-6275（代表號）

零售：1.**全台連鎖經銷書局：**

三民書局、誠品書局、何嘉仁書店

敦煌書店、紀伊國屋、金石堂書局、建宏書局

諾貝爾圖書城、墊腳石圖書文化廣場

2.**台北市：**佛化人生 **大安區**羅斯福路 3 段 325 號 6 樓之 4 台電大樓對面

3.**新北市：**春大地書店 **蘆洲區**中正路 117 號

4.**桃園市：**御書堂 **龍潭區**中正路 123 號

5.**新竹市：**大學書局 **東區**建功路 10 號

6.**台中市：**瑞成書局 **東區**雙十路 1 段 4 之 33 號

佛教詠春書局 **南屯區**永春東路 884 號

文春書店 **霧峰區**中正路 1087 號

7.**彰化市：**心泉佛教文化中心 南瑤路 286 號

8.**高雄市：**政大書城 **前鎮區**中華五路 789 號 2 樓（高雄夢時代店）

明儀書局 **三民區**明福街 2 號

青年書局 **苓雅區**青年一路 141 號

9.**台東市：**東普佛教文物流通處 博愛路 282 號

10.**其餘鄉鎮市經銷書局：**請電詢總經銷**聯合**公司。

11.**大陸地區請洽：**

香港：樂文書店

銅鑼灣店 :香港銅鑼灣駱克道 506 號 2 樓

電話 : (852) 2881 1150 email: luckwinbs@gmail.com

廈門：廈門外圖臺灣書店有限公司

地址：廈門市思明區湖濱南路809 號 廈門外圖書城3 樓 郵編：361004

電話：0592-5061658（臺灣地區請撥打 86-592-5061658）

E-mail：JKB118@188.COM

12.**美國：世界日報圖書部：**紐約圖書部 電話 7187468889#6262

洛杉磯圖書部 電話 3232616972#202

13.**國內外地區網路購書：**

正智出版社 書香園地 http://books.enlighten.org.tw/

（書籍簡介、經銷書局可直接聯結下列網路書局購書）

三民 網路書局 http://www.sanmin.com.tw

誠品 網路書局 http://www.eslitebooks.com

博客來 網路書局 http://www.books.com.tw

金石堂 網路書局 http://www.kingstone.com.tw

聯合 網路書局 http:// www.nh.com.tw

附註：1.請儘量向各經銷書局購買：郵政劃撥需要八天才能寄到（本公司在您劃撥後第四天才能接到劃撥單，次日寄出後第二天您才能收到書籍，此六天中可能會遇到週休二日，是故共需八天才能收到書籍）若想要早日收到書籍者，請劃撥完畢後，將劃撥收據貼在紙上，旁邊寫上您的姓名、住址、郵區、電話、買書詳細內容，直接傳眞到本公司 02-28344822，並來電 02-28316727、28327495 確認是否已收到您的傳眞，即可提前收到書籍。 2.因台灣每月皆有五十餘種宗教類書籍上架，書局書架空間有限，故唯有新書方有機會上架，通常每次只能有一本新書上架；本公司出版新書，大多上架不久便已售出，若書局未再叫貨補充者，書架上即無新書陳列，則請直接向書局櫃台訂購。 3.若書局不便代購時，可於晚上共修時間向正覺同修會各共修處請購（共修時間及地點，詳閱**共修現況表**。每年例行年假期間請勿前往請書，年假期間請見共修現況表）。 4.郵購：郵政劃撥帳號 19068241。 5.正覺同修會會員購書都以八折計價（戶籍台北市者爲一般會員，外縣市爲護持會員）都可獲得優待，欲一次購買全部書籍者，可以考慮入會，節省書費。入會費一千元（第一年初加入時才需要繳），年費二千元。**6.尚未出版之書籍，請勿預先郵寄書款與本公司，謝謝您！** 7.若欲一次購齊本公司書籍，或同時取得正覺同修會贈閱之全部書籍者，請於正覺同修會共修時間，親到各共修處請購及索取；**台北市讀者**請洽：103 台北市承德路三段 267 號 10 樓（捷運淡水線 圓山站旁）請書時間：週一至週五爲 18.00~21.00，第一、三、五週週六爲 10.00~21.00，雙週之週六爲 10.00~18.00 請購處專線電話：25957295-分機 14（於請書時間方有人接聽）。

敬告大陸讀者：

大陸讀者購書、索書捷徑（尚未在大陸出版的書籍，以下二個途徑都可以購得，電子書另包括結緣書籍）：

1.廈門外國圖書公司：廈門市思明區湖濱南路 809 號 廈門外圖書城 3F
　　郵編：361004　　電話：0592-5061658　　網址：http://www.xibc.com.cn/

2.電子書：正智出版社有限公司及正覺同修會在台灣印行的各種局版書、結緣書，已有『**正覺電子書**』陸續上線中，提供讀者於手機、平板電腦上購書、下載、閱讀正智出版社、正覺同修會及正覺教育基金會所出版之電子書，詳細訊息敬請參閱『正覺電子書』專頁：http://books.enlighten.org.tw/ebook

關於平實導師的書訊，請上網查閱：

成佛之道　http://www.a202.idv.tw

正智出版社 書香園地　http://books.enlighten.org.tw/

中國網採訪佛教正覺同修會、正覺教育基金會訊息：

http://foundation.enlighten.org.tw/newsflash/20150817_1

http://video.enlighten.org.tw/zh-CN/visit_category/visit10

★ 正智出版社有限公司售書之稅後盈餘，全部捐助財團法人正覺寺籌備處、佛教正覺同修會、正覺教育基金會，供作弘法及購建道場之用；懇請諸方大德支持，功德無量。

★ 聲　明 ★

本社於 2015/01/01 開始調整本目錄中部分書籍之售價，以因應各項成本的持續增加。

＊ 喇嘛教修外道雙身法、墮識陰境界，非佛教 ＊

＊ 弘揚如來藏他空見的覺囊派才是真正藏傳佛教 ＊

售後服務—換書啓事(免附回郵)　2017/12/05

《楞伽經詳解》第三輯初版免費調換新書啓事：茲因 平實導師弘法早期尚未回復往世全部證量，有些法義接受他人的說法，寫書當時並未察覺而有二處（同一種法義）跟著誤說，如今發現已將之修正。茲爲顧及讀者權益，已開始免費調換新書；敬請所有讀者將以前所購第三輯（不論第幾刷），攜回或寄回本公司免費換新；郵寄者之回郵由本公司負擔，不需寄來郵票。因此而造成讀者閱讀、以及換書的不便，在此向所有讀者致上萬分的歉意，祈請讀者大眾見諒！

《楞嚴經講記》第 14 輯初版首刷本免費調換新書啓事：本講記第 14 輯出版前因 平實導師諸事繁忙，未將之重新閱讀而只改正校對時發現的錯別字，故未能發覺十年前所說法義有部分錯誤，於第 15 輯付印前重閱時才發覺第 14 輯中有部分錯誤尚未改正。今已重新審閱修改並已重印完成，煩請所有讀者將以前所購第 14 輯初版首刷本，寄回本公司免費換新（初版二刷本無錯誤），本公司將於寄回新書時同時附上您寄書來換新時的郵資，並在此向所有讀者致上最誠懇的歉意。

《心經密意》初版書免費調換二版新書啓事：本書係演講錄音整理成書，講時因時間所限，省略部分段落未講。後於再版時補寫增加 13 頁，維持原價流通之。茲爲顧及初版讀者權益，自 2003/9/30 開始免費調換新書，原有初版一刷、二刷書籍，皆可寄來本公司換書。

《宗門法眼》已經增寫改版爲 464 頁新書，2008 年 6 月中旬出版。讀者原有初版之第一刷、第二刷書本，都可以寄回本公司免費調換改版新書。改版後之公案及錯悟事例維持不變，但將內容加以增說，較改版前更具有廣度與深度，將更能助益讀者參究實相。

換書者**免附回郵**，亦無截止期限；舊書請寄：111 台北郵政 73-151 號信箱 或 103 台北市承德路三段 267 號 10 樓 正智出版社有限公司。舊書若有塗鴨、殘缺、破損者，仍可換取新書；但缺頁之舊書至少應仍有五分之三頁數，方可換書。所有讀者不必顧念本公司是否有盈餘之問題，都請踴躍寄來換書；本公司成立之目的不是營利，只要能眞實利益學人，即已達到成立及運作之目的。若以郵寄方式換書者，免附回郵；並於寄回新書時，由本公司附上您寄來書籍時耗用的郵資。造成您不便之處，再次致上萬分的歉意。

正智出版社有限公司 啓

國家圖書館出版品預行編目(CIP)資料

佛藏經講義 / 平實導師述著. -- 初版.
-- 臺北市 : 正智, 2019.07　　面 ; 公分
ISBN 978-986-97233-8-1(第一輯;平裝)
ISBN 978-986-98038-1-6(第二輯;平裝)
ISBN 978-986-98038-5-4(第三輯;平裝)
ISBN 978-986-98038-8-5(第四輯;平裝)
ISBN 978-986-98038-9-2(第五輯;平裝)
ISBN 978-986-98891-3-1(第六輯;平裝)
ISBN 978-986-98891-5-5(第七輯;平裝)
ISBN 978-986-98891-9-3(第八輯;平裝)
ISBN 978-986-99558-0-5(第九輯;平裝)
ISBN 978-986-99558-3-6(第十輯;平裝)
ISBN 978-986-99558-5-0(第十一輯;平裝)
ISBN 978-986-99558-6-7(第十二輯;平裝)
ISBN 978-986-99558-9-8(第十三輯;平裝)
ISBN 978-986-06961-2-7(第十四輯;平裝)
ISBN 978-986-06961-3-4(第十五輯;平裝)
ISBN 978-986-06961-8-9(第十六輯;平裝)
1. 經集部
221.733　　108011014

佛藏經講義——第十六輯

著述者：平實導師
音文轉換：蔡正利　黃昇金
校對：章乃鈞　陳介源　孫淑貞　傅素嫻　王美伶
出版者：正智出版社有限公司
電話：〇二 28327495　28316727（白天）
傳眞：〇二 28344822
111 台北郵政 73-151 號信箱
郵政劃撥帳號：一九〇六八二四一
正覺講堂：總機〇二 25957295（夜間）
總經銷：聯合發行股份有限公司
231 新北市新店區寶橋路 235 巷 6 弄 6 號 4 樓
電話：〇二 29178022（代表號）
傳眞：〇二 29156275
初版首刷：二〇二二年元月三十一日　二千冊
初版二刷：二〇二三年二月一日　二千冊
定價：三〇〇元